KB114259

조선을
걷다

역사를 거슬러 산책하라, 힐링하라!

조선을 걷다

홍미숙 지음

글로세움

목 차

2장 지조와 예술로 승화하다

3장 아픔이 배어 역사가 되다

폭군이 된 연산군, 절망을 삼키다

폐왕 광해군, 제주에서 부활을 꿈꾸다

비극의 명성황후, 나는 조선의 국모다

조선을 만나기 위해 걷고 또 걸었다. 걸을수록 가슴은 더 벅차올랐다. 그동안 조선의 5대 궁궐은 물론, 조선의 역사를 만들어 가는데 큰 역할을 한 왕과 왕비, 후궁·왕자·공주·세자·세자빈·세손 등이 잠들어있는 능·원·묘를 심심하면 찾아갔다.

먼저 그들을 만나보아야 조선 역사를 이해하는 데 도움이 되므로 답사를 거듭하였다. 같은 곳을 보통 두세 번 이상은 찾아갔다. 궁궐은 헤아릴 수 없을 만큼 찾아갔고, 왕릉 중에는 융·건릉을 가장 많이 찾아갔다. 열 번 이상을 찾아갔으니 무슨 말이 더 필요할까.

초등학교 4학년 때 근처 초등학교에서 열린 화성군(화성시) 과학실험실기 대회에 참가한 후, 선생님을 따라 처음 그곳에 갔다. 그 후 가족,

친구, 역사 연구팀, 문학 선후배들과 참 많이도 찾아갔다. 그 밖의 능·원·묘 어디든 한 번만 다녀온 곳은 없다.

요즘은 조선의 역사를 만들어 가는데 왕 못지않게 일조를 한 문신이나 무신들의 흔적을 찾아다니느라 바쁘다. 찾아가는 곳마다 구구절절 사연이 많아 늘 시간이 부족하다. 그들을 조금 더 가까이 만나고 싶어 그들이 남겨놓은 흔적들을 어디든 찾아갔다. 그 답사는 현재도 진행형이다.

그 결과 이번에는《조선을 걷다》란 역사 산문집을 출판한다. 조선왕조들은 대부분 서울이나 수도권에 잠들어있고, 그들이 태어나 자란 궁궐이나 잠저(潛邸), 그들의 신주가 모셔져있는 종묘나 칠궁, 그 외의 사당들도 서울에 자리하고 있어 찾아다니기는 그리 어렵지 않았다.

그런데 그들과 함께 조선을 만들어가는데 앞장섰던 문신과 무신들은 지방에 잠들어있는 경우가 많고, 그들의 생가·은거지·유배지·사당 등도 지방에 자리하고 있어 그들의 흔적을 찾아다니는데 훨씬 더 많은 시간이 걸렸다. 하지만 흥미로움은 조선왕조 못지않았다. 여행과 병행할 수 있어 기분은 더없이 좋았다.

이 책에는 조선의 왕조들보다는 조선을 좌지우지했던 인물들의 이야기를 비중 있게 담았다. 워낙 많이 알려진 인물들이라 글을 쓰고 정리하기가 조심스러웠다. 하지만 다른 책들과 조금 다르게 할 수 없을까 고민하면서 열심히 발품을 팔았다. 어디든 직접 부딪혀 흔적을 찾았고,

마음을 담아 글을 썼다.

이 책에 등장하는 인물들은 기준을 정하여 정리한 것은 아니다. 온전히 작가인 내 개인의 기준임을 밝힌다. 평소 관심을 갖고 있던 분들로, 조선 역사에 나름 족적을 많이 남긴 분들이다. 책에서, TV에서, 영화나 드라마에서, 여행에서, 눈에 띄었던 분들이다.

이 책을 쓰면서 생각해보니 엄청 많은 분들을 찾아가 만났다. 일일이 헤아려보지는 않았지만 거론한 인물들만 해도 100명은 넘을 듯하다. 조선의 왕들, 문신과 무신들 역시 만나면 만날수록 흥미롭다. "아는 만큼 보인다."는 말이 명언임을 이번 답사를 통해서도 확인하는 계기가 되었다.

조선역사의 현장을 찾아다니느라 운동화 몇 켤레가 다 닳았다. 10년 가까이 그러고 다녔다. 소심한 성격이라 혼자 여행하는 것도, 현장 답사할 용기도 없었는데 조선에 관한 글을 쓰기 시작한 이후에는 전국 방방곡곡 망설임 없이 찾아다녔다. 어디서 이런 용기가 나왔는지 내 자신이 생각할수록 신통방통하다. 언제나 '불광불급(不狂不及)'이란 고사를 수시로 떠올리며 그야말로 미친 듯이 답사를 거듭하였다. 그로인해 더 많은 조선의 인물들을 만날 수 있었다.

나의 답사는 정말 꼬리에 꼬리를 물고 이어졌다. 그 꼬리를 자르기 어려웠다. 그 결과 역사의 현장을 답사하면서 쓴 작품이 세 권 분량이 되었다. 이번 책에 넣어야 할 작품을 고르는데 어려움이 많았다. 내가 낳은 자식이 다 소중하듯 내가 답사하고, 내가 사진 찍고, 내가 써서 정리한 작품들 모두가 소중했기 때문이다. 어느 작품을 빼고, 어느 작품을 넣어야 할지 망설임이 많았다.

긴 망설임 끝에 1장에는 조선을 개국한 태조 이성계의 본향을 찾아가 그의 시조와 후손을 만난 이야기부터 시작하여 조선 개국에 누구보다 헌신했지만 개국 6년 만에 살해된 삼봉 정도전, 세계적인 명장 충무공 이순신 장군, 한양도성 길 이야기를 넣었다.

2장에는 너무도 유명한 방촌 황희 이야기를 시작으로, 조선에 태어나 서로 다른 운명으로 살다간 최고의 여성예술가 신사임당과 허난설헌, 그리고 우암 송시열, 다산 정약용, 추사 김정희의 이야기를 담았다.

마지막 3장에는 27명의 조선 왕들 중 성군의 이야기는 뒤로 미루고, 폐왕이 되어 유배지에서 죽음을 맞이한 단종과 연산군·광해군의 유배길 이야기와 일본 자객들에게 살해된 명성황후 민씨의 이야기를 실었다.

등장하는 인물들 모두 유명하기에 이미 알고 있을 수도 있다. 그러나 나는 그들이 태어난 곳부터 활동하던 곳, 유배지, 은거지, 죽음을 맞이한 곳, 잠든 곳, 그들의 부모님과 부인, 남편, 자녀의 흔적까지 샅샅이 찾아다니며 현장에서 직접 찍어온 생동감 있는 사진들을 곁들이고자 했다. 몸과 마음이 하나 되어 써낸 작품들이라 할 수 있다. 어느 한 계절에 국한되지 않고, 사계절을 답사하여 역사 현장의 사계를 들여다 볼 수 있을 것이다.

앞서도 말했듯이 한 번에 그친 답사는 별로 없다. 그래서 더 정이 가고 어느 책보다 소중하다. 무엇보다 등장하는 인물들의 삶을 통해 나라의 소중함을 깊이 깨달을 수 있었고, 내 삶을 되돌아볼 수 있는 계기가 되었다. 마치 삶의 교과서를 선물 받은 것처럼 가슴이 벅차올랐다.

조선 역사에 관심 있는 독자들께 도움을 주고 싶은 마음이 나를 답사의 현장으로 떠나게 했다. 바람이라면 이 책을 통해 519년 동안 이어온 조선의 역사를 어느 정도 가늠해 볼 수 있었으면 좋겠다. 아울러 부모님을 모시고 여행을 가거나 아니면 부부나 자녀, 혹은 뜻을 같이하는 친구들과 함께 여기에 소개된 인물들의 흔적을 한 곳 한 곳 찾아가 산책하듯 걸어보길 바랄 뿐이다.

유배지나 은거지가 모두 역사의 현장이고, 마음의 양식이 된다면 힐링이 되고도 남을 것이다. 분명 잊지 못할 추억 여행으로도 자리매김할 수 있을 것이다. 직접 찾아가 찍어온 현장의 사진을 글과 함께 소개하였으므로 독자들 역시 직접 그 현장을 찾아가고 싶어질 것이다. 어디론가 떠나고 싶은 분들은 나처럼 도전해보길 권한다. 잊지못할 특별한 여행이 될 것이다.

어느 시대보다 조선시대 역사는 앞으로도 계속 흥미로운 문화콘텐츠가 될 것이다. 또한 다양한 장르로 재구성되어 스토리텔링으로서도 큰 역할을 하게 될 것이다. 다행히 조선시대 역사 현장은 많이 남아있어 마음만 먹으면 쉽게 만나볼 수 있다. 조선을 찾아 걷다 보면 활력소가 생기고, 흥미로움은 배가 된다. 설렘도 선물 받는다.

끝으로 열악한 출판시장에서 창작활동을 지원해준 경기도 · 경기문화재단 · 안양시 · 안양문화예술재단에 진심으로 감사드린다. 누구보다 역사를 사랑하는 분들께 조금이나마 의미 있는 책이 되었으면 하는 바람이다.

2021년 늦가을에

홍미숙 씀

1장

아! 조선,
불꽃이 일다

태조 이성계의
본향에 가다

경기전의 정전에 모셔져 있는
조선을 개국한 태조 이성계의 초상화

전주 승광재에 고종황제의 손자가 산다

조선을 개국한 태조 이성계의 본향인 전주를 찾았다. 광명역에서 KTX를 타고 1시간 20분 만에 전주역에 도착하였다. 학창시절 수학여행을 갈 때처럼 참 많이도 설레었다. 이런 기분 정말 오랜만이다.

숙소는 승광재(承光齋)로 정했는데 그곳에 전주이씨의 황손(皇孫)이 살고 있다. 황손은 흥선대원군(1820~1898)의 증손자이자 고종황제(1852~1919)의 손자이며 의친왕(1877~1955)의 아들이다.

전주한옥마을 안에 자리한 승광재는 '빛을 계승한다'라는 뜻과 대한제국의 연호인 '광무'를 계승한다는 의미에서 지어진 이름이다. 다시 말해, 고종황제의 뜻을 이어간다는 목적으로 설립된 공간이라 할 수 있다. 이 승광재에서 일반인들도 숙박 체험을 할 수 있어 예약해 놓았다.

전주역에서 내려 택시를 타고 승광재로 향했다. 문안으로 들어서노라니 왠지 21세기를 살고 있는 내가 고종황제와 명성황후 민씨가 살았던 19세기로 들어가는 느낌이다.

이곳에 살고 있는 대한제국의 마지막 황손은 의친왕의 12남 9녀

전주한옥마을 입구에 세워진 안내표지석이다. 승광재에 전주이씨의 황손이 살고 있다.

중 10남인 이석(1941~)씨다. 의친왕(1877~1955)은 고종황제와 후궁 귀인 장씨 사이에서 고종의 5남으로 태어났다. 의친왕의 10남인 이석 씨는 현재 생존하고 있는 고종황제의 손자들 중 유일하게 우리나라에 살고 있는 황족이다. 그는 우리에게 황손보다는 가수로 이름이 더 알려 져 있다. 그의 대표곡이 바로 〈비둘기 집〉이다. 나도 그 노래를 들으며 살아온 세대다.

이석씨는 1941년 아버지인 의친왕의 나이 62세, 후실이었던 어머니 홍정순의 나이 19세에 태어났다. 아버지가 할아버지 같았을 것이다. 이석씨는 일제강점기 때 태어나 5세 때 해방을 맞았지만 궁궐에서 쫓겨나고 말았다.

그 뒤 박정희 정권 때 청와대 서편에 자리한 후궁들의 사당인 칠궁에서 한동안 살았다고 한다. 장희빈의 신주를 모신 칠궁의 대빈궁(大嬪宮)에서 살았다고 하는데 이 공간은 비좁다. 전두환 정권이 들어서면서 이곳에서마저 쫓겨나 고생하다가 끝내 우리나라를 떠나 미국으로 건너가게 되었다. 1966년, 미국에 건너가기 전 베트남전쟁에도 참전하여 맹호부대 병장으로 제대하였다.

고종의 5남인 의친왕과 고종의 후궁으로 의친왕을 낳은 귀인 장씨의 묘이다. 이들의 묘는 홍·유릉 이웃에 각각 잠들어있다.

왕을 낳은 후궁들의 사당인 칠궁. 중앙 대빈궁에는 장희빈, 왼쪽 저경궁에는 추존왕 원종(정원군)을 낳은 인빈 김씨, 오른쪽 선희궁에는 추존왕 장조(사도세자)를 낳은 영빈 이씨와 순조를 낳은 수빈 박씨의 경우궁이 합사되어 자리하고 있다.

조선의 마지막 왕족과 마주하다

이석씨는 현재 미국에서 돌아와 2004년부터 이곳 전주한옥마을의 승광재에 살고 있다. 승광재에 들어서니 추녀 안에 흥선대원군, 고종황제, 순종황제, 영친왕, 의친왕, 덕혜옹주 등 조선의 마지막 왕족들의 사진이 걸려 있다. 기분이 묘하다. 조선시대가 막을 내린 지 먼 옛날로 생각하니 더 그렇게 느껴지나 보다. 이제 100년이 좀 넘었을 뿐이다. 고종과 순종이 세상을 떠난 지 그 정도 되었다. 소설로도, 영화로도 만들어져 유명해진 덕혜옹주(1912~1989)가 세상을 떠난 지도 겨우 30년 정도다.

이곳 한옥마을에 오기 며칠 전 문화재청의 허락을 받고 홍·유릉을 찾아 고종황제와 명성황후 민씨가 잠든 홍릉과 순종황제와 순명황후 민씨, 순정황후 윤씨가 잠든 유릉을 답사했다. 그 곁에 잠든 조선의 마

영친왕과 이방자 여사의 합장묘(좌). 홀로 잠들어 있는 덕혜옹주(우)의 묘이다.

지막 왕족들의 원과 묘도 돌아보았다.

역시 내가 조선왕조 이야기를 쓰면서 여러 번 찾아갔던 곳이다. 봄 기운은 완연했지만 능·원·묘역에는 아직 꽃봉오리들만 눈에 띈다. 양 지쪽에 제비꽃들만이 벙글댈 뿐이었다.

홍·유릉과 더불어 영친왕(의민황태자)과 그의 부인 이방자 여사가 잠든 영원, 2005년에 사망한 영친왕의 2남 이구의 회인원, 황손 이석 씨의 아버지 의친왕과 덕혜옹주의 묘, 그리고 고종과 의친왕의 후궁·후실들의 묘도 모두 둘러보았다. 몇 년 전부터 산책로와 연결하여 공개하고 있다. 벚꽃은 아직 피려면 멀어 보인다. 황손을 만나기 전에 다녀가고 싶어 미리 왔기 때문에 벚꽃은 구경하지 못했다.

홍릉(좌)에는 조선 제26대 왕 고종과 명성황후 민씨가 합장되어 있고, 유릉(우)에는 조선 제27대 왕 순종과 순명황후 민씨, 순정황후 윤씨가 합장되어 있다. 곡장 뒤에서 찍은 모습이다.

경기전에서 태조 이성계의 어진을 만나다

전주의 한옥마을에 자리한 승광재에 짐을 풀고 한옥마을을 편안히 산책하듯 걸었다.

전주 경기전(慶基殿)에 들렀다. '경사스러운 터에 지은 궁궐'이라는 뜻을 지닌 경기전은 조선이 건국되자 왕권의 권위를 만방에 떨치기 위해 세워졌는데, 1410년(태종 10년) 태조 이성계의 어진(御眞)을 보관하기 위한 목적으로 창건되었다. 태조 어진은 국보 제317호로 지정되었다. 현존하는 유일한 태조 어진으로 1872년 서울 영희전의 영정을 초상화의 대가 운계 조중묵이 모사한 것이다.

태조의 초상화를 모신 진전은 당시 조선 팔도 중 다섯 곳에 세웠다. 왕실의 본향인 전주, 태조가 태어난 영흥, 태조의 구택이자 고려의 수도였던 개성, 고구려의 수도였던 평양, 신라의 수도였던 경주다. 태조의 어진은 전에 왔을 때도 보았고, 국립고궁박물관이나 교과서 등에서

영친왕의 2남 이구의 회인원(좌)과 그 묘에서 바라본 영친왕 부부의 묘다. 이구는 비석도 없이 부모님 곁에 홀로 잠들었다. 고종과 의친왕의 후궁과 후실들의 묘 안내 표지판이 보인다. 후궁과 후실을 많이 두어 묘들이 옹기종기 모여 있다.

경기전의 하마비(좌)와 정문(중), 그리고 태조 이성계의 어진을 모신 정전(우)이다.

보았기 때문인지 편안하게 감상할 수 있었다. 태조의 진전은 세종 때 와서 경기전이라 불렀다.

경기전에서 태조의 어진(왕의 초상화)과 마주하다가 어진박물관으로 향했다. 어진박물관에서도 태조의 어진을 만났고, 태조의 어진보다 더 많이 접했던 세종의 어진도 만났다. 온화한 모습이 발길을 오래 머물게 한다. 그리고 영조·정조·순조·철종·고종황제 등의 어진을 만났다. 6·25 때 화재로 반쪽만 남은 철종의 어진이 이곳 어진박물관에서는 온전한 모습으로 전시되어 있었다.

왕들의 어진과 헤어져 가마실, 역사실, 기획전시실까지 둘러보았다. 그런데 '조선왕실 계보도'에 사도세자의 아들 은신군의 부인이 '남양 홍씨'인데 '남영 홍씨'로 표기되어 있어 정정을 요했다. 내가 남양 홍씨이니 내 눈에 딱 걸린 것이다.

어진박물관이다. 태조를 비롯 세종·영조·정조·철종·고종·순종의 어진이 전시되고 있다.

경기전 정전에 있는 국보 제317호 태조의 어진(좌·중)과 어진박물관의 태조의 어진(중·우)이다.

전주사고에서 《조선왕조실록》을 지켜내다

어진박물관에서 전주사고로 향했다. 전주에 사고를 설치한 것은 이곳이 조선 왕실의 본관지이며, 이미 1410년(태종 10년)에 태조의 어용(御容)이 경기전에 봉안되었기 때문인 것 같다. 또 실록각(實錄閣)이 마련되지 않아 《조선왕조실록》을 여러 차례 옮겨 보관하였다. 전주사고는 세종 때인 1439년(세종 21년)에 처음 설치되었다. 그 사실이 《조선왕조실록》에 〈성주와 전주에 사고지를 두다〉란 제목의 기사가 나와 있다.

춘추관(春秋館)에서 아뢰기를, "청하옵건대, 경상도 성주(星州)와 전라도 전주(全州)에 사고(史庫)를 지어서 전적(典籍)을 간직하게 하소서." 하니, 그대로 따랐다.

《세종실록》86권, 세종 21년 7월 3일 기유 1번째 기사 1439년 명 정통(正統) 4년 전주의 실록각은 1597년(선조 30년) 안타깝게 소실된 후 1991년에 가서야 복원되었다. 현재《조선왕조실록》은 국보 제151호이며 1997년 유네스코 세계기록유산으로 지정되었다. 전주사고와《조선왕조실록》을 지켜낸 충신들이 없었다면 임진왜란 전 조선역사에 대한 기록이 의궤처럼 모두 사라질 뻔하였다. 생각할수록 무서운 일이다.

우리나라는 고려시대부터 춘추관과 예문관을 상설하고 사관을 두어 날마다 시정(時政)을 기록했다. 왕이 전 왕의 시대 역사를 편찬하니 이를 실록이라 하고, 특별히 설치한 사고에 봉안했다. 보존을 걱정하여 한곳에 보관한 게 아니고, 등사하여 서울의 춘추관·충주·성주·전주 등 4개의 사고에 두었다. 참으로 지혜로운 결정이었다.

임진왜란 때 춘추관·충주·성주 등 3개의 사고에 보관되어 있는 실록이 모두 소실되고 오직 전주사고의 실록만이 방화를 면할 수 있게 되었다. 손홍록, 안의 등이 당시 실록을 내장산 용굴암에 옮겨 사수했기 때문이다. 어느 시대나 애국자는 있게 마련인가 보다.

전주사고 앞뜰에는 '조선왕조실록보전기적비(朝鮮王朝實錄保全紀蹟碑)'가 세워져 있다. 기적비를 세울만하다. 이 기적비 앞에 서둘러 핀 홍매화가 눈부시게 예쁘다. 2층 사고에 올라가《조선왕조실록》의 생애

전주사고 실록각과 조선왕조실록보전기적비다. 임진왜란 때 유일하게 소실되지 않아 기적이다.

를 되짚어 보고 내려와서인지 홍매화가 더없이 아름다웠다. 엄동설한을 꿋꿋이 이겨내고 봄을 가장 먼저 열고 있는 홍매화가 마치 실록을 지켜낸 충신들처럼 훌륭하게 보였다.

전주사고를 관람하고, 경기전의 북쪽 대나무 숲 앞에 자리한 1986년, 전라북도 민속문화재 제26호로 지정된 조선 제8대 왕 예종의 태실을 만났다. 태실은 부도와 같은 형태로, 태를 넣은 항아리를 석실에 묻었다.

원래 1578년(선조 12년)에 전라북도 완주군 구이면 태실마을 뒷산에 세웠는데, 1734년(영조 10년)에 다시 세웠고, 1970년 태실비와 함께 경기전으로 옮겼다. 비는 거북석 위에 세워졌는데 윗부분은 용을 조각한 대리석이다. 경기전에 예종의 태실이 자리하고 있는 게 특이했는데 안내문을 읽어보니 이해가 되었다.

예종의 태실을 둘러보고 태조 이성계의 21대조이자 전주이씨 시조인 이한과 그의 부인 경주 김씨의 신주를 봉안한 사당 조경묘(肇慶廟)로 향했다. 이곳은 문이 닫혀있어 담 너머로 들여다보면서 사진 촬영만 했다. 조경묘는 1771년(영조 47년) 경기전 북쪽에 건립하였다. 시조 이한의 부인 경주 김씨는 신라 태종 무열왕 10대손의 딸이다.

경기전 경내에 자리한 조선 제8대 왕 예종의 태실이다.

경기전 관람을 마치고 점심은 전주비빔밥으로 유명한 식당을 찾아가 맛있게 먹었다. 전주에 오면 늘 찾아가던 식당이다. 여전히 번호표를 받아들고 기다리는 사람들로 북새통이다. 저녁은 전주콩나물해장국을 먹을 계획이다. 전주한옥마을 이곳저곳을 산책하면서 맛있는 차도 마시고, 주전부리도 하면서 오후를 즐겁게 보냈다.

태조 이성계의 까마득한 후손을 만나다

저녁까지 먹고 나서야 숙소인 황손의 집으로 돌아와 운 좋게 황손을 만날 수 있었다. 따뜻한 쑥차를 마시며 접견실로 이용되고 있는 방에서 동행한 문우들과 함께 한 시간 이상 이야기를 나눌 수 있었다.

조선이 패망하고도 한참 뒤에야 태어난 황손은 고생을 많이 한 것으로 알고 있었는데 얼굴은 전혀 고생한 얼굴이 아니다. 80세를 막 넘어선 황손은 그대로 하회탈의 모습이다. 바라보는 나와 문우들도 행복했다. 황손은 자신이 태어나 살아온 이야기와 조선의 역사를 이것저것

경기전 북쪽에 자리한 태조 이성계의 21대조 이한의 사당 조경묘의 전경과 전각이다.

황손의 집 풍경이다. 기와집 3채가 옹기종기 이어져 있다.

들려주었다. 앞으로의 계획도 들려주고, 사진도 함께 찍으며, 의미 있는 추억을 만들어주었다. 조금은 긴장이 되고, 어렵게 생각했는데 편안하게 이야기를 나눌 수 있었다.

다음날 아침, 황손의 집에서 황공하게도 맛있는 만둣국까지 대접받았다. 예상하지 못한 일이라 감동이었다. 황손은 아침 일찍 운동하러 나가 인사도 못 드리고 나와 못내 아쉬웠다.

전주이씨의 시조를 찾아가다

전주이씨의 시조인 이한과 부인 경주김씨의 묘가 자리한 조경단(肇慶壇)으로 향했다. 이한은 태조 이성계의 21대조다. 이한은 신라의 왕족인 경주김씨와 결혼하여 사공공(司空公)의 벼슬을 지냈다.

《조선왕조실록》에 〈전주에 조경단을 설치하고 수봉관을 두다〉란 제목으로 기사가 실려 있어 일부만 싣는다.

조령(詔令)을 내리기를, "전주(全州)의 건지산(乾止山)에 제단을 쌓고 비석을 세우며 관리를 두는 등의 문제는 일체 종정원(宗正院)의 의견대로 거행하며 단호(壇號)는 조경단(肇慶壇)이라 부르고 수봉관(守奉官) 2명은 일가 중에서 특별히 둘 것이다. 비석 앞면의 글은 내가 직접 써서 내려 보낼 것이니 뒷면의 글은 전 대학사(前大學士)가 제진(製進)토록 하라.

《고종실록》39권, 고종 36년 1월 25일 양력 2번째 기사 1899년 대한 광무(光武) 3년

벚꽃에 취해 오다보니 어느새 덕진시민공원 내 건지산(乾止山) 줄기에 울창한 소나무 숲으로 둘러싸여 있는 조경단 앞에 다다랐다. 조경단은 현재 지방유형문화재 제16호, 전라북도 기념물 제3호로 지정되어 있다. 하지만 이곳 역시 조경묘(肇慶廟)와 마찬가지로 밖에서만 관람할 수밖에 없었다. 정문이 자물쇠로 꽁꽁 잠겨 있다.

이한의 묘역을 문틈으로 들여다보니 묘역이 아주 넓었다. 그 넓은 묘역을 담이 둘러싸고 있다. 그 담을 따라 오르내리면서 담 안의 묘역

전주이씨의 시조이자 태조 이성계의 21대조인 이한과 부인 경주 김씨가 잠든 조경단의 전경이다.

을 넘겨다보고 사진을 찍었다. 역시 청량한 바람과 청량한 음색으로 봄 노래를 불러주는 산새들이 동행을 해주어 마냥 행복했다.

태조 이성계의 21대조를 만나노라니 그냥 내가 조선시대를 살아가고 있는 것 같은 착각마저 들었다. 도로를 따라 흐드러지게 핀 벚꽃들을 감상하면서 다시 전주한옥마을로 돌아와 오목대(梧木臺)를 찾아갔다.

이성계 장군이 대풍가를 부르다

1380년(고려 우왕 6년) 왜구가 경상도와 전라도에 대거 침입했다. 그 때 이성계는 남원의 황산에서 왜구를 물리치고, 개성으로 돌아가던 중 이곳 오목대에서 전주이씨 종친들을 불러 모아 승전 잔치를 베풀었다. 그는 이곳 언덕에 올라 전주 시내를 바라보며 호탕한 모습으로 그 유명한 〈대풍가〉를 불렀다. 당시 그의 신분은 장군이었다.

〈대풍가〉는 한나라를 세운 유방이 자신의 고향인 패현에서 불렀던 노래다. 그 노래를 옮겨 적어본다.

大風起兮雲飛揚 (대풍기혜운비양)

威加海內兮歸故鄉 (위가해내혜귀고향)

安得猛士兮守四方 (안득맹사혜수사방)

대풍(大風)이 일어나서 구름을 날렸도다.
해내(海內)에 위엄을 떨치고 고향으로 왔도다.
이에 맹사(猛士)를 얻어서 사방(四方)을 지키리라.

　그 후 이성계는 조선을 개국하고 〈대풍가〉를 불렀던 이곳에 정자를 짓고 이름을 오목대(梧木臺)라 했다. 이곳에 오동나무가 많아 언덕의 이름을 오목대라 불렀다고 전한다.
　1577년(선조 10년) 후손인 선조는 태조의 전투 경과를 기술하여 황산대첩사적비(荒山大捷史蹟碑)를 전북 남원에 세웠다. 이 비는 일제강점기 때 일제에 의해 파손되어, 1957년 오석(烏石)으로 바꾸어 다시 세웠다. 그 깨진 황산대첩비(荒山大捷碑)는 파비각(破碑閣)에 보관 전시되고 있다. 이로써 황산대첩비는 문화재에서 해제되었고, 대신 비지(碑址)를 사적 제104호로 지정하였다.
　어휘각(御諱閣) 또한 일제가 파손하여 1973년 복원하여 보호하고

고려 말 이성계의 대승을 기념하기 위해 남원에 조성한 황산대첩비지(좌)에 황산대첩비각이 있다. 비각 안의 대첩비(중), 그리고 복원된 어휘각(우)의 모습이다.

있다. 어휘각 안 석벽에 태조 이성계는 황산대첩이 태조 자신만의 공이라기보다는 여러 사람의 공으로 큰 승리를 거두었다는 내용을 새겨 넣었다. 맞는 말이다. 어찌 혼자 큰 승리를 이끌었겠는가.

그 흔적이 오랜 세월이 흐르는 동안에도 뚜렷하게 남아있었는데 일제의 한민족문화말살정책에 따라 폭파되고 철정으로 쪼아 뭉개버려 현재 그 흔적은 찾아보기 어렵다. 이래저래 일본은 우리나라와 화친하기 어려운 국가다.

이성계가 〈대풍가〉를 불러 유명해진 이곳 오목대에서는 아무리 둘러봐도 오동나무가 눈에 띄지 않는다. 지금이라도 심어놓으면 어떨까 싶다. 현재의 누각은 1988년 전주 시민의 뜻을 모아 전주시에서 세운 것이다. 조선왕조의 모태와 같은 상징물의 누각으로 현판은 석전 황욱이 썼다.

오목대에 신발을 벗고 올라가 내려다보면 전주 시내가 한눈에 들어온다. 기와집들이 빼곡하게 들어차 있어 조선시대로 거슬러 올라와 있는 느낌이다.

전주는 이성계의 〈대풍가〉로도 유명하지만 6대조가 전주로 낙향하

이성계가 왜구를 물리치고 개성으로 돌아가는 길에 전주에 들러 종친들에게 승전 축하잔치를 베풀며 〈대풍가〉를 불렀다는 오목대다.

면서 그 인연이 싹텄다고 본다. 고려 무신정권 때 이성계의 6대조 이린은 이의방과 이준의 등 두 형을 잃고 이곳 전주로 내려와서 살게 되었다 한다. 물론 전주에 그의 시조 이한의 조경단이 자리하고 있으니 그보다 훨씬 더 오래전에 조상들이 이곳에 살긴 했다.

그 후 이성계의 4대조인 목조 이안사가 여기 오목대 아래쪽에 자리한 이목대(梨木臺)에서 태어나고 자랐다. 이목대에는 '목조대왕구거유지(穆祖大王舊居遺址)'라고 쓴 비석이 비각 안에 자리하고 있다.

고손인 태조가 조선을 건국하면서 목조로 추존된 이안사는 이곳에서 살다가 삼척을 거쳐 함흥으로 이주했다.

이목대비(梨木臺碑)가 세워지고, 벽화가 아름다운 곳이 〈자만벽화마을〉이다. 허름한 가옥들이 언덕에 자리하고 있지만 골목골목 그려놓은 그림들이 특색이 있고 예뻤다. 이 마을이 오래전부터 형성되었음을 알 수 있고, 조선 역사가 이 마을 곳곳에 배어있음도 알 수 있다.

이목대 자만벽화마을을 내려와 전주객사(全州客舍)인 풍패지관(豊沛之館)과 지난해 말 복원한 전라감영(全羅監營)을 찾았다.

이목대비가 세워져 있는 비각과 비석이다. 여름을 느끼게 하는 연못을 그린 벽화도 눈길을 끈다.

전주객사와 전라감영을 거닐다

조선시대 객사인 전주객사는 1471년(성종 2년) 전주사고를 짓고
남은 재료로 지었다는 기록만 있어 정확한 건립 시기는 알 수 없다. 현
재는 전주 풍패지관(구 전주객사)라고 부르고, 풍패지관은 1975년 3월
31일 보물 제583호로 지정되었다.

객사는 객관이라고도 하며, 고려·조선 시대에 왕명으로 벼슬아치
들을 접대하고 묵게 한 일종의 관사다. 감실에는 궐패(闕牌)를 모시고
왕에게 예를 갖춰 망궐례를 올렸다. 정면 4칸, 측면 2칸의 맞배지붕과
정면 4칸, 측면 2칸의 팔작지붕 건물이 붙어있다.

원래 주관(主館)과 그 좌우에 동익헌(東翼軒)·서익헌(西翼軒)·맹
청(盲聽)·무신사(武神祠) 등의 건물이 있었으나 1914년 북문에서 남
문에 이르는 도로 확장공사로 왼쪽의 동익헌은 철거되었다가 1999년
에 복원했다. 현재는 주관과 서익헌, 동익헌, 수직사(守直舍)만 남아있
다. 주관 앞면에 '풍패지관(豊沛之館)'이라는 현판이 걸려있는데, 이는
전주가 조선왕조의 발원지라는 뜻이다. 이제 전주객사의 정식 명칭은

보물 제583호로 지정된 전주객사인 풍패지관이다. 현재 서익헌은 공사 중이다.

2020년 복원한 전라북도 기념물 107호인 전라감영의 내삼문(좌)과 선화당(중), 관풍각(우)이다.

'전주풍패지관(全州豊沛支管)'이다.

전라감영은 조선 초기 전주에 설치된 것으로, 1896년(고종 33년)까지 전라남도와 전라북도를 포함 제주도까지 통할하는 관청이었다.

그 뒤 그 자리에 전라북도청사가 들어섰고, 이후 의회 및 전라북도 경찰청이 들어섰다. 주변에 보물 제308호인 풍남문(豊南門)과 사적 제288호인 전주전동성당, 사적 제339호인 경기전(慶基殿) 등 문화재들이 있다.

비록 복원된 것이긴 해도 전주객사와 전라감영을 찾아가면 그래도 조선을 들여다보면서 걷는 맛이 난다. 전라감사의 집무실이었던 선화당(宣化堂) 옆에 자리한 전라감영의 관풍각(觀風閣)에 올라 마루에 그대로 앉는 맛도 좋다. 조선시대의 관찰사와 감사는 오늘날의 도지사에 해당한다. 뭔가 느낌은 다르다.

전주의 한옥마을도 여기저기 기웃대면서 걷다 보면 흥미롭게 600여 년 전의 역사를 만날 수 있다. 대부분 복원하여 옛 맛은 덜하지만,

전주향교의 정문인 만화루(萬化樓)와 고목들이 아름답다.

그런대로 옛이야기들을 간직하고 있다.

전주에서 추천하고 싶은 또 한 곳이 향교(鄕校)다. 전주향교의 외삼문 만화루(萬化樓)를 들어서면 고목들이 마음을 송두리째 사로잡는다. 계절마다 찾아오고 싶은 마음이 간절하다. 어느 계절보다 가을에 나이든 은행나무와 도란도란 옛이야기를 주고받고 싶어진다. 나무들 대부분이 보호수로 지정되어 있다. 전국의 향교 중 이곳 전주향교가 가장 아름답지 않을까 싶다.

5대조 이양무 장군이 삼척에 잠들다

전주를 다녀오니 지난해 여름에 다녀왔던 강원도 두타산 자락에 위치한 준경묘(濬慶墓)와 영경묘(永慶墓)가 생각난다. 햇볕이 쨍쨍 내리쬐는 삼복더위에 태조 이성계의 5대조 할아버지가 잠든 준경묘와 5대조 할머니가 잠든 영경묘를 찾아갔다.

먼저 준경묘를 찾아 산길을 따라 올라갔다. 누렇게 익은 살구가 땅에 떨어져 나뒹굴고 있다. 그 살구가 아까워 걸음을 멈추고 두어 개 주워 먹었다. 새콤한 게 자연의 맛이 온몸에 퍼진다.

준경묘까지는 1.8km이다. 별로 힘들지 않겠다 싶었다. 한참을 걸어 올랐건만 여전히 첩첩산중이다. 고개 하나 넘으면 있을 거란 내 짐작이 빗나가고 말았다. 헐떡거리며 한 시간을 더 걸었을까? 예사롭지 않은 소나무 숲이 펼쳐지기 시작했다. 하나같이 죽죽 뻗은 게 미인송 그 자체였다. 바로 금강송이었다. 지칠 대로 지쳐 투덜대던 나는 오간데 없고 "멋지다"라는 환호성만 연거푸 나왔다. 자연은 언제나 지친 내 몸과 마음을 위로해준다. 준경묘에 소나무가 장관이란 말은 듣긴 했지만 그 정도인 줄 몰랐다. 귀한 보물은 깊숙한 곳에 있듯 이곳의 소나무들이 바로 그랬다. 가슴이 설레어 소나무를 올려다보고, 내려다보고, 끌어안느라 나이를 잊고 말았다.

미인송들이 마중 나와 있는 것을 보니 끝이 보이는 듯싶다. 소나무들 사이로 푸른 잔디가 보인다. 우리나라 최고의 미인송으로 선발된 그녀를 만나고 가야 할 것 같아 준경묘 전경이 보이는 입구 못 미쳐 오른

준경묘를 향해 1.8km를 한 시간 이상 걸어 올라가 만난 소나무 숲은 그야말로 장관이다.

쪽으로 올라갔다. 그곳에 한국 최고의 미인송이 자리하고 있다. 충북 보은의 정이품송과 혼례를 치른 미인송이다. 한국을 대표하는 소나무의 혈통 보존을 위해 산림청에서 10여 년의 연구와 엄격한 심사를 통해 우리나라에서 가장 형질이 우수하고 아름다운 소나무로 선발된 미인송이다. 그녀에게 정신을 모두 빼앗기고 한참을 서성이다 작별했다.

드디어 준경묘가 자태를 드러냈다. 태조 이성계의 5대조 이양무 장군의 묘다. 이양무 장군은 태조 이성계의 4대조 목조 이안사의 아버지다. 그 깊은 산속에 어찌 그처럼 평평한 분지가 숨어있는지 신비롭기만 하다.

홍살문을 통해 침전 쪽으로 발길을 옮겼다. 침전 오른쪽에는 비각이 서 있다. 비석에는 '대한 준경묘(大韓 濬慶墓)'라는 한자가 새겨져 있다. 침전 뒤 묘로 올라갔다. 조선의 능·원·묘와 달리 봉분 외에 아무런 석물이 없다. 봉분만 있다. 봉분 아래쪽에 축대를 둥근 돌로 쌓아놓은 게 특징이다. 준경묘를 병풍처럼 둘러싸고 있는 소나무들 역시 하나같이 미인송이다.

준경묘에 잠든 태조 이성계의 5대조 이양무는 원래 전주가 고향이

소나무 숲에 둘러 싸인 태조 이성계의 5대조 할아버지 이양무 장군의 준경묘와 그곳에 자리한 우리나라 최고의 미인송 소나무다.

소나무 숲속에 자리한 준경묘의 비각 모습이다.

다. 그의 아버지 이린이 고려 무신정권 때 형 이의방과 이준의가 피살
되면서 전주로 낙향하여 살게 되었다. 이린의 아들이 이양무이고, 손자
가 태조 이성계의 고조부인 목조 이안사다. 이안사는 전주에서 지방 관
리와 관기 문제로 불화가 있어 생명의 위협을 느끼고 이곳 삼척으로 이
주하였다.

《조선왕조실록》에는 삼척으로 이주한 까닭을 '관기'사건으로 짧게
기록하고 있다. 그 기사 내용을 일부 싣는다. 〈태조 이성계 선대의 가
계. 목조 이안사가 전주에서 삼척·의주를 거쳐 알동에 정착하다〉란
제목의 기사다.

성품이 호방(豪放)하여 사방(四方)을 경략할 뜻이 있었다. 처음에 전주(全

州)에 있었는데, 그때 나이 20여 세로서, 용맹과 지략이 남보다 뛰어났다. 산성별감(山城別監)이 객관(客館)에 들어왔을 때 관기(官妓)의 사건으로 인하여 주관(州官)과 틈이 생겼다. 주관(州官)이 안렴사(按廉使)와 함께 의논하여 위에 알리고 군사를 내어 도모하려 하므로, 목조(穆祖)가 이 소식을 듣고 드디어 강릉도(江陵道)의 삼척현(三陟縣)으로 옮겨 가서 거주하니, 백성들이 자원하여 따라서 이사한 사람이 1백 70여 가(家)나 되었다.

《태조실록》1권, 총서 1번째 기사

어찌 되었거나 목조 이안사는 사랑 때문에 전주를 떠나게 되었다. 그때가 고려시대로 1231년(고려 고종 18년)이다. 목조는 고령의 노부모를 모시고 식솔들 170여 가구 1천여 명과 야반도주하여 삼척에 정착하게 되었다. 그 고령의 노부모가 바로 준경묘에 잠든 목조 이안사의 아버지 이양무이고, 영경묘에 잠든 어머니 이씨이다.

이곳에 정착한 이듬해 1232년(고려 고종 19년) 이양무 부부는 사망하였다. 목조가 이곳 삼척에 명당자리를 찾아 그의 아버지 이양무와 어머니 이씨를 묻었다. 이양무 부부는 서로 4km 떨어진 곳에 각각 잠들어 있다.

그 후 목조 이안사는 이곳 삼척을 떠나 함경도 함흥으로 이주하게 된다. 그때 함께 함흥으로 이주한 사람들은 전주에서 따라온 사람들보다 더 많았다. 이곳 삼척을 떠난 이유도 전주에서 다툼이 있었던 그 산

태조 이성계의 5대조 이양무 장군의 준경묘이다. 축대를 둥근 돌로 쌓은 게 특이하다.

성별감이 하필 삼척으로 부임해 온다는 소식을 들었기 때문이었다고 하니 질긴 악연이 아닐 수 없다. '원수는 외나무다리에서 만난다'는 말이 맞는 모양이다.

이곳 삼척에 잠든 태조의 5대조 묘는 667년이나 버려져 있었다. 후손들이 대대손손 왕이 되었지만 두 분의 묘를 찾지 못했기 때문이다. 그 후 1899년(고종 36년) 고종에 의해 명예회복을 하게 되었다. 고종은 그때까지 실묘(失墓)였던 이양무의 묘와 그의 부인의 묘를 찾아 대대적인 묘역 정비공사를 벌여 이양무의 묘를 준경묘(濬慶墓), 부인의 묘를 영경묘(永慶墓)라 했다. 고종이 선조를 위해 큰일을 해낸 셈이다.

이런 첩첩산중에 있는 묘를 어떻게 찾아냈는지 궁금하다. 당시에 유전자 검사를 한 것도 아닐 텐데 진짜 그들의 묘가 맞는지 괜한 의심마저 든다. 이토록 아름다운 명당자리에 묘가 자리하고 있어 그의 후손들이 500년이 넘게 나라를 이끌어 갔나 보다. 어찌 되었거나 태조의 5대조가 삼척의 금강송 숲속에 고요히 잠들어있다. 그나저나 이곳 금강

이성계의 5대조 할머니 이씨의 영경묘는 남편 이양무와 4km 정도 떨어진 곳에 홀로 잠들어 있다.
영경묘도 준경묘와 같이 둥근 돌로 이중으로 축대를 쌓았다.

송이 경복궁을 비롯한 광화문과 숭례문 복원에 쓰였다고 하니 이 또한
큰 의미가 있지 않나 싶다.

　태조 이성계의 4대조인 고조할아버지 이안사와 증조할아버지 이행
리, 할아버지 이춘, 아버지 이자춘 등은 목조, 익조, 도조, 환조로 각각
추존되었다. 그들의 능은 모두 북한에 자리하고 있으나, 그들의 신주는
종묘 영녕전에 모셔져 있다. 태조 이성계의 5대조 할아버지 이양무 장
군과 5대조 할머니 이씨는 이곳 삼척의 준경묘와 영경묘에 각각 잠들
어있다. 왠지 많이 서운할 듯싶다.

삼봉(三峰) 정도전,
도전에 실패하다

충북 단양의 도담삼봉과 마주하고 있는 삼봉 정도전 동상

왕의 의무를 전각의 이름에 담다

경복궁(景福宮)은 조선의 개국공신 삼봉 정도전(1342~1398)의 총지휘 하에 건축된 궁궐이다. 조선을 개국한 태조 이성계(1335~1408)는 한양에 도읍을 정한 뒤 정도전에게 조선왕조를 위한 궁궐을 지을 것을 명했다.

정도전은 자신의 이상을 담아 야심차게 새로운 궁궐을 설계했다. 그는 경복궁의 전각 하나하나에 이름도 붙였다. 무엇보다 정도전은 나라의 근본은 백성이라고 생각했다. 그의 《삼봉집》에 "나라도, 임금도 백성을 위해 존재할 때만 가치가 있다."라는 내용이 실려 있는 것만 보아도 알 수 있다. 왕보다 백성을 소중히 여겨야 한다고 생각했다.

정도전은 왕의 공간인 궁궐 또한 백성을 위하는 마음으로 짓도록 하였다. 무엇보다 백성의 행복을 위해서는 왕이 끊임없이 일해야 하므로 사무 공간으로서 경복궁을 설계하였다. 그 결과 경복궁은 왕실 가족의 거주공간인 내전보다 왕과 신하들이 일하는 공간인 외전이 더 크게 설계되었다.

정도전은 경복궁을 설계하면서 왕이 지켜야 할 의무를 전각의 이름으로 붙여 스스로 자신을 경계하고 책임감을 느끼게 했다는 것이다. 예를 들면 근정전(勤政殿)은 '부지런히 정치하라'는 뜻이고, 사정전(思政

왕은 백성을 위해 '부지런히 정치하라'는 뜻을 담아 지은 경복궁의 정전이 근정전이다.

殿)은 '깊이 생각하며 정치하라'는 뜻이며, 강녕전(康寧殿)은 '몸과 마음
을 건강하고 편하게 하라'는 뜻을 담았다고 한다. 백성을 위해 열심히
일해야 하니 건강관리를 잘하라는 것이다.

　　태조 이성계가 정도전에게 새 궁궐의 전각 이름을 짓도록 명한 내
용이《조선왕조실록》〈판삼사사 정도전에게 새 궁궐 전각의 이름을 짓
게 하다〉란 제목으로 1395년(태조 4년) 실려 있다.

　　판삼사사 정도전(鄭道傳)에게 분부하여 새 궁궐의 여러 전각의 이름을 짓
게 하니, 정도전이 이름을 짓고 아울러 이름 지은 의의를 써서 올렸다. 새

백성을 위해 '깊이 생각하며 정치하라'는 뜻을 담은 사정전의 사정문과 '몸과 마음을 건강하고 편하게
하라'는 뜻을 담은 강녕전이다.

궁궐을 경복궁(景福宮)이라 하고, 연침(燕寢)을 강녕전(康寧殿)이라 하고, 동쪽에 있는 소침(小寢)을 연생전(延生殿)이라 하고, 서쪽에 있는 소침(小寢)을 경성전(慶成殿)이라 하고, 연침(燕寢)의 남쪽을 사정전(思政殿)이라 하고, 또 그 남쪽을 근정전(勤政殿)이라 하고, 동루(東樓)를 융문루(隆文樓)라 하고, 서루(西樓)를 융무루(隆武樓)라 하고, 전문(殿門)을 근정문(勤政門)이라 하며, 남쪽에 있는 문[午門]을 정문(正門)이라 하였다.

《태조실록》8권, 태조 4년 10월 7일 정유 2번째 기사 1395년 명 홍무(洪武) 28년

정적의 칼에 단죄되니 극단의 삶을 살다

정도전은 고려에서 조선으로 교체되는 격동의 시기에 역사의 중심에서 새 왕조를 설계한 인물이다. 그는 자신이 꿈꾸던 성리학적 이상세계의 실현을 보지 못하고 끝내 정적의 칼에 단죄되어 조선의 끝자락에 가서야 겨우 신원 되는 극단적인 삶을 살았다.

그의 도전은 실패로 끝나고 말았다. 조선이 개국한 지 6년 만인 1398년(태조 7년)에 목숨을 잃었으니 그가 애써 설계하고, 꿈의 실현을 위해 노력했을 수많은 시간이 순간 물거품이 되어버렸다. 앞날은 어찌 펼쳐질지 아무도 모름을 정도전을 보면서 다시금 깨닫게 된다.

함께 조선의 건국을 위해 불철주야 애썼던 태조 이성계의 아들 이

조선의 개국공신 정도전을 기리는 경기도 평택시 진위면에 자리한 삼봉기념관의 전경이다.

방원(1367~1422)이 자신을 살해하리라고는 상상조차 못 했을 것이다. 7세가 많은 태조 이성계라면 몰라도 자신보다 25세나 어린 이방원이니 우습게 생각했을지도 모른다. 쌓아온 것에 비해 너무 쉽게 목숨을 잃은 정도전은 1865년(고종 2년) 흥선대원군이 경복궁을 중건하면서 '문헌(文憲)'이란 시호를 내려 447년 만에 신원이 회복되었다. 늦게나마 다행한 일이 아닌가 싶다.

경복궁을 설계한 정도전은 조선 건국의 일등공신 중에서도 으뜸가는 공신이었지만 시신도 없는 가묘가 남아있을 뿐이다. 삼봉 정도전과 같은 봉화 정씨들의 집성촌인 경기도 평택에 시신이 없는 가묘와 삼봉기념관 및 그를 기리는 사당 문헌사(文憲祠), 그의 맏아들 정진(1361~1427)의 사당인 희절사, 그리고 희절사의 재실인 민본재(民本

삼봉기념관, 삼봉교육관, 삼봉문학관이다.

정도전의 사당 문헌사의 삼문(좌)과 유종공종(儒宗功宗)이라는 현판이 걸려있는 사당(우)이다.

재, 삼봉교육관, 삼봉문학관이 자리하고 있다. 유형문화재 제132호인 《삼봉집》 목판은 삼봉기념관에 전시·보관되어 있다.

정도전의 사당인 문헌사는 정면 세 칸, 측면 두 칸의 맞배지붕이며 유학으로도 으뜸, 나라에 대한 공적으로도 으뜸이라는 뜻의 유종공종 (儒宗功宗)이라는 현판이 중앙에 걸려있다. 사당 내부에는 정도전의 위패와 영정을 모셨다. 그러나 관람이 불가해 삼문 옆 담 앞에서 발뒤꿈치를 높여 들여다볼 수밖에 없었다.

정도전의 사당 문헌사 아래에는 희절사(僖節祠)가 자리하고 있다. 그의 맏아들 정진(?~1427)의 위패가 모셔져 있다. 정도전이 이방원에 의해 살해된 후 둘째아들 정영과 셋째아들 정유도 왕자의 난 당일 처형되었다. 이 소식을 듣고 정도전의 동생인 정도존(1342~1398)의 아들 정담도 자살하였다. 그야말로 정도전의 집안이 풍비박산(風飛雹散)나고, 멸문지화(滅門之禍)가 되었다.

다행히 맏아들 정진은 정도전이 죽은 날 의금부에 구속 수감되었

삼봉기념관과 함께 자리한 삼봉 정도전의 맏아들 정진의 사당 희절사와 재실인 민본재이다.

다. 그 후 간신히 살아남아 풀려나긴 했지만, 모든 직첩이 회수되고 유배나 다름없는 모진 세월을 보냈다고 한다.

　정도전은 조선왕조 500년이 가깝도록 역적이란 오명을 썼지만, 다행히 고종대에 이르러 명예를 회복했다. 아마 흥선대원군이 경복궁을 복원하면서 조선을 건국한 태조 이성계를 위해 정도전이 기울였을 노력이 떠올라 복권시켜 준 것은 아닌지 모르겠다.

　정도전은 1865년(고종 2년) 9월, 추존왕 문조(효명세자)의 비로, 대비였던 신정왕후 조씨에 의해 다시 공신 칭호도 돌려받았다.

　고종은 경복궁을 중건함에 설계자인 정도전의 공을 인정해 그의 관작을 회복시켰으며 문헌(文憲)이라는 시호를 내렸다. 아울러 후손들이 사는 경기 양성현(안성군 공도면, 평택시 진위면)에 사당을 건립하게 했다. 또한 정도전의 조선 건국과 제도와 법령 마련, 체제 정비 등의 치적을 기려 유종공종(儒宗功宗) 현판을 특필하여 하사하였다.

　《조선왕조실록》에 〈대왕대비가 정도전에게 공로를 회복시켜주고 시호를 추증하라고 명하다〉란 제목의 기사로 나와 있어 그 내용을 옮겨 신는다.

대왕대비(大王大妃)가 전교하기를, "법궁(法宮)의 전각(殿閣)들이 차례로 완성되었다. 정도전(鄭道傳)이 전각의 이름을 정하고 송축한 문구를 생각해보니 천 년의 뛰어난 문장으로서 격세지감을 느끼지 않을 수 없다. 그리고 무학 국사(無學國師)가 그 당시 수고를 한 사실에 대해서는 국사(國史)나 야승(野乘)에 자주 보이는데, 나의 성의를 표시하고 싶어도 할 곳이 없다. 봉화백(奉化伯) 정도전에게는 특별히 훈봉(勳封)을 회복시키고 시호(諡號)를 내리도록 하라. 그리고 해조로 하여금 봉사손(奉祀孫)의 이름을 물어서 건원릉 참봉(健元陵參奉)으로 의망하여 들이도록 하라." 하였다.

정도전의 위패와 영정을 모신 사당 문헌사는 1986년 4월, 경기도 유형문화재 제132호로 지정되었다. 그는 불천지위(不遷之位)에 추대되었고, 묘소는 실전되었지만 1872년(고종 9년) 왕명에 의해 위패를 봉안하고 제사를 받들게 하였다.

그리고 개국공신으로 공식 복권되었고, 이듬해인 1873년(고종 10년) 관직과 작위가 회복되었다. 그의 복권에 대한 상소가 올려지자 최익현 등이 복권을 반대하며 강하게 반발하였다. 그러나 고종은 정도전의 복권을 강행하였다.

조선의 개국 충신 정도전(좌)과 고려의 최고 충신이었던 포은 정몽주(우)의 초상화다. 고려를 지키려던 정몽주는 조선을 개국하는데 앞장섰던 정도전과 달리 조선에서도 계속 추앙을 받았다.

정몽주와 달리 간신으로 버려지다

누가 봐도 정도전은 조선을 건국하는데 지대한 공헌을 하였다. 그러나 정도전과 정몽주(1337~1392)는 둘 다 이방원에 의해 살해되었다. 이들은 고려 말 새로운 정치세력인 신진사대부의 주축이었지만 정도전은 조선 건국의 조력자와 설계자로, 정몽주는 고려를 마지막까지 지킨 충절의 상징으로, 서로 다른 길을 걸었다.

그런데 조선 건국을 반대하고 고려를 지키려 했던 충절의 화신 정몽주는 조선에서도 충절의 화신으로 남게 되었다. 태종 이방원은 정몽주가 죽은 뒤 13년이 지난 1405년(태종 5년) 영의정에 추증하고 익양부원군에 추봉했으며 문충(文忠)이라는 시호를 내렸다.

이제 막 문을 연 조선은 앞으로 정몽주 같은 충신이 필요했다. 새

나라를 건국하는데 앞장선 정도전 같은 사람은 절대 필요치 않았을 것이다. 이래저래 정도전만 불쌍하게 되었다. 조선시대 내내 정몽주의 충절은 선죽교에 뿌린 피가 영원히 지워질 수 없다는 전설로 남았고, 그의 학문과 이념은 조선의 사림파에게까지 이어졌다.

그러고 보면 정몽주와 정도전 중 승자는 누군가. 조선의 건국을 반대하고 고려를 지키려 했던 정몽주가 조선 건국에 앞장선 정도전에게 승자가 되었다. 정도전은 조선이 건국된 지 겨우 6년 만에 패자가 되어 목숨까지 잃고 말았다. 그렇기에 "앞날은 아무도 모르고, 인생은 살아봐야 한다."는 말이 명제처럼 쓰이고 있나 보다.

태종 이방원은 정도전과 함께 아버지 태조 이성계를 도와 새 왕국을 건국하였으면서도 정도전을 죽음으로 몰아갔다. 다시 새 왕국이 들어선다는 것은 있을 수 없는 일로, 정도전 같은 사람은 더는 필요치 않았다. 정도전은 이용만 당하다가 목숨을 빼앗긴 결과를 초래했다. 결국 정도전은 충신이 아닌 간신으로 남아야만 했다.

정도전의 마음을 읊다

정도전의 묘는 실전되어 남아 있지 않다. 가묘만이 사당과 마주 보이는 왼쪽 산줄기에 자리해 있다. 그의 큰아들 희절공 정진의 묘는 그의 왼쪽 산줄기에 자리해 있다. 산길에 밤나무가 많아 가을에 가면 알밤이 그대로 나뒹굴고 있다. 아까울 정도로 많다.

정도전의 가묘를 찾아 밤나무 숲길을 올라가노라면 커다란 시비가 마중 나와 있다. 시비에 새겨져 있는 〈고의(古意)〉를 소개해본다. 정도전의 마음이 고스란히 담겨있는 시라 그런지 마음이 아프다.

蒼松生道傍 (창송생도방) 푸른 소나무 길옆에서 자라니
未免斤斧傷 (미면근부상) 자귀와 도끼질을 면할 길이 없네
尙將堅貞質 (상장견정질) 그러나 굳고 곧은 자질을 지녀
助此爝火光 (조차작화광) 횃불의 하는 것을 도와주네
安得無恙在 (안득무양재) 어떻게 하면 아무런 재앙 없이
直榦凌雲長 (직간릉운장) 곧은 줄기 하늘 높이 솟아올라
時來竪廊廟 (시래수랑묘) 때가 와서 큰 집을 지을 때
屹立充棟樑 (흘립충동량) 우뚝이 대들보 재목으로 쓰일 건가
夫誰知此意 (부수지차의) 어느 누가 이러한 뜻을 미리 알아
移種最高岡 (이종최고강) 가장 높은 언덕에 옮겨 심어 줄는지

삼봉 정도전의 묘가 조성된 밤나무 숲길에 시비가 세워져 있다.

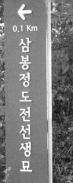

'삼봉 정도전 선생묘'라고 쓴 표지판을 따라 가면 시신이 없는 가묘가 따사로운 햇볕을 받고 있다.

정도전은 제1차 왕자의 난으로 인해 남은·심효생 등과 함께 숙청되었다. 그야말로 멸문지화(滅門之禍)를 당하고 말았다. 다행히 중추원부사(中樞院副使)였던 장남 정진만은 처형을 면하고, 의금부에 구속, 수감되었다가 전라수군(全羅水軍)에 충군(充軍)되었다. 맏아들이 살아남아 조준, 권근 등의 건의로 복직하여 자헌대부 형조판서에 이르렀다. 사후 의정부 우찬성에 증직되었다. 그는 아버지 정도전의 문집인《삼봉집》을 최초로 간행하였다. 그의 묘가 삼봉기념관이 자리한 평택에 자리하고 있으며, 그의 사당 희절사도 아버지 삼봉의 사당인 문헌사 아래에 자리하고 있다.

삼봉(三峰) 정도전의 집은 현재 종로구청 자리에 있었다. 자신이 설

친절한 안내 표지판을 따라 산으로 한참을 올라가야 삼봉 정도전의 맏아들 희절공 정진의 묘가 나온다. 생각보다 잘 조성되어 있다.

정도전이 살았던 서울 종로의 옛집 터 표지석(좌)과 산소가 있었던 자리에 세워진 표지석(중). 그리고 옛 산소터(우) 전경이다. 옛집터엔 현재 종로구청이 들어서 있고, 옛 산소 터에는 서초구청과 양재고등학교가 들어섰다.

해 지은 경복궁 바로 앞이다. 그의 옛 집터에는 이곳이 '정도전 집터'임을 표지석이 말해주고 있다. 그의 묘는 현재 서울 양재고등학교와 서초구청이 들어서 있는 곳에 마련되었다. 하지만 시신을 제대로 수습하지 못해 시신은 없다. '삼봉 정도전 산소 터'라는 표지석만이 덩그마니 서 있다. 안내 표지석이 단양의 도담삼봉처럼 삼봉으로 만들어 그를 상징하고 있다. 표지석마저 쓸쓸한 게 외롭고 슬퍼 보인다. 그의 묘는 평택에 조성해 놓았지만 가묘일 뿐이다.

영주의 생가 터와 삼판서 고택이 복원되다

삼봉(三峰) 정도전은 봉화 정씨로 경북 영주 출신이다. 그의 집안은 경북 봉화에서 향리를 지낸 토착세력으로 권세가 있었다. 그런데 그는

경북 영주에 복원된 조선의 일등개국공신 정도전의 생가 전경과 안채.

봉화가 아니라 영주에서 태어났다. 그가 태어난 고향 영주에는 2008년 옛집이 복원되어 있다. 복원 초에는 개방하지 않았으나 2014년 KBS드라마 〈정도전〉이 인기리에 방영되면서 찾는 사람이 많아 개방하였다. 하지만 원래 생가터는 그곳과 가까운 언덕 아래쪽에 있다. 현재 잡풀들이 생가 터를 지키고 있다.

복원된 정도전의 생가 '삼판서 고택'은 영주시 영주동 431번지인 구성공원 남쪽에 자리 잡고 수백 년을 이어왔다. 그런데 1961년 사라호 태풍으로 고택이 쓰러졌고, 몇 년 후 철거되었다. 그 후 2008년 10월, 영주 시민들이 뜻을 모아 지금의 자리에 복원되어 선비의 고장 영주를 상징하는 명소 중 하나로 자리 잡게 되었다.

복원해놓은 정도전의 생가 삼판서 고택은 영주시 서천변 언덕에 자리하고 있다. 강바람이 솔솔 불어오고 전망 또한 아름답다. 서천은 영주 시내 서쪽으로 흐르고 있지만 1961년 사라호 태풍 이전에는 시내 중심부로 흘렀다. 그런데 사라호 태풍이 영주 시내를 휩쓸고 내려가 어

경북 영주의 서천을 내려다보고 있는 정도전의 생가 삼판서 고택의 사랑채(좌)다. 원래의 삼판서 고택 터(우)는 잡풀들이 지키고 있다.

마어마한 피해를 입혔고, 현재의 위치로 물길마저 돌리게 된 것이라고 한다. 그 결과 정도전의 생가터가 아닌 곳에 삼판서 고택이 자리하게 되었다.

복원된 정도전의 생가에서는 고려 말부터 조선 초까지 세 명의 판서가 탄생하였다. 그 세 명의 판서는 정도전의 아버지 형조판서(고려 공민왕 때 형부상서) 정운경(1305~1366)과 정운경의 사위 공조판서 황유정(1343~?), 그리고 황유정의 외손자 이조판서 김담(1416~1464) 등이다.

삼판서 외에도 이 고택에서 조선 개국의 일등공신 정도전이 정운경의 장남으로 태어났다. 그가 이방원에 의해 죽임을 당하지 않았다면 삼판서 고택이 아닌 정도전 생가로 더 유명해졌을 것이다.

조선시대 이 집에서 배출된 인물은 정승 1명, 판서급 4명, 성균관 대사성 1명, 참판 1명, 홍문관 교리 1명, 지방관 9명 등이다. 명문가 중의 명문가라 할 수 있다.

고려가 지고 조선을 열다

태조 이성계가 권력의 핵심으로 떠오르면서 정도전의 야망도 급물살을 탔다. 고려의 마지막 왕인 제34대 왕 공양왕(1345~1394) 때 조정에는 정몽주를 중심으로 한 온건세력과 정도전, 조준(1346~1405)과 같은 급진적 개혁세력이 있었다. 태조 이성계가 의도했든 그렇지 않든, 그는 이미 급진적 개혁세력의 우두머리가 되었다. 이방원이 보낸 조영규에 의해 개성의 선죽교에서 정몽주가 피살되면서 추종 세력은 흩어지고 무너졌다. 태조 이성계의 시대가 열리고 있었다.

고려 말 충신, 포은(圃隱) 정몽주의 어머니가 지은 〈백로가(白鷺歌)〉가 가슴을 울린다. 위인 뒤에는 언제나 훌륭한 어머니가 계셨음을 다시금 되새기게 해준다.

정몽주의 어머니가 아들이 간신(奸臣)·역신(逆臣)의 무리와 어울리지 말도록 훈계하기 위해 지은 풍유시가 〈백로가〉다. 시조에서 '까마귀'는 간신·역신을 상징하고, '백로'는 충신을 가리킨다. 아들이 충신으

정몽주의 묘역 전경(좌)과 정몽주의 어머니가 지은 〈백로가〉와 이방원에게 보낸 〈단심가〉가 새겨진 오석의 비석 모습(중)이다. 그리고 정몽주의 묘(우)이다.

로 살아가기를 바라는 마음으로 이 시를 지었을 것이다. 작자에 대해 이설도 있지만, 정몽주의 어머니가 지은 시로 믿고 옮겨 본다.

까마귀 싸우는 골에 백로야 가지마라

성난 까마귀 흰빛을 새오나니

청강에 고이 씻은 몸을 더럽힐까 하노라

고려를 지키려던 충신! 정몽주가 이방원(제3대 왕 태종)에 의해 피살된 후 이성계(제1대 왕 태조)를 추대하려는 세력의 움직임이 가속화되었다. 마침내 1392년, 조선이 개국되면서 475년 고려왕조(918~1392)는 34대 왕으로 종지부를 찍고 역사 속으로 사라졌다.

개혁세력이 학수고대하던 새로운 왕조가 들어섰다. 조선이 개국되면서 정도전의 활약은 눈부셨다. 개경에서 한양으로 천도하는 과정을 비롯해 현재의 경복궁 및 도성 자리를 정하였고, 수도 건설 공사의 총책임자로 임무를 수행하였다.

수도 건설이 마무리되면서는 경복궁을 비롯한 성문의 이름과 한성부의 5부 52방의 이름도 지었다. 서울을 구성하던 각종 상징물에 의미를 부여했는데, 대부분 유교의 덕목이나 가치가 담긴 표현이었다. 서울이 수도로서의 의미만이 아닌 유교적 이상을 담아서 자리 잡게 했다.

조선의 통치규범을 제시하다

정도전은《조선경국전》을 지어 태조에게 올렸다. 조선의 통치규범을 제시한 것으로 후일 조선의 최고 법전《경국대전》의 출발이었다. 이 책에서 정도전은 자신이 꿈꾸던 요순시대를 건설하기 위한 거대한 정치구상을 제시하였다. 요순시대처럼 임금과 신하가 서로 조화를 이루는 왕도정치를 전면적으로 표방한 것이었다.

그뿐 아니라 정도전은《고려국사(高麗國史)》를 편찬하였다. 이《고려국사》가《고려사》의 모태가 된 것이다. 안타깝게도 현재 전하지는 않고 있다. 그러나 그《고려국사》를 토대로《고려사》를 편찬할 수 있었다. 여러 차례의 개찬(改撰)을 거듭한 결과 1451년(문종 1년) 세종이 세상을 떠난 1년 뒤에 완성되었다.

《고려사》는 고려시대의 정치·경제·사회·문화·인물 등을 정리한 역사서다. 고려시대에 정식으로 편찬된 적이 없고, 조선시대에 들어 옛 왕조의 역사를 교훈 삼을 목적으로 간행이 되었다. 이미《삼국사기》,《삼국유사》,《조선왕조실록》등은 우리나라의 국보나 보물로 지정되었

삼봉 정도전과 도담삼봉이다. 동상이 단양의 도담삼봉을 마주 바라보고 앉아 있다.

삼봉 정도전이 설계한 경복궁은 조선 역사의 산실이다.

다. 그런데 《고려사》는 2020년 말에서야 보물지정 예고를 한 뒤 3개월 만인 2021년 2월, 늦어도 너무 늦게 보물 제2114호로 지정했다. 다행한 일이다.

《고려사》는 《고려국사》를 완성한 정도전의 공이 크다. 이상 국가를 만들어 가는데 동행하고 싶어 밤낮없이 노력했을 텐데 그의 꿈은 사라지고 말았다. 자신이 노력하여 쌓아온 모든 것을 이용만 당한 것 같아 죽어서도 눈을 감지 못하고 있을 것만 같다.

경복궁을 찾을 때마다 전각들 이름과 하나하나 마주하다 보면 삼봉 정도전이 생각난다. 그의 고향 영주에 자리한 '삼판서 고택'도 찾아가 보았고, 그의 사당과 가묘가 있는 경기도 평택의 '삼봉기념관'에도 다녀왔다.

그의 호와 같은 충북 단양의 도담삼봉도 몇 번 찾았다. 유람선을 타고 도담삼봉을 돌아보기도 했다. 도담삼봉은 남한강 상류에 세 개의 기암괴석으로 이루어진 섬이다. 단양팔경 중 제1경이다. 몇 해 전까지만 해도 나는 정도전의 고향이 충북 단양인 줄 알았다. 그런데 영주에 그의 생가가 있었다. 영주에 시댁이 있어 자주 찾았으면서도 알지 못했다. 그만큼 정도전에 대해 아는 게 별로 없었다. 아니 깊이 알려고 하지 않은 게 탈이었다.

이번에 영주에 복원된 그의 생가를 찾아가는 길에 단양의 도담삼봉에도 다시 들렀다. 전과 달리 도담삼봉과 마주한 곳에 생태체육공원이 아름답게 조성되어 있고, 도담삼봉을 물끄러미 바라보고 앉아있는 삼봉 정도전의 동상이 새롭게 세워졌다. 조선시대에 버려졌던 그가 이제 부활한 것처럼 여겨졌다.

정도전은 도담삼봉 중 가장 높고 큰 가운데 봉우리에 정자각을 세우고 이따금 이곳에 찾아와 경치를 구경하고 풍월을 읊었다고 한다. 그의 호를 삼봉(三峰)이라고 한 것도 도담삼봉에서 연유한 것이라고 한다. 푸른 물결이 넘실대는 삼봉은 볼수록 신비스럽다.

역사에 관심을 갖고 공부하다 보면 인생의 소중함과 더불어 나라의 소중함을 깨닫게 된다. 혼자 살아가는 세상이 아니므로 서로의 입장을 헤아려주어야 함도 배우게 된다. 그 무엇보다 욕심을 버려야 함을 배우게 된다.

조선 역사에 관한 공부를 꾸준히 해 오면서 이제야 정도전을 만나 그를 이해하는 계기가 되었다. 비록 그의 꿈을 다 펼치지 못하고 죽임을 당했지만, 인생에 있어 패자는 아니다. 주말엔 그가 온 힘을 다해 설계한 경복궁에서 어슬렁대고 싶다.

세계적 명장
이순신은 조선의 영웅이다

21세기 대한민국을 수호하고있는 광화문 광장의 이순신 장군 동상

세계 해전사에 불패 신화를 남기다

이순신 장군(1545~1598)은 대한민국이 자랑하는 영웅이자, 세계적으로도 존경받고 있는 인물이다. 세계 해전 역사에 유래가 없는 불패 신화를 남긴 명장이기도 하다. 얼마 전 페루의 해군사관학교에도 이순신 장군의 흉상이 설치되었다. 이처럼 우리나라뿐 아니라 세계에서도 명장으로 존경받고 있다.

이순신 장군은 1545년(인종 1년) 4월 28일(음력 3월 8일), 서울의 건천동(중구 인현동)에서 태어나 1598년(선조 31년) 12월 16일(음력 11월 19일), 54세의 나이로 경남 남해의 관음포 앞바다에서 생을 마감하였다. 노량해전에서 왜군의 총탄에 맞아 순국하였다.

이순신은 원래 문과 과거 준비를 하던 청년이었다. 그의 집안은 대대로 문반(文班) 집안이었다. 그런데 그가 21세에 2세 아래인 전 보성군수 방진의 무남독녀와 결혼을 한 후 무과로 전향하였다. 아마도 무과 출신인 장인의 영향을 받았던 게 아닌가 싶다.

그는 28세에 무과에 응시했으나 낙방을 하고 말았다. 그래도 포기하지 않고 도전하여 32세의 늦은 나이에 29명 중 12등으로 무과에 합격하였다. 위인들은 대부분 장원급제한 사람들인데 이순신은 겸손하게도 중간 정도의 실력으로 합격하였다. 그래선지 더 인간미가 느껴진다.

이순신은 서울에서 태어나 어린 시절을 보낸 뒤, 외가가 있는 충남 아산에서 청소년기를 보냈다. 그러면서 아산에서 결혼도 하고, 활쏘기와 무예 연습도 하면서 꿈을 키웠다. 아산을 떠난 시기는 그가 무과에 합격한 후였다. 현충사가 하도 유명하니 이순신 장군의 고향이 아산인 줄 아는 사람들도 많다.

우리나라를 대표하는 광장이 광화문이다. 충무공 이순신 장군의 동상 뒤에 세종대왕이 앉아계시니 무슨 말이 더 필요하겠는가. 12척의 배로 330척의 배와 맞장 떠 승리로 이끈 우리의 영웅이 바로 이순신 장군이다. 이렇게 자랑스러운 명장이 우리나라에 있었음에 오늘의 대한민국이 발전하고 있는 게 아닌가 싶다. 그저 감사할 뿐이다.

진도 울돌목의 빠른 물길은 여전하다

몇 년 전 전남 진도·목포 여행길에 '이충무공 승전공원'에 들렀다. 진도대교를 건너자마자 장군이 반갑게 맞는 곳이다. 진도대교 바로 아래 좁은 해협을 '울돌목'이라 한다. 진도군과 해남군 사이에 마주 보고

'이충무공 승전공원'에서 바라본 진도대교와 공원을 빛내고 있는 이순신 장군의 동상이다. (사진제공: 진도군 관광문화과)

있는 빠른 물살이 암초에 부딪칠 때 울음소리를 낸다고 하여 울돌목이란 이름이 붙여진 것이다. 울돌목의 빠른 물길은 장군의 '명량대첩'을 대승으로 이끄는 데 큰 힘이 되었던 곳이다.

승리의 역사를 품고 있는 울돌목 위에 놓인 진도대교도 위엄 있어 보였다. 그 멋진 다리 아래 울돌목 해협 사이로 '이충무공 승전공원'이 있다. 진도대교를 건너자마자 만난 이순신 장군의 동상은 큰 감흥을 불러왔다. 늘 서울 광화문광장에서만 만났기 때문이었나 보다. 아무튼 그때의 감흥은 뭐라 표현할 수 없을 정도로 컸다. 이순신 장군이 싸워 승리로 이끈 현장에서 만나니 더 가슴이 뛰었던 모양이었다. 그곳에서 만난 이순신 장군의 동상은 광화문 광장 다음 두 번째다.

전남 진도군 고군면 벽파리에 자리한 벽파정을 지나 위로 올라가면 '이충무공벽파진전첩비(李忠武公碧波津戰捷碑)'를 만날 수 있다. 1597년(선조 30년) 정유재란 때 이순신 장군은 이곳 벽파나루에서 16일 동안 머무르며 명량대첩을 준비하고, 12척의 함선으로 명량해협(울돌목)에서 왜군 330척을 물리쳤다.

이순신 장군의 기상과 공을 기리기 위해 1956년 8월, 이곳 벽파진에 '이충무공벽파진전첩비(李忠武公碧波津戰捷碑)'를 세웠다. 비문은 노산 이은상(李殷相) 시인이 지었으며, 글씨는 진도 출신의 서예가 소전 손재형이 썼다. 비문의 내용은 888자로 긴 글인데 감동적이라 그런지 비석마저 우러러 보였다. 글의 앞부분만 싣는다.

벽파진 푸른 바다여 너는 영광스런 역사를 가졌도다. 민족의 성웅 충무공이 가장 외롭고 어려운 고비에 빛나고 우뚝한 공을 세우신 곳이 여기더니라. 옥에서 풀려나와 삼도수군통제사의 무거운 짐을 다시 지고서 병든 몸을 이끌고 남은 배 12척을 겨우 거두어 일찍 군수로 임명되었던 진도 땅 벽파진에 이르니 때는 공이 53세 되던 정유년 8월 29일 이때 조정에서는 공에게 육전을 명령했으나 공은 이에 대답하되 신에게 12척의 전선이 남아있삽고 또 신이 죽지 않았으며 적이 우리를 업수이 여기지 못하리이다. 하고 그대로 여기 이 바닷목을 지키셨나니 진도 벽파진에서 머무신 16일 동안 사흘은 비 내리고 나흘은 바람 불고 맏아들 회와 함께 배 위에 앉아 눈물도 지으셨고 9월 7일 적선 13척이 들어옴을 물리쳤으며 9일에도 적선 2척이 감포도(벽파앞바다)까지 들어와 우리를 엿살피다 쫓겨 갔는데 공이 다시 생각한 바 있어 15일에 우수영으로 진을 옮기자 바로 그다음 날 큰 싸움이 터져 12척 적은 배로서 330척의 적선을 모조리 무찌르니 어허 통쾌할 사 만고에 길이 빛날 명량대첩이여. (후략)

여수에서 무인으로 거듭나다

전남 진도의 '이충무공 승전공원'을 다녀온 후 드디어 2021년 6월 5일부터 현충일을 끼고 4일간의 일정으로 이순신 장군이 남겨놓은 흔적을 찾아 집을 나섰다.

늦깎이로 무과에 합격한 이순신 장군이 무인으로서 실력을 발휘하기 시작한 전남 여수부터 일정을 시작했다. 여수는 전라좌수영 겸 삼도수군통제영이 있던 곳으로 장군이 6년가량 머문 고장이기도 하다.

이순신 장군과 여수와의 인연은 임진왜란이 발발하기 14개월 전인 1591년 2월 13일(양력 3월 9일) 전라좌도수군절도사(全羅左道水軍節度使)로 본영에 부임하면서 시작되었다.

여수의 '이순신광장'에 서있는 이순신 장군의 동상이 먼저 눈에 띄었다. 세번째 만나는 이순신 장군 동상이다. 작은 거북선 위에 왼손에 큰 칼을 움켜쥐고, 오른손에는 북채를 들고 호령하는 자세로 서있다. 동상 아래 '민족의 태양'이란 글씨가 반짝반짝 빛이 난다. 민족의 태양임에 틀림없다. 중앙로터리의 동상은 진남관(鎭南館)과 망해루(望海樓)와 일직선으로 설치되어 이곳에서 망해루와 진남루가 마주 올려다보인다. 광화문 광장보다 더 큰 이순신 장군이 남해를 굽어보고 있다. 그 모습이 편안하다.

이순신 장군과 첫 대면을 하고 진남관으로 갔다. "가는 날이 장날"인지 2017년부터 완전 해체하여 보수 중이라 그림자도 만나볼 수 없

여수의 중앙로터리와 이순신광장에 에 우뚝 서 있는 늠름한 이순신 동상과 거북선이다.

다. 국보 제304호 진남관은 전라좌수영의 본영이다. 당시는 '진해루'라는 누각이었으나 정유재란 때 일본군에 의해 불에 타 소실되고 말았다. 다행히 1599년(선조 32년) 이순신 장군에 이어 제4대 삼도수군통제사 겸 전라좌수사로 부임한 이시언이 전라좌수영 건물로 75칸의 거대한 객사를 지어 진남관이라 이름 짓고 수군의 중심기지가 되었다. 이후에는 역대 왕의 궐패(闕牌)를 봉안하고 군수가 망궐례를 올렸으며 국경일에는 군민들이 모여 봉도식(奉道式)을 거행하였다.

현재의 건물은 1718년(숙종 44년) 전라좌수사 이제면이 다시 지었다. 국보로 지정될 수밖에 없을 정도로 건물 15칸, 측면 5칸, 면적 240평으로 기둥이 무려 68개나 된다. 현존하는 지방관아 건물로는 최대 규모이다. 사진으로 봐도 너무 멋있는데 만나볼 수 없어 많이 아쉬웠다. 진남관은 이순신 장군이 순국한 뒤 지어져 이곳에 머물진 않았다.

조선 제14대 왕 선조(1552~1608)는 임진왜란이 발발하자 도성을 버리고 의주로 도망을 갔는데 이순신 장군은 바다에서 항전을 거듭하면서 임진왜란을 승리로 이끌었다. 선조는 그런 이순신 장군을 고마워

여수 진남관은 기둥이 68개나 된다. 이렇게 큰 관아는 처음이다. 현재는 보수공사로 가림막이 처져 있어 안을 들여다 볼 수조차 없다. 디지털여수문화대전에 소개된 사진이다.

하기는커녕 별로 좋아하지 않았다. 백성들은 당연히 도성을 버리고 도망간 선조보다 이순신 장군을 따랐다. 왕으로서 체면이 말이 아니고, 샘도 나고, 시기 질투도 났을 것이다. 원래 자신이 잘못한 것을 알고 나면 반성하고 용서를 구하는 게 맞지만 오히려 화를 내는 경우가 많지 않은가.

이후 이순신 장군이 선조의 말에 복종하지 않은 일이 발생했다. 정유재란을 준비하던 왜군이 이순신 장군을 제거하기 위해 역정보를 흘렸다. 이들의 속셈을 알지 못한 선조는 왜군이 부산포를 친다는 말을 쉽게 받아들였다. 그리하여 1597년 1월 선조는 간신 요시라의 말을 그대로 믿고 이순신 장군에게 부산포로 출동하라고 명령했다. 그러나 이순신은 그 정보를 믿지 않고 "만약 수군이 부산포로 출동하면 거제와 가덕도 등 해안이 왜성에 노출되고 육상 공격이 어렵다. 수군이 패하면 남해안 제해권 상실과 곡창지대 전라도를 왜군의 손아귀에 넘기게 된다. 그러면 왜군은 곧바로 서해로 북상해 한양을 다시 점령하게 된다."며 선조의 부산포 공격 명령을 받들지 않았다. 그 결과 이순신 장군은 한양으로 압송되어 항명죄로 34일간이나 옥에 갇히게 되었다.

선조는 항명이라며 이순신 장군을 죽이라는 명까지 내렸다. 당시는 왕의 말을 듣지 않으면 항명으로 받아들여 사형감이었다. 불행 중 다행으로 사형을 면하고 한양으로 끌려와 고문당하고 감옥에 갇힌 후 풀려나 백의종군의 명을 받았다. 백의종군은 벼슬 없이 군대를 따라 싸움터로 가는 것을 말한다. 치욕적인 일이었겠지만 생각할수록 그때 살아남은 게 천만다행이다. 그나마 조선이 복이 있었다.

이순신 장군이 백의종군하고, 원균(1540~1597)이 제2대 삼도수군통제사가 되었다. 원균도 훌륭한 장군이다. 원균은 이순신 장군보다 나이가 5세나 많았고, 실전 경험도 많았다. 임진왜란이 일어나자 옥포해전·합포해전·당포해전·당항포해전·율포해전·한산도대첩·안골포해전·부산포해전 등에서 이순신과 함께 일본 수군을 무찔렀다.

그러나 이순신과 원균은 별로 사이가 좋지 않았다. 원균은 이순신 장군을 모함하여 파직 당하게 하고 그 자리에 자신이 올랐다. 하지만 원균은 출병을 거절하여 임진왜란 3대첩 중 하나인 행주대첩을 승리로 이끈 권율(1537~1599)에게 곤장을 맞는 수모를 겪었다. 지금으로 치면 합참의장이 해군참모총장을 곤장으로 때린 것이다. 그 후 원균은 칠천해전에서 왜군의 교란작전에 말려 전사했다.

어느 시대이건 자신의 출세를 위해 곡학아세(曲學阿世)를 하는 사람이 꼭 있게 마련이다. 오늘날 원균은 이순신 장군을 파직하게 만든 장본인이니 추앙받지 못하고 있는 게 당연하다. 원균에게도 공이 많았

원균에게 곤장을 때렸던 권율장군이 경기도 양주시 장흥면 권율장군 묘역에 잠들어있다. 명장 권율의 신도비와 묘역이다. 두 명의 부인을 양옆에 두고 잠들어있다.

지만 과가 더 컸기에 후세의 인정을 받지 못하고 있다.

참고로 학창시절 시험에 자주 나왔던 이순신의 3대첩은 한산도대첩 · 명량대첩 · 노량대첩을 말하고, 임진왜란의 3대첩은 한산도대첩과 행주대첩, 진주성대첩을 말한다. 승리로 이끈 3대첩 중 하나인 한산도대첩에서는 임진년 1592년(선조 25년) 7월, 이순신 장군이 이끄는 연합함대가 한산도 앞바다에서 60척의 왜선을 전멸시켜 왜의 수군에게 큰 타격을 주어 제해권을 잡았다.

다음으로 행주대첩에서는 1593년(선조 26년) 2월, 전라도 순찰사 권율이 서울 수복을 위해 북상하다가 행주산성에서 왜적을 크게 쳐부수어 승리하였다. 이때 동원된 부녀자들이 긴 치마로 돌을 날라 석전(石戰)을 벌인 것으로 유명하다. 3천 궁녀가 의자왕을 따라 백마강 낙화암에 빠져죽었다는 전설과 행주치마에 돌을 날라 왜적을 무찔렀다는 이야기가 함께 떠오르는 것은 왜인지 모르겠다. 어찌 되었거나 위대한 여성들이다.

마지막 진주성대첩은 1차 2차로 나누어 싸운 전투로, 1차 전투는 1592년(선조 25년) 10월, 3만의 왜군 연합부대가 공격해 왔을 때 진주목사 김시민이 끝까지 이를 고수하였으며, 이때 의병 곽재우가 합세하여 화약, 물과 돌로 왜군을 물리쳤다. 2차 전투는 1593년(선조 26년) 6월, 1차전의 패전을 설욕하고자 대군으로 공격, 의병인 고종후 · 강희열 등이 참가하여 항전하였으나 전원이 전사하였다.

1592년 임진왜란으로 시작된 전쟁은 1598년 정유재란으로 막을 내렸다. 7년간 계속된 전쟁은 조선을 폐허로 만들었으며, 그 당시 인구 800만 명 중 사상자가 200만 명이라고 한다. 대비를 소홀히 한 선조의 탓이 크다. 임진왜란이 끝난 뒤 1603년(선조 36년) 이순신·권율·원균은 함께 선무공신 1등으로 선정되었다.

멋진 진남관을 직접 만나보지 못해 생각할수록 아쉬웠다. 대신 이순신의 영정이 모셔져 있는 충민사로 향했다. 충민사는 이순신 장군을 주향(主享)으로 하고, 의민공 이억기, 충현공 안홍국을 배향하고 있다. 이곳은 임진왜란이 끝난 후인 1601년(선조 34년)에 세 장군의 우국충정을 기리고자 영의정 이항복의 계청에 따라 삼도수군통제사 이시언이 건립하였다. 그 후 우부승지 김상용이 계청하여 충민사에 왕의 사액(현판)이 내려졌다. 1871년(고종 8년)에 내려진 서원 철폐령에 따라 철폐되었다가 2년 뒤 1873년(고종 10년)에 다시 세웠다.

충민사는 서원보다 훨씬 넓은 면적에 공원처럼 잘 조성되어 있다. 그래선지 산책하는 사람들이 눈에 많이 띈다. 사당(祠堂)은 언덕으로 한참을 올라가야 한다. 경사가 심한 계단을 올라야 사당의 삼문을 만나고, 다시 계단을 올라가야만 이순신 장군의 영정과 마주할 수 있다. 위

사당 충민사의 숭모문과 충민사이다. 충민사에 모셔져 있는 이순신 장군의 영정은 무관이 아닌 온화한 문관의 모습이다.

패와 함께 모셔져 있는 영정의 모습이 인자하고, 평온해 보인다. 늠름한 무관의 모습보다 온화한 문관의 인상이다.

어머니가 내려와 사시던 고택을 찾아가다

충민사에서 이순신 장군의 영정을 만나고, 그가 그토록 사랑하고 그리워했던 어머니와 부인 등 가족들이 내려와 살았던 고택으로 향했다. 안내 표지판이 '이충무공 어머니 사시던 곳(자당기거지)'이라고 친절히 안내한다. 고택은 잘 정리되어 있었다. 입구부터 고목들이 울울창창하다. 이순신 장군의 어머니와 가족들이 임진왜란이 일어난 다음 해인 1593년(선조 26년)부터 약 5년 동안 살았던 곳이다. 효성이 지극했던 그는 전라좌수사로 부임한 후 충청도 지방이 전란에 휩싸이자 모친 변씨 부인(1515~1592)과 부인 방씨 부인 등 가족들을 여수시 웅천동 송현마을 정대수 장군의 집으로 불러들여 전란 중에도 모친에게 아침과 저녁에 문안을 올렸다.

그의 어머니 초계 변씨는 충남 아산의 현감을 지낸 변수림의 딸이다. 현감은 조선시대 지방의 우두머리로, 오늘날 군수 정도의 지위를 가진 집의 딸이었다. 그러니 가정 형편이 그리 어렵지는 않았을 것이다. 그의 어머니는 장군을 비롯 4형제를 두었다. 그중 그녀가 31세에 낳은 아들이 셋째 이순신이다.

이순신 장군은 두 형이 일찍 죽는 바람에 집안의 가장이 되어 어머니를 극진히 모셨다. 정대수 장군의 후손들이 살았던 집에는 현재 어머니 초계 변씨가 쓰던 절구통과 밥솥이 보존되어 있다. 400년이 훨씬 넘었어도 건재하여 돌과 무쇠의 강인함을 증명하고 있다.

바깥마당에 들어서니 '이충무공사모비(李忠武公思母碑)'가 먼저 그의 효심을 일깨운다. 비석 뒤에는 이순신 장군의 친필이 새겨져 있다. 《난중일기》에 실린 글씨 그대로다. 추사 김정희가 보아도 감탄할 글씨로 예술이다. 그는 문무를 겸비한 장군이다. 내용은 이러하다.

1월 1일, 흐리되 비는 오지 않았다. 아침에 어머니를 뵈려고 배를 타고 바람을 따라 바로 고음천에 도착하였다. 남의길, 윤사행, 조카 분과 함께 갔다. 어머님께 배알하려 하니 아직 주무시고 계셨다. 큰 소리로 부르니 놀라 깨어 일어나셨다. 숨을 가쁘게 쉬시어 살아계실 날이 얼마 남지 않으신 듯하니, 감춰진 눈물이 흘러내릴 뿐이다. 그러나 말씀하시는 데는 착오가 없으셨다. 적을 토벌하는 일이 급하여 오래 머물 수가 없었다. 이날 저녁에

이충무공사모비의 앞뒤다. 뒷면 글씨는 《난중일기》에 나와 있는 글씨 그대로다. 명필이다.

손수약의 아내가 죽었다는 부음을 들었다.

1월 12일 신묘 맑음, 아침 식사 후 어머님께 고하니 "잘 가거라. 부디 나라의 치욕을 크게 씻어야 한다."라고 분부하며 두세 번 타이르시고, 조금도 헤어지는 심정으로 탄식하지 않으셨다. 선창에 돌아오니 몸이 좀 불편한 것 같아 바로 뒷방으로 들어갔다.

이순신 장군은 이처럼 어머님에 대한 효심이 각별했다. 그는 충신이자 효자였다. 장군은 1592년~1598년까지 전쟁터에서도 일기를 썼다. 세계사적으로 유래를 찾을 수 없는 최고의 기록물로, 전쟁 상황은 물론 그의 인간미를 느낄 수 있는 고전이다. 이《난중일기》에도 집에 계신 어머니를 걱정하는 마음이 가득하다. 7년 동안 쓴《난중일기》에 100여 회에 걸쳐 어머니의 안부를 묻고 걱정하는 모습이 나온다니 무슨 설명이 더 필요하랴.

집은 옹색하지만 나이 많은 나무에서 새들이 행복하게 우짖는다. 이 새들도 고목을 꽤나 좋아하는 모양이다. 새들의 합창을 들으며 이순신 장군의 어머니와 부인, 그리고 가족들이 살았던 집 안마당으로 들어섰다. 아담하다. 어머니가 78세부터 83세까지 5년 동안 사셨던 곳이다. 현재의 집은 2015년 신축하여 깨끗하다.

먼저 이순신 장군과 어머니 변씨가 서로 마주 보고 이야기를 나누는 안방에서 모자(母子)를 만났다. 보자마자 "어머니, 어떻게 이렇게 홀

이순신 장군의 어머니와 부인, 그리고 가족들이 5년간 살았던 여수의 송현마을에 자리한 집이다. 이 집은 2015년 신축하였다. 장군의 어머니가 거쳐하셨던 안방이다.

륭한 아들을 낳으셨어요? 고맙습니다."라는 말이 저절로 나왔다. 그리고 건넛방에 홀로 앉아 밖을 내다보고 있는 부인을 만났다. 왠지 쓸쓸해 보인다. 효자는 역시 부인을 외롭게 만들 수밖에 없나 보다. 그래도 이처럼 훌륭한 남편을 두었으니 외로움쯤은 견뎌냈을 것이다. 모형이지만 반가웠다.

이순신 장군과 본처 방씨와의 사이에 3남 1녀를 두었으니 그것으로 만족했으리라 믿는다. 그는 후처 해주 오씨와의 사이에도 2남 2녀가 있다. 이곳의 모형은 본처 방씨가 아닐까 싶다.

집 뒤로 '이충무공모부인초계변씨유적비(李忠武公母夫人草溪卞氏遺

'충무공 자당 기거지' 안내 표지석과 '이충무공모부인 초계변씨유적비'이다.

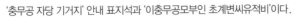

장군의 어머니가 사셨던 5칸 집으로 건넛방에 부인이 거처하였고 서재, 대청마루, 부엌이 있다.

蹟碑)'와 '충무공 자당 기거지'임을 알려주는 안내 표지석이 나란히 있다. 어머니의 따뜻한 가르침이 있었기에 이순신 장군 같은 훌륭한 아들이 탄생했을 것이다. 위인들을 보면 하나같이 어머니의 위대함에 놀란다. 그의 어머니 역시 그렇다. 새로 복원한 대청마루 가운데 걸터앉아 새들의 합창을 한참이나 듣다가 이곳을 떠나왔다.

광양의 이순신대교를 세 번 건너다

여수에서 길이 2,260m인 이순신대교를 건너 광양에 도착하였다. 이순신대교는 광양만을 가로질러 2013년 2월 8일 개통하였다. 임진왜란 당시 노량해전이 펼쳐진 여수시 묘도동과 광양시 금호동 사이의 바다 위에 건설된 대교로 노량해협과 인접한 지역이고, 왜적과 7년 전투를 이끈 장군의 마지막 해전인 노량해전이 시작된 장소이다.

윤동주의 유고시를 몰래 숨겨두었던 정병욱 교수의 집이다. 전남 광양의 망덕 포구 앞에 있다.

길을 잘못 들어 이순신 대교를 세 번이나 왔다 갔다 하면서 횡재도 했다. 광양의 '윤동주 유고보존 정병욱 가옥'이란 표지판이 눈에 띄어 다녀오게 되었다. 윤동주 시인이 생전에 쓴 시를 정병욱 교수의 어머니가 마루 밑에 잘 보관하여 세상에 알릴 수 있었다고 한다. 광양의 망덕 바닷가에 자리한 정병욱 교수의 가옥이 내 눈에 들어올 게 뭐람. 운전을 못하는 내가 이곳을 언제 어떻게 다시 오겠는가. 뜻밖의 행운이었다.

윤동주 시인의 시를 좋아하고 그의 인생이 너무나 안타까웠는데 보답이었을까. 이곳에 한번은 다녀오고 싶었다. 그런데 이순신 장군 덕에 오게 되었다. 생각만 해도 기뻤다. 그러나 망덕 포구 앞에 자리한 집은 한창 보수 중이었다. 그래도 윤동주를 만난 듯 반가웠다.

광양에 들어서면서부터 공장에서 내뿜는 화공약품 냄새가 차문을 닫아도 소용이 없다. 열악한 환경에서 열심히 일하는 근로자들께 감사한 마음이 들 수밖에 없다. 공장이 어마어마하게 크다. 가도 가도 가늠이 안 될 정도로 끝이 없다. 공장들 사이를 자동차로 한참이나 달려가서야 남해의 '이순신순국공원'에 도착하였다.

노량해전을 생생하게 느끼다

노량바다가 보이는 '이순신순국공원'에 도착하자 왠지 숙연해진다. 이순신 장군을 비롯하여 많은 조선의 수군들이 숨을 거둔 바다라 그런가 보다. 이순신순국공원은 아주 넓었다. 일단 차로 노량 바다가 펼쳐진 관음포구 앞까지 갔다. 포구는 평화로웠다.

전쟁이 없는 시대를 사는 우리는 행운이다. 3년 전 세상을 떠난 6·25 참전용사인 나의 아버지께도 감사한 마음이 들었다. 아버지는 홀어머니였던 할머니와 4명의 여동생을 두고 참전하셨다.

이곳은 '이순신 호국길'로도 조성되어 이순신 장군이 남긴 어록을 새겨 넣은 표지판들이 군데군데 서 있다. 명언은 아무나 만드는 게 아니다. 나라의 일을 근심하고 염려하는 마음이 담긴 글들이 대부분이다. 그 글들 속에 명언이 수두룩하다. 전쟁 중에도 일기를 썼다는 게 정말 대단하다. 아무나 명장이 될 수 없음을 또다시 느끼게 해준다.

〈좌의정 이덕형이 수군의 활약상에 관한 치계를 올리다〉란 기사가 《조선왕조실록》에 실려 있다. 이순신 장군의 진두지휘로 왜적을 대패

한 상황과 그의 죽음, 그리고 그를 모함한 원균의 이야기도 함께 담겨 있다. 그의 사람됨과 충심을 읽을 수 있는 기록이다. 이순신 장군이 목숨을 바쳐 싸운 노량해전의 상황을 자세히 알 수 있다.

좌의정 이덕형이 치계하였다.

"금월 19일 사천(泗川)·남해(南海)·고성(固城)에 있던 왜적의 배 3백여 척이 합세하여 노량도(露梁島)에 도착하자, 통제사 이순신이 수군을 거느리고 곧바로 나아가 맞이해 싸우고 중국 군사도 합세하여 진격하니, 왜적이 대패하여 물에 빠져 죽은 자는 이루 헤아릴 수 없고, 왜선(倭船) 2백여 척이 부서져 죽고 부상당한 자가 수천여 명입니다. 왜적의 시체와 부서진 배의 나무판자·무기 또는 의복 등이 바다를 뒤덮고 떠 있어 물이 흐르지 못하였고 바닷물이 온통 붉었습니다. 통제사 이순신과 가리포 첨사(加里浦僉使) 이영남(李英男), 낙안 군수(樂安郡守) 방덕룡(方德龍), 흥양 현감(興陽縣監) 고득장(高得蔣) 등 10여 명이 탄환을 맞아 죽었습니다. 남은 적선(賊

"필사즉생 필생즉사"란 명언을 옮겨놓은 표지판과 이순신순국공원의 이순신 장군의 동상이다. 큰 칼을 높이 치켜들고 왜군을 무찌르라고 호령하고 있다.

船) 1백여 척은 남해(南海)로 도망쳤고 소굴에 머물러 있던 왜적은 왜선(倭船)이 대패하는 것을 보고는 소굴을 버리고 왜교(倭橋)로 도망쳤으며, 남해의 강 언덕에 옮겨 쌓아놓았던 식량도 모두 버리고 도망쳤습니다. 소서행장(小西行長)도 왜선이 대패하는 것을 바라보고 먼 바다로 도망쳐 갔습니다."

사신은 논한다. 이순신은 사람됨이 충용(忠勇)하고 재략(才略)도 있었으며 기율(紀律)을 밝히고 군졸을 사랑하니 사람들이 모두 즐겨 따랐다. 전일 통제사 원균(元均)은 비할 데 없이 탐학(貪虐)하여 크게 군사들의 인심을 잃고 사람들이 모두 그를 배반하여 마침내 정유년 한산(閑山)의 패전을 가져 왔다. 원균이 죽은 뒤에 이순신으로 대체하자 순신이 처음 한산에 이르러 남은 군졸들을 수합하고 무기를 준비하며 둔전(屯田)을 개척하고 어염(魚鹽)을 판매하여 군량을 넉넉하게 하니 불과 몇 개월 만에 군대의 명성이 크게 떨쳐 범이 산에 있는 듯한 형세를 지녔다.

《선조실록》106권, 선조 31년 11월 27일 무신 5번째 기사 1598년 명 만력(萬曆) 26년

이순신순국공원 광장에 노을이 스며든다. 드넓은 광장에 큰 칼을 빼어 든 장군의 동상이 서 있다. 네 번째 만나는 이순신 장군의 동상이다. "적군을 향해 출격하라"고 호령하는 듯하다. 솔선수범하는 장군의 모습에 힘이 저절로 솟는다.

온종일 해가 넘어갈 때까지 걸어 다녀 다리가 좀 아팠는데 호령하

장군이 나라를 지키기 위해 싸우다가 목숨을 바친 노량 바다(좌)에 날이 저물고 있다. 노량 바다와 마주한 이순신순국공원에 조성된 전시관(우)에서 이순신 장군의 일대기를 돌아볼 수 있다.

는 장군의 모습을 보니 피로가 스르르 풀렸다.

　이순신순국공원은 공원의 이름에서도 짐작이 가듯 장군이 순국한 바다와 마주하는 곳에 조성되었다. 노량 바다와 바로 붙어있다. 노량해전에서 적의 유탄을 맞고 순국한 장군은 바다 한가운데서 죽음을 맞았다. 장군은 이곳 관음포로 도망가는 왜군을 뒤쫓다가 값진 목숨을 잃었다. 관음포에 조성된 이순신순국공원에 점점 어둠이 내려앉고 있다. 노을빛이 파스텔톤이다.

　이순신순국공원에는 이순신 장군의 일대기를 돌아볼 수 있는 영상관과 전시관이 있다. 해가 저물어 대충 돌아본 게 내내 마음에 걸린다. 이순신 장군을 존경하는 분들이라면 꼭 와봐야 하지 않을까 싶다. 어느곳보다 그를 더 많이 생각하게 하는 곳이 바로 이곳 관음포이다. 그가 순국한 바다와 마주하고 있어서 그런가 보다.

관음포 이락사에 해가 지다

관음포의 이순신 장군 전몰유허는 사적 제232호로 지정되어 있다. 남해 관음포 유적은 선조 1598년(선조 31년), 그가 노량해전에서 순국한 후 조성되었다. 관음포와 노량 바다가 마주 펼쳐져 있다.

임진왜란의 마지막 적전지 노량해협에서 그는 관음포로 도주하는 왜군을 뒤쫓던 중 적이 쏜 유탄을 맞고 순국하였다. 그래서 관음포 앞바다를 '이순신순국바다' 혹은 '이락사(李落祠)'라고 부른다. 조선 순조 때인 1832년(순조 32년) 이순신 장군의 8세손 삼도수군통제사 이항권이 왕명에 따라 그의 충의와 공적을 기록한 유허비를 이곳에 세웠다.

해방 후 1950년 남해군인 7,000여 명이 헌금하여 정원과 참배 묘(廟)를 조성했고, 1965년 박정희 대통령이 '이락사'와 '큰 별이 바다에 지다'라는 뜻의 '대성운해(大星隕海)'라고 쓴 현판을 내렸다. 현재 이 현판이 이락사에 걸려있다. 이후 1998년 12월 16일 충무공 이순신 장

'성웅이충무공전몰유허'비(좌)는 이락사 입구에 있고, 오르는 길목에 '전방급 신물언아사'라고 새겨진 이순신 장군의 유언비(우)가 우뚝 서 있다. 유언비마저 나라를 사랑하는 마음이 한가득이다.

군 순국 400주년을 맞아 유언비(遺言碑)를 세우고 주변을 정비하였다.

이락사로 올라가는 길목에 '성웅이충무공전몰유허(聖雄李忠武公戰歿遺墟)' 비가 서 있다. 해가 지고 있어 온 힘을 다해 힘차게 이락사로 향했다. 이락사는 숲속에 자리하고 있다. 그가 노량해전에서 순국한 뒤 시신을 곧장 이곳 이락사로 옮겼다고 한다. 그러니 얼마나 의미 있는 곳인가? 해가 지는 게 이처럼 야속할 줄이야.

이순신 장군은 노량해전을 대승리로 이끌었지만 이곳 관음포 앞바다로 도망가는 왜군을 추격하다 끝내 적의 유탄을 가슴에 맞고 순국하였다. 그는 죽어가면서도 "전쟁이 한창 급하니 나의 죽음을 알리지 말라(전방급 신물언아사 戰方急 愼勿言我死)"라고 유언하였다. 장군의 충절을 그 누가 따라갈 수 있으랴.

이락사는 이름부터가 슬프다. 우거진 숲속이라 그런지 어둠이 더 빨리 내려앉는다. 서둘러 현판이 걸린 문을 통과해 장군의 유허비가 있는 묘비각(廟碑閣) 앞에 도착하였다. 그 안에 순조 때 홍석주가 세운 충무공유허비(忠武公遺墟碑)가 있다. 유허비에는 붉은 글씨로 유명수군통제도독조선국삼도통제사 증 의정부영의정시충무이공순신유허비(有明

'이락사'로 들어가는 문(좌)과 '대성운해(大星隕海)'라고 쓴 묘비각(중)에 장군의 유허비가 세워져 있다, 그리고 밖에 비석의 복제품과 그 내용을 해석해놓은 표지판(우)이 있다.

관음포에서 바라보는 노량해협에 노을이 진다. 저 바다에서 세계의 영웅 이순신 장군이 나라를 지키기 위해 싸우다가 끝내 목숨을 바쳤다.

水軍都督朝鮮國三道統制使 贈 議政府領議政諡忠武李公舜臣遺墟碑)라고 새겨져 있다. 다행히 한자로 새겨진 글씨를 복제하여 해석한 한글판이 함께 있다. 요즘 누가 이 복잡한 한자를 읽어 내리요. 앞으로 한자 세대가 별로 없으니 다른 유적지에도 이곳처럼 한글 해석판이 있으면 좋겠다는 생각이 간절하다. 그의 시신은 남해의 충렬사(忠烈祠)로 옮겨지기 전까지 이곳 이락사에서 머물렀다. 그러니 이곳 이락사가 어느 곳보다 더 가슴이 뭉클하다.

이곳에서 바다 쪽으로 500m쯤 올라가면 첨망대(瞻望臺)가 있다. 여기에 올라서면 관음포 앞바다가 훤히 내려다보인다. 1991년 2월 16일, 이순신 장군이 순국하신 옛 자리를 보면서 그의 공덕을 기리기 위해 2층 팔작지붕으로 건립하였다. 우리의 영웅 이순신 장군이 순국한 노량해협을 내려다보노라면 마음이 차분하게 내려앉는다.

남해대교(좌)와 노량대교(중)에 노을이 내려앉고 있다. 야경이 그야말로 백미다.

충렬사에 어둠이 내려 앉다

　날이 점점 어두워져 남해의 충렬사(忠烈祠) 관람은 어렵게 되었다. 아쉬움에 그 근처라도 가고 싶어 저녁을 충렬사가 올려다보이는 바닷가 식당으로 잡았다. 남해대교와 노량대교가 마주 보이는 곳이라 야경이 정말 눈부시게 아름다웠다. 낮에 힘들었던 상황이 눈 녹듯 사라졌다. 이래서 내일을 또 기다리며 살아가는 모양이다.

　남해대교는 고등학교 수학여행 때 부산에서 여수로 이동하면서 건넜던 다리다. 그때 추억을 떠올리면 지금도 가슴이 뛴다. 1973년 6월 준공, 경남 하동군 금남면 노량리와 경남 남해군 설천면 노량리를 연결하게 되었다. 그러고 보니 이 다리가 놓인 지 3년 정도 되었을 때 처음 건넜다. 그때의 감흥은 이루 말할 수 없이 컸다. 바다 위에 이처럼 길고, 넓은 다리를 놓다니, 난생처음 이렇게 긴 다리를 건넜다. 어느새 40여 년 세월이 흘러 추억이 되어버렸다.

남해 충렬사의 삼문(좌)과 그 틈새로 들여다보고 찍은 재실 청해루(우)다.

저녁 식사를 마치고 충렬사 정문까지 걸어 올라갔다가 내려왔다. 당연히 문은 잠겼고, 가로등 불빛마저 흐렸다. 남해 충렬사는 노량해전에서 순국한 충무공 이순신 장군의 넋을 기리기 위해 세운 사당이다. 1598년(선조 31년) 11월 19일(양력 12월 16일), 그가 노량 앞바다 전투에서 순국하자 관음포의 이락사에 잠시 모셨다가 이곳으로 유해를 옮겨 안치하였다. 그 후 충남 아산의 현충사(顯忠祠) 가까이로 이장하였고, 현재 이곳에는 봉분뿐인 가묘만이 사당 뒤에 남아있다. 이순신이 순국한 지 35년 뒤 1633년(인조 11년)에 초사(草舍)와 비를 세워 치제추모(致祭追慕)하였다. 이후 1658년(효종 9년) 사당을 건립하고 비도 다시 세웠으며, 1662년(현종 3년)에는 '충렬사(忠烈祠)'라는 사액(賜額)을 받았다. 의미 있는 곳이 아닐 수 없다.

충렬사(忠烈祠) 삼문 틈 사이로 재실인 청해루를 간신히 찍었다. 장군의 5대손 이태상이 이곳 삼도수군통제사로 부임하여 남해 충렬사에 참배한 뒤 재실 공간으로 청해루를 세웠다. 이렇게나마 충렬사를 만나보고 오니 한결 마음이 가벼웠다.

통영에서 최초의 삼군통제사와 마주하다

한밤중에 통영에 도착하여 자고 아침을 맞았다. 이순신 장군의 전투 현장이었을 바다가 훤히 내려다보이는 곳에서 하룻밤을 편안히 묵었다. 날씨는 3일 내내 화창했다. 이러니 앞으로 착하게 살아가야 할 일만 남았다. 어제 남해 충렬사 답사를 제대로 못 해서 아쉬웠는데 통영에도 충렬사가 있어 아침 일찍 찾아갔다. 조선에 충성스러운 열사가 많아서 그런지 곳곳에 충렬사가 있다.

남해 충렬사와는 비교가 안 될 만큼 웅장해 보였다. 사적 제236호라고 새겨진 사적비가 먼저 맞이한다. 정문부터가 위엄이 있다. 통영 충렬사는 이순신 장군을 모신 큰 사당이다. 1606년(선조 39년) 왕의 명령에 따라 통제사 이운룡이 세웠다. 1663년(현종 4년) 왕으로부터 '충렬사(忠烈祠)'라는 현판을 받아 사액 사당이 된 이래로 역대 수군통제사들이 매년 봄·가을에 제사를 지냈다.

통영의 충렬사는 정당, 내삼문, 동재, 서재, 중문, 숭무당, 외삼문, 강

통영의 충렬사 표지석과 정문이다. 정2품 사당에만 세울 수 있는 홍살문을 들어서면 바로 정문인 충렬문이 자리하고 있다.

한루, 유물전시관, 정문 등으로 이루어졌다. 경내에는 1681년(숙종 7년)에 세워진 '통제사충무이공충렬비(統制使忠武李公忠烈碑)'와 충무공 후손의 삼군수도통제사 비각이 있다. 또한 유물전시관에는 정조의 명에 의해 발간한《충무공전서》와 정조가 직접 지어 내린 제문 등이 전시되어 있다. 1871년(고종 8년) 흥선대원군의 서원철폐령에도 통영 충렬사는 이충무공 사당으로 유일하게 살아남았다. 조선의 650여 개가 넘는 서원 중 47개의 서원만 존속시켰는데 이곳 충렬사가 포함되었다. 존속 서원 중 지난 2019년 7월 6일 세계문화유산에 9개의 서원이 등재되었다. 이곳 충렬사가 포함되지 않아 아쉽다. 문신인 학자와 정치가를 모신 곳이 아니어서인지는 모르겠다. 하지만 장군의 우국충정을 그어느 누가 따라갈 수 있을까.

정문을 들어서면 기념물 제74호로 지정된 400여 년 정도로 추정되는 동백나무가 있다. 본래 4그루였는데 현재 두 그루만 살아남아 있다. 그들 외에도 동백나무가 군락을 이루고 있다. 사당에 동백나무가 있는 것은 통영 충렬사에서 처음 보았다. 동백이 필 때 다시 오고 싶다. 동백 잎들도 윤기가 자르르하다. 400년이 넘게 꽃을 피웠을 동백나무도 장군처럼 우러러 보인다. 앞으로도 영원히 꽃을 피웠으면 좋겠다.

충렬사 정당으로 올라가기 전 오른쪽에 1840년(헌종 6년) 건립되었다는 2층 누각 강한루(江漢樓)가 있다. 충렬사는 서원을 참 많이도 닮았다. 누각이 있는 것만 보아도 그렇다. 서원과 다르다면 모든 건물이

충렬사의 강한루 모습이다. 앞에는 강한루, 뒤에는 영모문이라는 현판이 달려있다.

단청이 되어있다는 것이다. 단청이 되어 소박한 맛은 없지만, 위엄은 더해 보인다.

외삼문에는 커다란 비각들이 양옆으로 어깨를 나란히 하고 서 있어 한층 웅장해 보인다. 외삼문을 통과하는 순간 긴장감이 엄습해온다. 이렇게 큰 사당은 정말 처음이다. 목숨 바쳐 나라를 지켜낸 장군의 사당답다.

외삼문에도 정문과 같이 충렬사(忠烈祠)라는 현판이 걸려있는데 1663년(현종 4년) 문정공 송준길이 썼다. 어느 곳에 이처럼 큰 글씨의 현판이 달렸을까?

계단을 올라 외삼문 오른쪽 문으로 들어섰다. 작은 중문을 들어서면 충렬서원으로 경충재(經忠齋)가 자리하고 있다. 경춘재는 1695년

양옆에 비각들이 늘어서 있는 외삼문의 정면과 후면이다.

충렬사의 충렬서원에는 경충재와 동재, 서재가 있다.

(숙종 21년) 충무공 정신을 계승하고자 세운 서원으로 서원 철폐령이
내려졌을 때도 살아남아 오늘에 이르고 있다. 이곳에서 지방민의 자제
들에게 학문과 충의를 가르쳤다. 1670년(현종 11년) 건립한 동재와 서
재도 있다. 서원과 달리 이곳의 동재는 제례를 앞두고 제관들이 정결하
게 의복을 갖추어 입는 곳이고, 서재는 제례에 사용될 제물과 제사용품
을 보관하는 곳으로 사용되고 있다.

충렬사의 세 개의 문 중 가장 안쪽에 자리한 내삼문을 들어서야 이
순신 장군의 영정과 마주할 수 있다. 내삼문은 장군이 순국한 지 8년
뒤 1606년(선조 39년) 건립하였다. 단아하고 정교한 건축양식으로 조
선 중기 삼문 조형의 정수로 평가받고 있다.

드디어 충렬사 사당 앞에 섰다. 사당은 1606년(선조 39년)에 건립

사당인 충렬사 안에 장군의 영정이 있고, 영정 양옆에 통영충렬사팔사품병풍이 있다.

하였으며 선조의 명에 의해 충무공 위패를 봉안하고 제사를 봉행토록
하였다.

이순신 장군의 영정과 마주하니 세계적인 영웅이라 그런지 가슴이
벅차올랐다. 눈물이 흐를 것만 같았다. 살아있는 분도 아닌데 기분이
묘했다. 다른 사당의 영정은 관복 차림인데 이곳 충렬사에는 장군 복장
으로 앉아계신다. 얼굴은 여전히 인자하다.

서애 유성룡의 《징비록》에 "이순신은 우람한 장군의 용모가 아니
고 항상 말과 웃음이 적고 용모가 단정하여 근신하는 선비와 같았으나
안으로는 담기가 있었다."라고 전하듯 아무리 봐도 선비의 모습이다.
1978년 그린 이 영정은 1991년에 봉안하였다.

이순신 장군과 독대를 하고 조심스럽게 내려와 '이순신공원'을 향
해 다섯 번째로 이순신 장군 동상을 만나기위해 발걸음을 재촉했다. 오
늘은 기분이 어제보다 더 좋다.

이순신공원에 세워진 장군의 동상에서 늠름한 기상이 느껴진다.

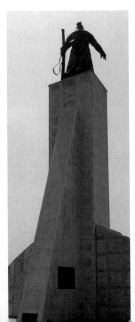

이순신공원에는 생각보다 사람들이 많았다. 이곳에서는 장군의 친필휘호가 새겨진 동상이 나를 맞는다. 휘호는 그 유명한 '필사즉생(必死則生) 필생즉사(必生則死)'이다. 공원 주변이 산책로로 조성되어 온종일 이곳에 머물러도 좋겠다. 하지만 오늘도 일정이 바빠 동상과 잠시 마주하다가 산책로를 따라 아름다운 풍경을 감상하면서 걷다가 또다시 아쉬움을 남김채 내려왔다. 산책로는 산책하라고 조성해 놓은것인데 많이도 아쉬웠다.

초대 삼도수군통제사로 우뚝 서다

이순신 장군은 나라의 소중함을 깨닫게 해주고, 나도 뭘가를 하고 싶게 만든다. 이제 통영삼도수군통제영으로 향했다. 1998년 사적 제402호로 지정되었다. 통영삼도수군통제영(統營三道水軍統制營)은 조선 후기 경상도, 전라도, 충청도 등 3도의 수군을 통솔하는 해상 방어 총사령부의 터에 지어놓은 건물이다. 이곳은 1603년(선조 36년) 경상남

삼도수군통제영은 조선의 수군 총사령부이다.

삼도수군통제영의 정문인 외삼문 망일루(좌)와 그옆에 자리한 수항루(우)이다.

도 통영시 문화동에 세운 후, 1895년(고종 32년) 각 도의 병영과 수영이 없어질 때까지 292년간 유지되었으나, 일제 강점기를 거치면서 국보 제305호인 세병관을 제외한 건물이 대부분 사라진 상태이다. 최대 규모를 자랑하는 12공방이 들어서 있다.

통제사는 삼도수군통제사(三道水軍統制使) 겸 경상우도수군절도사로, 충청·전라·경상 삼도수군을 총괄하는 조선수군총사령관이었다. 1593년(선조 26년)부터 1895년(고종 32년) 폐영될 때까지 303년간 209대 재임 14명으로 195명의 통제사를 배출하였다. 제1, 3대 통제사가 이순신 장군이었고, 제2대 통제사가 원균이었다. 삼도수군통제사는 종2품으로 각도의 수장인 관찰사(군권, 행정권, 사법권을 가진 종2품)와 대등한 관계였으나 실제로는 그 이상의 권한이 있었다.

입장표를 끊고, 이순신 장군이 초대 통제사로 계셨던 삼도수군통제영으로 들어갔다. 하지만 이순신 장군은 이곳에서 근무하지 않으셨다. 이곳은 돌아가신 뒤에 건립되었기 때문이다. 장군은 이곳이 아닌 한산도에 계셨다. 외삼문으로 정문인 망일루(望日樓)가 있고, 수항루(受降

좌청과 산성청이다.

樓)가 있다. 하나도 아니고 두 누각이 나란히 서 있다. 망일루는 조선시대 적군으로부터 항복을 받고서 이를 기리기 위하여 세운 누각이다.

한편 임진왜란 당시 왜군이 항복한 장소에는 모두 수항루를 지었다고 하는데 이곳 통영의 수항루도 연유가 그러하다. 기록은 《통영지(統營誌)》등에 전한다. 원래는 통영성 남문 밖에 있었으나 임진왜란의 승전을 기리고자 1677년(숙종 3년) 제58대 통제사가 이곳으로 옮겨 건립하였다.

누각 뒤편 오른쪽에는 군관이 근무하던 좌청(左廳)이 있고, 오른쪽에는 중군이 머물던 산성청(山城廳)이 있다. 현재 산성청에는 당시 군인들의 복장이 전시되고 있다. 건물을 복원한 지 얼마 안 되어 깨끗했다. 그 바로 위에 세병관(洗兵館)이 자리하고 있다.

세병관으로 향하는 오른쪽에 비석들이 우후죽순처럼 빼곡하게 서 있다. 통제사비군(統制使碑群)이다. 통제사가 부임하여 임기를 마치고 퇴임한 후에 이 지방 군·관·민이 세운 일종의 송덕비다. 시내 일원에 흩어져있던 역대 통제사들의 공덕을 기리는 58기의 비석을 한곳에 모

삼도수군통영에 자리한 국보 제305호 세병관의 정문 지과문과 전경이다,

아 동향 4줄로 나란히 세워놓았다. 이들도 예술작품이다. 모습도 그렇지만 글씨가 다양하니 그렇다. 아무나 이 비석에 글씨를 쓰지 않았을 테니 귀중한 게 아닌가.

통제영이란 1593년(선조 16년) 삼도수군통제사(三道水軍統制使) 직제를 새로 만들어 전라좌수사에게 이를 겸임하게 한데에서 비롯되었다. '삼도수군통제영'으로 통칭되며, 약칭은 '통영'이다. 통영이란 지명의 유래를 이제야 깨닫게 되었다.

임진왜란 당시 초대 통제사로 제수된 전라좌수사 이순신 장군의 한산 진영이 최초의 통제영이다. 정유재란으로 한산 진영이 폐허가 되자, 통제영은 전세에 따라 이리저리 떠돌아다녔고, 전란이 끝난 뒤에도 거제도 오아포, 고성현 춘원포 등지로 옮겨 다녔다.

이후 1603년(선조 36년) 제6대 통제사 이경준이 통제영을 두룡포

통제사비군이다. 통제사를 지낸 장군들의 비석이라 그런지 비석조차 씩씩해 보였다.

두룡포기사비이다. 이곳으로 통제영을 옮긴 삼도수군통제사 이경준의 치적비다.

(현 통영시 문화동)로 정한 이후, 이곳에다 터를 닦고 건물을 세우기 시작하였다. 1605년(선조 38년) 음력 7월 14일에는 여황산 남쪽 기슭에 객사인 세병관, 백화당, 정해정 등을 세웠다.

19세기 중엽의 통영성에는 4대문과 2암문 그리고 3포루가 있었고, 세병관을 위시하여 100여 개의 관아가 있었다. 그러나 1910년 일제에 강점된 뒤 세병관을 제외한 대·소 관아 100여 동의 건물이 모두 헐렸고, 그 자리에 학교, 법원, 검찰, 세무서 등이 들어섰다.

1975년 이후에 세병관 및 주변 지역을 정비하고, 1996년 지표 조사를 실시하여 유구를 확인하였다. 통제영 건물 중 현존하는 것은 보물 제293호로 지정되었다가 2002년 국보 제305호로 지정된 세병관뿐이며, 1987년에 복원된 수항루(受降樓) 1동이 있다. 수항루를 지나 우측에는 경상남도 유형문화재 제112호인 두룡포기사비(頭龍浦記事碑)가 남아있다. 25대 통제사가 1625년(인조 2년) 두룡포에 삼도수군통제영을 설치한 이경준 통제사의 치적을 기록하여 세운 사적비다.

국보 제305호인 세병관(洗兵館)은 국보 제224호인 경복궁의 경회

통제영의 객사인 세병관의 위용과 현판이 시원하다.

루, 국보 제304호인 여수의 진남관과 더불어 우리나라 3대 누각이다. 세병관을 향해 바삐 올라갔다. "와우!" 감탄사가 연속해서 나오고 매력에 폭 빠져들었다. 세병(洗兵)이란 당나라 시인 두보의 시 만하세병(挽河洗兵)에서 따온 말로 "은하수를 끌어와 병기를 씻는다."는 뜻이다. 세병관(洗兵館)은 제137대 통제사 서유대가 쓴 글씨다. 건물도 컸지만 충렬사(忠烈祠) 현판의 글씨보다 더 컸다.

　　세병관은 통제영의 객사로 제6대 통제사 이경준이 1605년(선조 38년)에 세웠다. 그 후 1646년(인조 24년) 35대 통제사가 규모를 크게 하여 다시 지었으며, 1872년(고종 9년) 제194대 통제가 다시 고쳐 지었다. 정면 9칸, 측면 5칸의 9량 구조 단층 팔작집으로 경회루, 진남루와 함께 지금 남아있는 조선시대 건축물 가운데 바닥 면적이 가장 넓은 건물 중 하나다. 장대석 기단, 50개의 민흘림기둥, 2익공 양식에 벽체

세병관의 내부다. 천정을 받히고 있는 기둥과 기둥 사이에 액자가 즐비하다.

세병관 담장 밑에 액막이로 추정되는 석인들과 삼도수군통제영 고지도다.

나 창호도 없이 통칸으로 트여있으며, 거대하고 웅장하여 통제영의 위용과 기상이 잘 나타나 있다. 마루도 드넓고 천정도 멋있다.

　세병관에 걸린 검은 바탕에 흰 글씨는 해석이 어려워 사진으로만 남겼다. 여수의 진남관을 만나보지 못한 한을 그나마 세병관에서 조금은 풀었다. 세병관 담장 밑에서 특이하게 생긴 석인들을 만났다. 이들은 1701년(숙종 27년) 제77대 통제사가 세병관 뜰에 액막이로 만든 것으로 추측하고 있다. 세병관 앞 장대석 석축 해체 과정에서 발굴되어 현 위치에 설치하였다고 한다. 300년이 넘는 역사를 품고 있는 석인들이다. 오늘날에도 우리나라의 액운을 쫓아주고 있으리라 믿으며 발길을 돌렸다.

　아무튼 삼도수군통제영은 국보인 세병관이 압권이다. 세병관에 올

삼도수군통제영 입구에 자리한 삼도대중군위문은 중영청 정문인 삼도대중군아문으로 사용되었다.

백화당과 공내헌, 공방이 대단히 많다.

라가 통영의 경치를 굽어볼 수도 있고, 시간이 허락하면 이곳에서 쉬어도 좋다. 사방이 뚫려 바람이 수시로 드나들어 바람과 놀아도 좋다. 잠시 잠깐 걸터앉아 있다가 떠나 온 게 이리도 속상할 줄이야.

세병관 오른쪽에는 통제사가 손님을 접대한 백화당(百和堂)을 비롯하여 12공방을 관리하던 공방 집무실인 공내헌(工內軒) 등 수많은 공방들이 복원되어 한 마을을 이루고 있다. 통제영의 12공방에서 군수품, 진상품, 생활용품 등을 생산하였다. 당시 이곳이 얼마나 대단했는지 알 수 있다.

세병관의 왼쪽 통제사비군(統制使碑群) 뒤편에는 통제사가 업무를 보았던 내아군 영역이 있다. 이곳에는 운주당(運籌堂)과 이순신 장군의 영당이자 경무당(京武堂)이 자리하고, 그 우측으로 살림채인 내아가 자

삼도수군통제사가 업무를 보던 운주당과 경무당이다.

리하고 있다. 운주당에는 군복 차림의 이순신 장군이 앉아 집무를 보고 있다.

중앙 관아와 달리 지방의 관아에는 관리의 식구들이 살림하는 내아가 있어 공적 공간과 사적 공간이 공존할 수밖에 없다. 병고(兵庫)에는 옛 군인들이 사용하던 무기가 전시되어 있다. 이 내아 영역도 엄청 넓다. 위쪽으로는 정자도 몇 채 있다. 이곳 역시 찬찬히 보면 한나절은 걸릴 것이다.

통영의 삼도수군통제영(三道水軍統制營)이 있었던 자리에 남아있는 국보 제305호 세병관을 돌아보면 가슴 벅차지 않을 사람이 있을까. 292년 동안 삼도수군통제영이 존재했던 게 아닌가. 통영 어디든 아름다운 곳이 많지만, 이곳은 꼭 가봐야 할 것이다. 비록 장군이 이곳에 머문 적은 없지만 그의 후손들과 후배들의 위용을 느끼기에 충분하다.

이순신 장군은 무인이자 시인이다

한산도는 배를 타고 들어가므로 여객선터미널로 향했다. 점심을 먹어야 하는데 건너뛰고 1시에 떠나는 배를 탔다. 이미 세 번째 방문이다. 갑판에 올라 한려해상을 바라보았다. 바닷물도 잔잔하다. 바닷바람도 요즘의 시국을 반영하여 거리두기를 하는지 쉬엄쉬엄 불어온다. 산

갑판 위에서 바라본 한산대첩비와 거북선 모양의 등대다.

정상에 세워져 있는 한산대첩비가 반갑다. 등대도 거북선 모양이다.

아름다운 한려해상과 함께한 지 30분 정도 지났을까? 어느새 한산
도 선착장에 배가 닿는다. 작지만 이순신 장군의 혼이 푹 배어있는 섬
이다. 여름이라 섬은 온통 초록 물결이다. 그 초록 섬이 파란 물결 넘실
대는 한려해상과 맞닿아있다.

배에서 내려 오른쪽 오솔길을 따라 걸었다. 아직은 입장료를 내는
나이라 젊음을 과시하며 씩씩하게 걸어 들어갔다. 그런데 이곳을 찾는
관람객들 모두에게 7월 1일부터는 무료입장이란다. 섬에서도 코로나
방역을 위해 발열 체크를 하고 신상명세서를 작성했다. 보통 번거로운
게 아니다. 한산도는 사적 제113호로 지정된 이충무공유적지다. 우리
가 보호하고 간직해야 할 소중한 역사의 현장이다.

한산도가 이충무공유적지로 사적 제113호로 지정됨을 알려주는 표지석과 입구 한산문이다.

한산문(閑山門)에 들어서서 100m쯤 갔을까? 벤치가 나란히 놓여 있다. 이곳에서 바라보는 한려해상은 아름다움의 극치다. 내 고향 서해의 물빛과 달리 맑고 파랗다. 장군의 흔적이 물씬 배어있는 제승당(制勝堂)과 한산정(閑山亭)·수루(戍樓)를 향해 걸어갔다. 이곳은 걷기 좋은 아름다운 산책로 중 하나다. 가는 길에 두 개의 시비가 먼저 반긴다. 〈한산도가(閑山島歌)〉와 〈한산도야음(閑山島夜吟)〉이다.

이순신 장군은 무인으로서 우국충정과 인간의 고독을 시 속에 비장하게 담아낸 시인이기도 하다. 이 작품의 한역가가《이충무공전서(李忠武公全書)》에 전하고 있다. 작품의 배경이 한산도로 되어 있어 그가 전라좌도수군절도사가 되어 한산도에서 군진을 치고 있을 때 착잡한 마음과 충정을 노래한 것으로 보인다. 그는 1591년(선조 24년) 지금의 여수인 좌수영에 부임하여 군비확충에 전념하면서 왜적의 침입에 대비하였다.

이듬해 임진왜란이 일어나자 옥포와 사천·당포·당항포에서 적군을 격파하였으며, 한산도에서는 적선 70척을 섬멸하는 등 맹활약하였다. 장군은 잠이 오지 않을 때는 시를 지어 읊었다고 한다. 너무도 유명

아름다운 한려해상을 바라보고 장군의 시비가 서 있다.

한 〈한산도가(閑山島歌)〉와 〈한산도야음(閑山島夜吟)〉을 옮겨 싣는다.

　　한산섬 달 밝은 밤에
　　수루에 혼자 앉아 큰 칼 옆에 차고
　　깊은 시름 하는 차에 어디서
　　일성 호가(胡笳)는 남의 애를 끊나니
　　- 〈한산도가〉

　　한 바다에 가을빛 저물었는데
　　찬 바람에 놀란 기럭 높이 떴구나
　　가슴에 근심 가득 잠 못 드는 밤
　　새벽 달 창에 들어 칼을 비추네
　　- 〈한산도야음〉

　시비에 새겨진 시를 멈춰 서서 읊조려 보고 다시 발길을 재촉했다. 눈이 부시도록 깨끗한 한려해상과 함께하니 발걸음이 사뿐사뿐 경쾌하다. 걷다 보니 어느새 대건문(大建門)이 문짝을 아예 떼어놓고 기다리고 있다. 제승당(制勝堂)으로 들어가는 첫째 문이다. 수군 복장의 두 병사가 삼지창을 들고 서 있다. 모형이지만 멀리서 보면 그럴듯하다.

제승당으로 올라가는 초입에 세운 첫 번째 문이 대건문이다.

한산도를 거닐며 힐링하다

제승당(制勝堂)은 임진왜란 중 장군이 부하들과 작전 계획을 세우고 일하던 곳이다. 이곳은 현재 해군작전사령관실과 같은 기능을 담당했다. 이순신 장군은 1593년(선조 26년) 7월 15일부터 한양으로 압송됐던 1597년(선조 30년) 2월 26일까지 3년 8개월 동안 이곳에서 주둔했다. 제승당은 '승리를 만드는 집'이라는 이름처럼 군사업무 외에 화약을 사용한 신무기 총통의 제작과 보급지로 활용했다.

이곳 제승당은 1,491일 동안의 일을 기록한 《난중일기(亂中日記)》 중 1,029일의 일기와 많은 시가 쓰인 곳이기도 하다. 《난중일기》는

이순신 장군의 집무실 제승당과 내부이다.

2013년 6월 21일 유네스코 세계기록유산으로 등재되었다. 아무튼 제승당은 작전 지휘소이자 집필실의 역할을 했던 곳이다. 한산도는 자연환경적으로 심신 수련에 적합한 곳이라 장군도 이곳에서 시상이 잘 떠올랐던 것 같다.

한산도의 제일 높은 곳에 제승당이 있다. 제승당의 정문인 충무문(忠武門)을 들어섰다. 평평한 마당 위 오른쪽으로는 수루(戍樓)가, 왼쪽으로는 장군의 영정을 모신 충무사(忠武祠)가 자리하고 있다. 제승당 옆으로 내려가면 장군이 부하들과 활쏘기 훈련을 했던 한산정(閑山亭)이 있다.

제승당을 먼저 관람하고 충무사로 향했다. 충무사에는 통영의 충렬사(忠烈祠)처럼 장군 복장의 영정이다. 충무사는 현충사처럼 지붕에 청기와를 얹었다. 조용히 참배하고 수루(戍樓) 쪽으로 향했다. 수루에 오르니 나도 시인이 될 것만 같다. 고요하고 평화롭게 보이지만 이 바다가 조선의 수군들과 왜군들이 피 흘리며 싸운 적전지가 아닌가. 생각만 해도 무서운 곳이다. 다행히 장군은 패전을 한 적이 없다. 백전백승(百戰百勝) 승리를 거듭했다. 얼마나 자랑스러운가.

수루에 올라가 눈 앞에 펼쳐지는 한려해상을 바라보았다. 이곳에서

한산도에 자리한 충무사와 장군의 영정이다. 충무사는 현충사처럼 청기와 지붕이다.

장군이 수루에 홀로 앉아 지었을 〈한산도가〉가 수루에 걸려있다. 수루는 정말 멋진 풍경이 펼쳐진다. 수루에서 바라본 한려해상이다. 아무리 바빠도 수루에 올라 한려해상을 바라볼 일이다.

도 오래 머물지 못하는 신세를 슬퍼하면서 수루를 내려와 마당 한쪽에 세워져 있는 비각들 앞으로 다가간다. 장군의 후손 삼도수군통제사와 부사를 지낸 6명의 공덕비와 제승당 유허비가 세워져 있다. 그 조상에 그 후손들이다.

　장군 같은 선조를 둔 후손들은 얼마나 자랑스러울까? 장군께 부끄럽지 않은 후손이 되려고 노력했을 것이다. 공덕비를 보니 머리가 절로 숙여진다. 선조는 선조 대로, 후손은 후손 대로, 서로에게 자랑스럽다면 얼마나 기쁜 일인가. 나도 자랑스러운 후손이 되고, 선조가 되면 얼마나 좋을까 생각하면서 활터 한산정(閑山亭)으로 내려갔다. 한산정은 고요했다. 멀리 과녁이 마주 보인다.

　1592년(선조 25년) 7월 8일, 장군은 이곳 한산도 앞바다에서 일본

이순신 장군의 후손들 공덕비와 제승당 유허비의 모습이다.

활쏘기를 했던 한선정(閑山亭)이다. 이순신 장군은 한산정에서 부하들과 활쏘기를 훈련했다.

수군들을 크게 무찔렀다. 바로 한산대첩으로 대승에는 학익진(鶴翼陣)과 거북선, 판옥선(板屋船)이 큰 역할을 했다. 이 전투에서 왜적의 배 47척을 격침시키고, 12척을 빼앗았으며 20여 척을 불태웠다. 조선 수군은 한산도대첩의 승리로 왜군의 보급로를 차단하여 북진을 막았고, 곡창지대인 전라도와 충청도를 지켰다. 임진왜란의 원흉 도요토미 히데요시는 이후 자국의 수군들에게 더는 경솔하게 조선 수군과 대적하지 말라고 명령하였다. 이순신 장군의 한산도대첩은 김시민 장군의 진주대첩, 권율 장군의 행주대첩과 함께 임진왜란의 3대 대첩으로 부를 만큼 큰 전쟁이었다. 세계 해전사에서도 4대 해전에 속하는 유명한 해전으로 알려져 있다.

한산도에서 이순신 장군을 충분히 만나고 다시 산책길을 걸어 나왔다. 여객선이 도착했는지 갑자기 산책로가 복잡했다. 기다리고 있던 여객선에 바삐 올라 육지로 나왔다. 이순신 장군과 긴 만남을 끝내고, 거제의 해상과 반곡서원을 잠깐 들러 집으로 향했다.

아산 현충사를 성역화하다

며칠간 남해를 돌며 이순신 장군의 전적지를 찾아 여행하듯 기분 좋게 답사를 마칠 수 있었다. 그리고 돌아온 지 얼마 지나지 않아 서울의 생가터를 찾았다. 예상대로 생가터에 온통 고층빌딩이 들어서 있다. 그 후 이순신 장군을 사랑하는 후배들과 함께 충남 아산을 찾아갔다. 그곳까지 자동차로 집에서 한 시간 남짓 걸린다. 산뜻하게 출발했다.

먼저 1967년 사적 제155호로 지정된 현충사를 찾았다. 입구부터 깨끗하다. 현충사로 들어가는 충무문 현판이 한글로 쓰여 있어 반가움과 동시에 낯설다. 우거진 숲속에 현충사가 자리하고 있다. 이곳 백암리 방화산 기슭에는 이순신 장군이 혼인하여 살던 옛집과 그를 기리는 사당이 자리하고 있다. 그는 이곳에서 10년간 무예를 연마했고 32세가 되던 1576년(선조 9년)에 무과에 급제하였다. 그때까지 이곳 옛집에 살았다.

오른쪽 경치 좋은 곳에 정려각(旌閭閣)이 있어 그곳으로 먼저 발길을 돌렸다. 정려(旌閭)는 조선시대 임금이 충신이나 효자, 열녀에게

서울 중구 인현동의 이순신 장군 생가터 표지석이다. 명보극장 앞에 표지석이 세워져 있는데 장군은 이곳 언저리에서 태어나 어린 시절을 보냈다고 한다.

충남 아산에 자리한 이순신 장군의 사당! 현충사다. 한글로 쓴 충무문이 반갑다.

내린 현판을 마을 입구에 걸어두고 이를 본받게 한 붉은 색의 정문(旌門)이다. 이 정려각(旌閭閣)에는 충무공 이순신을 비롯하여 조카 강민공 이완, 4대손 충숙공 이홍무, 5대손 충민공 이봉상, 8대손 효자 이제빈의 현판이 걸려있다. 장군의 집안에 열녀는 탄생하지 않은 모양이다. 남편이 죽은 후 수절하거나 죽음으로 정절을 지킨 여성이 열녀가 아니던가. 열녀란 말이 왠지 씁쓸하다.

　정려각(旌閭閣) 뒤로는 연못이 있다. 잠시 앉아 쉬다가 사당을 향했다. 이번에는 왼쪽에 자리한 구 현충사가 손짓한다. 원래는 한자로 쓴 이 구 현충사(顯忠祠) 현판이 터줏대감이었다. 구 현충사 건물이 조선시대에 내린 현판을 그대로 달고 적적하게 서 있다. 건물 안은 텅텅 비어 있지만, 예전 장군의 영정을 모시던 사당이었다. 구 현충사는 1706

정려각에는 장군의 집안에서 받은 정려 현판들을 걸어놓았다.

한적한 구 현충사 전경(좌)과 내부(우)이다. 내부는 텅텅 비어있다.

년(숙종 32년) 아산 유생들의 청원으로 지어졌고, 숙종이 1707년(숙종 33년)에 현판을 내렸다. 그러나 안타깝게도 1868년(고종 5년) 흥선대원군의 서원 철폐령으로 헐리게 되었다.

이후 1931년에 이르러서는 덕수 이씨 충무공파 종가의 채무로 이충무공 묘소의 위토가 경매에 나오자 정인보, 송진우, 김병로 등 민족지사들이 '이충무공유적보존회'를 결성하였다. 채무변제를 위하여 〈동아일보〉를 중심으로 성금 모금운동이 펼쳐졌고, 온 국민의 호응을 얻어 채무를 변제하였다. 1932년 채무를 변제하고도 돈이 남자 '이충무공유적보존회'는 1868년(고종 5년) 헐렸던 현충사를 다시 짓고, 숙종이 내린 사액 현판을 다시 달았다. 그 뒤 현충사 성역화 사업으로 1966년부터 1974년까지 현충사를 새로 지으면서 구 현충사는 현재의 위치로

현충사로 들어가는 홍살문과 정문인 충의문이다.

사당 현충사에 이순신 장군의 영정이 모셔져 있다.

옮겨졌다. 쫓겨난 셈이다. 현판은 그대로 두었다.

쓸쓸히 텅텅 빈 구 현충사를 보고, 깨끗이 정비된 숲속 정원 같은 현충사 경내를 부지런히 걸었다. 어디든 초록 물결로 눈이 부시다. 햇볕이 쨍쨍 내리쬐니 나무들도 더 빛이 난다. 새들의 합창은 쉼 없이 펼쳐진다. 드디어 멀리 홍살문이 보인다. 반갑다. 여수 충민사(忠愍祠)에서, 남해 충렬사(忠烈祠)에서, 통영 충렬사(忠烈祠)에서, 한산도 충무사(忠武祠)에서 이순신 장군의 영정과 만났다. 이곳 현충사로 향하는 발걸음은 왠지 가볍다. 긴장이 덜 된다. 아마 적전지가 아니라 그런가 보다. 결혼하여 활쏘기와 무예 연습을 하면서 살던 곳이라 더 그럴지도

충무공 이순신 장군의 영정을 모신 현충사 사당이다. 현충사 천정에는 황룡과 청룡이 그려져 있다.

모른다. 마음이 편안하다. 통영의 충렬사(忠烈祠)에서 가장 긴장이 되었다. 사당이 웅장해서 그랬나 보다.

홍살문 너머 현충사의 정문인 충의문이 보인다. 이곳 현판 역시 한글이다. 이곳은 이순신 장군의 사당이 있는 곳이다. 사당도 한글 현판이다. 1966년 박정희 대통령이 현충사를 성역화하면서 친필로 쓴 현판이다. 한글세대들이 무척이나 반가워하겠다. 숙종은 엄청나게 서운해할지도 모르겠지만 말이다.

계단을 오르고 올라 현충사 앞에 섰다. 장군의 영정을 마주 보면서 또다시 감사인사를 드렸다. 향도 피웠다. 한 달 동안 장군의 영정을 자주 대하다 보니 가족처럼 익숙하다. 이곳은 관복 차림이다. 영의정으로 추증되었기 때문인가 보다. 역시 온화한 얼굴로 맞이하니 마음이 편안하다.

사당 안 천정에는 다른 사당들에서 볼 수 없었던 황룡과 청룡이 서로 뒤엉킨 그림이 있다. 황룡은 경복궁의 근정전이나 경희궁의 숭정전, 덕수궁의 중화전 천정에서나 만날 수 있었는데 이곳 현충사 천정에서 만나다니 신기했다. 당시 선조보다 더 큰 업적을 세워 황제를 상징하는

충무공이순신기념관이다.

황룡을 그려 넣은 것은 아닌지 모르겠다.

현충사 향로 앞에 서서 묵념하고 그곳을 내려왔다. 현충사 경내에 있는 장군이 살았던 옛집으로 가기 위해서다.

이순신 장군이 살았던 고택이 남아 있다

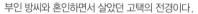

장군은 21세에 무남독녀인 방씨와 혼인하면서 처갓집을 물려받아 살게 되었다. 이후 후손들이 살았다. 고택이지만 숲속의 별장 같았다.

이 고택은 장군이 무과에 급제하기 전부터 살던 집으로 이후 1960년대까지 종손이 대대로 살았다. 400여 년간 종손들이 살면서 부분적으로 늘리거나 고쳐 지었다. 현재는 장군이 살았을 때부터 사용하였던 우물 충무정이 남아있고, 장독대도 남아있다.

집 뒤편에는 장군의 위패를 비롯하여 가족들의 위패를 모신 사당, 가묘(家廟)가 있다. 매년 이순신 장군이 전사한 음력 11월 19일 이곳

부인 방씨와 혼인하면서 살았던 고택의 전경이다.

이순신 장군이 살았던 고택의 안채(좌), 뒤꼍에 있는 우물, 장독대(우)가 있다. 1960년대까지 이 고택에서 그의 종손들이 살았다.

에서 제사를 지내고 있다.

이순신 장군이 활을 쏘고, 말을 달리던 곳이 이 방화산 능선이라고 한다. 방화산에 활터가 남아있다. 꽤 먼 곳에 과녁도 보인다. 활을 쏘며 전쟁했던 시대가 까마득하다. 활터에 은행나무 두 그루가 두 손을 힘차게 뻗고 건강하게 서 있다. 가을 단풍만 아름다운 게 아니다. 여름 은행나무도 청춘처럼 아름답다. 수령이 500여 년에 이르며 충청남도 보호수로 지정되어있다.

활터 뒤편 산자락에는 이순신 장군의 후손들 묘가 있다. 장군의 장인·장모를 비롯한 장군의 3대, 4대, 8대, 10대손 등 후손들의 묘가

충청남도 보호수로 지정되어있는 두 그루의 은행나무가 사이좋게 서 있다. 그 곁에 활터가 있고, 멀리 과녁이 마주하고 있다.

모여 있다. 이순신 장군의 묘는 이곳에 없다. 이곳에서 서북쪽으로 약 9km 떨어진 아산시 음봉면 삼거리 어라산에 자리하고 있다.

해암 마을 게바위에서 통곡하다

이순신 장군의 묘 참배에 앞서 아산의 게바위 해암(蟹巖) 마을부터 찾았다. 이곳에서 이순신 장군은 어머니의 시신을 맞아 통곡하였다고 한다. 그는 선조의 명에 따르지 않아 한양으로 압송되어 옥살이하다 풀려나 백의종군(白衣從軍)을 시작한 지 얼마 되지 않아 어머니의 죽음 소식을 접했다.

이순신 장군의 어머니는 아들의 뜻에 따라 아산에서 여수의 송현 마을로 내려가 며느리를 비롯한 가족들과 5년 정도 살았다. 그런데 아들이 한양으로 압송되어 갔다는 소식을 접하고 아들의 억울함을 알리기 위해 여수에서 배를 타고 고향으로 돌아오다가 그만 죽음을 맞이하였다.

그는 83세나 된 고령의 어머니에게 불효했다는 죄책감에 통곡했을 것이다. 다행히 그는 4일간의 말미를 얻어 어머니의 장례를 치른 뒤 다시 백의종군 길에 나섰다. 이때의 일기가 남아있어 옮겨 싣는다. 1597년(선조 30년) 4월 16일 병자년에 세상 떠난 어머니를 만나 장례를 준비하면서 쓴 일기다. 이순신 장군의 애끓는 심정이 그대로 녹아있어 눈시울을 붉히게 한다.

"흐리고 비가 내렸다. 배를 끌어 중방포(中方浦)에 옮겨 대고 영구를 상여에 실어 본가로 돌아왔다. 마을을 바라보고 통곡하니 찢어지는 마음을 어찌 말로 다할 수 있겠는가. 집에 이르러 빈소를 차렸다. 비가 크게 퍼부었다. 남쪽으로 떠날 일도 급박했다. 부르짖어 통곡하며 속히 죽기만을 기다릴 뿐이다."

1597년(선조 30년)은 이순신 장군에게 아픔의 연속이었다. 명예와 권력도 잃었고, 왕에게도 버림받았고, 어머니까지 잃었으니 말해 무엇하랴. 거기에 어머니를 잃은 지 얼마 지나지 않아 막내아들 이면을 전쟁에서 잃었다. 나라를 구하기 위해 목숨까지 바친 이순신 장군이지만 가정적으로 아픔을 잇달아 겪은 해이다. 그래도 그의 충심을 알아주는 사람이 많아 오늘날 이처럼 세계적인 명장으로 우뚝 선 게 아닌가 싶다.

선조는 원균의 말만 믿고 이순신 장군을 통제사에서 물러나게 하

이순신 장군이 백의종군 길에 어머니의 시신을 만나 붙들고 통곡했던 충남 아산의 게바위(蟹巖)다.

고, 서울로 압송하여 옥에 가둬놓았다가 백의종군을 명하였다. 충신을
제대로 발탁하지 못해 패전을 가져오고 아까운 충신을 잃고 말았다.

현재 게바위는 바닷가가 아닌 논 한 가운데 자리하고 있다. 해암리
게바위(蟹巖)에서 바라본 농촌 풍경은 더없이 평화롭고 아름다웠다. 모
내기를 막 끝낸 논들이 이처럼 아름다운 줄 예전엔 정말 몰랐다. 옛날
에는 이곳까지 바닷물이 흘러들어와 배가 드나들었던 모양이다. 정자
마저도 슬퍼 보인다.

아산 어라산 숲속에 잠들다

이순신 장군의 묘소로 가는 길 어귀에는 신도비가 먼저 사람을 반
긴다. 2개의 비석이 나란히 서 있는데 오른쪽 비각이 충무공 신도비이
고, 왼쪽이 5대손 이봉상신도비이다.

비각 안 거북등 위에 세워진 충무공 신도비는 1693년(숙종 19년)에
세워졌다. 효종 때 충무공의 외손자 홍우기가 영의정 김육에게 비문을
지어 달라고 부탁하여 세운 것이다. 이순신 장군의 묘는 사적 제112호

장군의 묘소로 가는 길 어귀에 서 있는 신도비다.

로 지정되어 있다.

이순신 장군은 1598년(선조 31년) 11월 19일 노량해전에서 순국한 후 그의 유해는 처음 남해의 관음포 이락사(李落祠)에 모셨다가 남해 충렬사(忠烈祠)로 모셨다. 이후 삼도수군통제영인 고금도를 거쳐 아산 금성산으로 옮겨 모셨다.

이후 순국 16년 뒤인 1614년(광해군 6년) 현재의 아산시 음봉면 어라산에 부인 상주 방씨와 합장되었다. 봉분 밑으로 둘레석 9개를 놓았다. 이 둘레석 정면에서 왼쪽부터 한자 전서체로 '유명수군도독조선국증영의정덕풍부원군행삼도통제사시충무덕수이공지묘정경부인상주방씨부좌(有明水軍都督朝鮮國贈領議政德豊府院君行三道統制使諡忠武德水李公之墓貞敬夫人尙州方氏附左)'라고 새겨져 있다.

묘역을 관리하고 제사 비용을 마련하기 위해 묘소 아래에 위토를 두었다. 이 묘역은 1959년 5월 22일 국가지정문화재 사적으로 지정되었고, 1973년 7월 19일부터 이충무공 종손의 동의를 얻어 지금은 문화재청 현충사관리소에서 관리하고 있다.

언덕을 오르니 홍살문이 서 있다. 왕릉에서 흔히 보던 홍살문이라 낯설지는 않다. 이곳도 숲이 울창하다. 새들이 어서 오라며 고목들의 나뭇가지에 앉아 밝게 노래를 부른다. 연꽃도 제철을 만나 꽃봉오리들

이순신 장군의 묘역 비석 앞에서 바라본 전경과 어제신도비가 있는 비각이다.

이순신 장군은 부인 방씨와 합장되어 잠들어있다.

을 부풀리느라 분주하다. 곧 꽃봉오리를 터트릴 모양이다. 연못을 지나
자 묘소가 자태를 드러낸다. 왕릉보다야 못하지만 아늑하다. 묘소 옆에
도 아래쪽에도 비석이 우뚝 서 있다. 비석을 읽어보니 부인 상주 방씨
와 함께 잠들어있음을 알 수 있다.

오른쪽에는 어제신도비(御製神道碑), 중앙 뒤쪽에는 이순신 장군의
묘가 있다. 어제신도비는 1794년(정조 18년) 충무공을 기리는 내용을
담아 정조가 친히 비명을 지어 세웠다. 정조는 1795년(정조 19년)《이
충무공전서》를 편찬하여 후세에 귀감이 되게 하였다.

이를 토대로 원래 제목이 없었던 장군이 7년 동안 쓴 전쟁일기가
《난중일기》라는 제목을 얻게 되었다. 《난중일기》가 우리나라 국보 제
76호로, 세계기록유산으로 등재될 수 있었던 것은 정조의 숨은 노력
덕분이라 하겠다.

정조는 또 이순신 장군을 영의정으로 추증한 왕이다. 그 기록이《조
선왕조실록》에 〈충무공 이순신을 의정부 영의정으로 추증한다고 전교
하다〉란 제목으로 나와 있다.

승지를 보내어 황단(皇壇)의 위패를 봉안(奉安)한 방을 봉심(奉審)하게 하고, 행 부호군 이원(李源)은 선무사(宣武祠)를 봉심하게 하였으며, 충무공 이순신(李舜臣)에게는 의정부 영의정을 더 추증하였다. (후략)

《정조실록》38권, 정조 17년 7월 21일 임자 1번째 기사 1793년 청 건륭(乾隆) 58년

이순신 장군의 묘는 호석을 두른 합장묘다. 묘역에는 상석의 양옆에 동자승이 한 쌍 있고, 망주석과 석양도 한 쌍씩 자리하고 있다. 그리고 장명등 한 기와 문석인 두 기가 있다. 무석인도 함께하면 더 좋았을 것 같다.

무석인은 왕과 비, 대원군 등의 묘소에만 세워져 있다. 문신이나 무신에게 무석인이 세워져 있는 것은 한 번도 보지 못했다. 아무리 명장이라도 전쟁이 없는 곳에서 편안히 잠들길 빌어 본다.

복원된 한양도성길,
오르고 또 오르다

한양 도성길 중 남산 성곽길

인왕산 성곽길에서 5대 궁궐을 내려다보다

조선시대 한양(서울)을 둘러싸고 있는 4개의 산을 내사산이라고 불렀다. 남산(목멱산)과 인왕산, 북악산(백악산), 낙산(타락산) 등 그 내사산을 잇는 한양도성 길이 복원되어 서울의 아름다움을 더해주고 있다.

구름 한 점 없는 파란 하늘이 가을이 왔음을 말해주고 있다. 드디어 한양도성 첫 탐방이 막을 올렸다. 아침 일찍 전철을 타고 서울로 향했다. 종각역에서 내려 창의문 방향으로 가는 버스를 탔다. 버스는 조계사를 지나 좌회전하여 동십자각(東十字閣)을 지나고, 광화문을 지나 경복궁역 쪽으로 우회전했다. 그리고는 세종대왕이 태어난 서촌을 왼쪽으로, 청와대와 칠궁을 오른쪽으로 두고 약간 오르막길을 올랐다. 드디어 북악산 기슭에 자리한 경복고등학교와 청운중학교를 지나 버스는 '윤동주문학관' 정거장에 도착하였다. 노랗게 물든 은행나무 가로수들이 눈의 피로까지 풀어주는 아름다운 가을날이다.

한양도성 인왕산 성곽길로 접어들었다. 인왕산은 높이가 339.9m로 성곽길을 따라 한참을 올라가야 했다. 입구에 자리한 '윤동주문학관'에 먼저 들러 애국시인 윤동주와 한동안 시간을 함께했다. 시인의 언덕에 자리한 서시정(序詩亭)에도 잠시 올랐다가 윤동주의 서시(序詩)가 새겨진 커다란 비석 앞에 섰다. 서시를 감상한 후, 한양도성 성곽길

한양도성 인왕산 성곽길에 '윤동주문학관'이 자리하고 있다.

을 따라 오르기 시작하였다.

　서울 도심을 둘러싸고 있는 한양도성에는 4대문과 4소문 등 8개의
성문이 있다. 1394년(태조 3년), 조선이 도읍지를 개경에서 한양으로
천도한 뒤, 이듬해인 1395년(태조 4년) 경복궁을 창건하고, 이어 1396
년(태조 5년) 도성을 쌓으면서 8개의 크고 작은 문을 냈다. 대문은 전체
크기가 크고, 특히 홍예문의 폭과 높이가 커서 큰 물체, 가마 등이 드나
들 수 있고, 문루가 2층으로 되어있다. 대문으로 왕과 왕비의 장례가
나갔고, 외국의 사신들도 그 문을 통해 드나들었다. 반면 소문은 전체
크기가 상대적으로 작고, 문루는 1층으로 되어 있다.

　4대문으로 흥인지문(동대문), 돈의문(서대문), 숭례문(남대문), 숙정
문(북대문)을 세웠고, 4소문으로 동북쪽에 홍화문(동소문), 동남쪽에 수
구문(水口門)이라고도 부르는 광희문(남소문), 서남쪽에 소덕문(서소

윤동주의 '시인의 언덕'에 자리한 서시정과 시비이다. 시비에는 〈서시〉가 새겨져 있다.

'한양도성박물관'에 전시되어있는 지금은 사라져버린 서대문 돈의문의 현판이다. 돈의문의 원래 터에서 2019년 첨단디지털 방식으로 104년 만에 복원을 진행하였음을 알려주고 있는 플래카드의 모습이다. 현재 한양도성 4대문 중 유일하게 돈의문만 남아있지 않다.

문), 서북쪽에 자하문(紫霞門)이라고도 부르는 창의문(북소문)을 세웠다. 그 후 중종 때 동소문(東小門)인 홍화문(弘化門)이 창경궁의 정문 이름이 되면서 혜화문(惠化門)으로 개칭되었고, 서소문(西小門)인 소덕문(昭德門)은 1744년(영조 20년) 소의문(昭義門)으로 개칭되었다. 그러나 1914년 일제강점기 때 소의문은 사라져 터만 남게 되었다.

현재 한양도성의 4대문 중 서대문인 돈의문(敦義門)만이 일제강점기인 1915년에 강제 철거되어 유일하게 현존하지 않는다. 4소문 중에는 서소문(西小門)인 소덕문(소의문)뿐 아니라 남소문(南小門)도 사라졌다. 원래 남소문은 중구 장충동에서 용산구 한남동으로 넘어가는 고갯길에 있었던 것으로 추정하고 있다. 남소문을 광희문(光熙門) 대신 설치한 것은 1457년(세조 3년)이다. 도성에서 한강 나루터를 가려면 광희문을 통과하게 되는데 너무 거리가 멀고 불편하였다. 문을 하나 새로 설치하는 것이 좋겠다는 건의가 있어 남소문을 새로 설치하게 되었다. 그나마 풍수에 좋지 않다 하여 설치된 지 12년만인 1469년(예종 1년)

원래의 남소문인 광희문은 동남쪽에 자리하여 수구문으로도 불렸다. 광희문은 소덕문과 더불어 왕과 왕비 이하 사람들이 죽으면 시신이 성 밖으로 나가는 문이었다.

폐지되었다.

태조는 1392년 개경의 수창궁(壽昌宮)에서 조선을 개국한 후 수도를 현재 서울인 한양으로 정하고 개국 2년 뒤인 1394년(태조 2년)에 천도했다. 1395년(태조 3년) 우선 경복궁과 더불어 종묘(宗廟)와 사직단(社稷壇)을 건설했다. 그 후 1396년(태조 5년) 음력 1월부터 2월까지 49일간, 그리고 8월부터 9월까지 49일간, 전국의 백성 19만 7천 4백여 명을 동원하여 북악산(北岳山), 낙산(駱山), 남산(南山), 인왕산(仁王山) 등 능선을 따라 18.627km를 평지는 토성(土城), 산지는 석성(石城)을 축성하였다. 98일 만에 평지도 아닌 산에 돌을 이용하여 성곽을 쌓았다는 게 믿기 힘들다. 현재 이 성곽들은 대부분 복원되어 누구든 오를 수 있게 되었다.

한양 도성길을 따라 인왕산의 정상에 오르면 왼쪽으로 내사산(內四山)의 주산인 북악산(北岳山)과 안산인 남산도 굽어볼 수 있고, 낙산도

멀리 마주 바라볼 수 있다. 내사산 어느 곳에 올라가든 동서남북에 자리한 4개의 산을 모두 굽어볼 수 있다. 600여 년 전 선조들은 이처럼 기가 막힌 곳을 찾아 도읍지를 정했다. 한양도성의 성곽길을 따라 걷다 보면 요새(要塞)로 자리 잡은 수도 서울이 더없이 아름답고 소중하게 느껴진다.

조선의 도읍지 한양을 지키는 내사산(內四山) 외에 외사산(外四山)도 있다. 내사산을 포위하고 있는 외사산으로는 동쪽으로 아차산(峨嵯山), 서쪽으로 덕양산(德陽山), 남쪽으로 관악산(冠岳山), 북쪽으로 북한산(北漢山)이 있다. 모두가 도읍지 한양을 감싸고 있다.

한양도성 중 인왕산 도성길은 성곽이 복원되기 전부터 여러 번 찾았다. 수성동 계곡에서 신혼생활을 시작했기 때문인지 그곳이 늘 그리웠다. 신혼 때는 인왕산 출입이 통제되어 오르지 못

수도 서울을 둘러싸고 있는 북악산·남산·인왕산·낙산 등 한양도성의 성곽들이다.

했다. 그 후 1993년, 문민정부가 들어서면서 일부 구간이 개방되어 바로 올라갔다. 인왕산의 수성동 계곡에 자리했던 아파트에서 태어난 딸아이가 9세, 아들아이가 6세 때였다. 그때 청와대 앞길도 개방되어 정문 앞 헌병과 사진도 찍고 인왕산도 함께 올랐다. 조금은 험한 길인데 아이들은 다행히 잘 올랐다. 내사산 중 가장 오르기 힘든 산이 인왕산이다.

인왕산에서는 조선의 5대 궁궐을 모두 다 내려다볼 수 있다. 경복궁이 그대로 내려다보이고, 낙산 안으로 창덕궁과 창경궁이 마주 보인다. 지척에 경희궁이 있고 덕수궁도 있지만, 초고층 건물들이 에워싸고 있어 틈새로 겨우 보일락 말락 한다. 인왕산 성곽길을 따라 걷다가 가파르긴 해도 수성동계곡 쪽으로 내려와 서촌을 관람한 뒤, 통인시장에서 주전부리를 하는 것도 큰 행복이다. 이곳에 살았기에 고향을 찾은 듯 반갑고 편안하다.

인왕산에서 수성동계곡 쪽으로 내려오지 않고, 황학정과 단군성전을 지나 사직단(社稷壇) 쪽으로 내려와도 좋다. 사직공원 벤치에 앉아 땀을 식히면서 시원한 생수 한 잔을 들이켜는 것도 꽤 기분 좋은 일이

인왕산 정상으로 오르는 계단과 표지판, 그리고 정상에서 내려다본 청와대와 경복궁이다. 멀리 창덕궁과 창경궁, 종묘와 낙산까지 미세먼지로 흐릿하게 보인다.

다. 이런 시간이 힐링의 시간이 아닐까 싶다. 겸사겸사 사직단도 둘러보고, 경희궁 쪽으로 내려와 4대문 중 유일하게 사라진 돈의문 터에 애정어린 눈길을 건네는 것도 의미 있는 일이다. 그리고 김구 선생이 암살당한 경교장을 관람해보는 것도 도리가 아닐까 싶다. 돈의문 터에 자리한 강북삼성의료원 2층에 경교장이 있다.

이번 인왕산 도성길 탐방에서는 수성동계곡 쪽도 사직단 쪽도 아닌 우리나라 대표적 음악가로 알려진 홍난파 가옥 쪽으로 내려왔다. 그의 본명은 홍영후이다. 그는 1910년 12세에 바이올린을 배우기 시작하여 우리나라 최초의 바이올리니스트가 되었다. 놀라운 사실은 그가 소설을 쓰고, 수필을 쓰고 번역했다는 것이다. 도스토옙스키의《가난한 사람들》, 에밀졸라의《나나》, 트루게네프의《최후의 악수》등을 번역하고,《청춘의 사랑》,《폭풍우 지난 뒤》를 출판하기도 했다. 워낙 음악가로 명성이 높아 처음부터 음악에만 몰두한 줄 알았다. 그런데 문학가이기도 하다니 놀랄 수밖에 없다.

그의 친일행각으로 인해 문학은커녕 음악적 명성마저 평가받지 못하고 있는 게 안타깝다. 그가 6년간 지내면서 말년을 보낸 가옥은 독일식 가옥으로 서양 분위기가 물씬 난다. 담쟁이덩굴이 온통 빨갛게 물들

사직단은 국토와 곡식의 번창을 기원하던 곳으로 사(社)는 토지 신, 직(稷)은 오곡의 신을 일컫는다.

서울 종로구 홍파동에 자리한 홍난파 가옥과 경기도 화성시 남양읍에 자리한 홍난파 생가다.

여놓았다. 실내에 들어가 밖의 풍경을 보니 전망이 아름답다. 그중 피아노가 놓인 방 북창으로 보이는 인왕산 풍경이 그야말로 압권이다.

그는 내 고향 화성시 남양읍에서 태어났다. 그곳에 홍난파 생가가 있다. 복숭아꽃·살구꽃·아기 진달래가 필 때가 아닌 살구가 익어갈 때 그의 생가를 두 번이나 갔었다. 여전히 산골 마을이다. 홍난파는 이 곳 아주 작은 초가에서 태어나 4세까지 자랐다.

남산 성곽길의 계단을 오르다

나는 이 길 저 길, 걷는 것을 좋아해 새로운 길이나 가지 않은 길이 있으면 언제고 그곳을 찾아 나선다. 그러니 한양도성 길과 연결된 여기저기 새로운 길을 찾아 걸어보는 것은 당연한 일이다. 성곽을 따라 걸으면서 만난 사람들, 나무들, 꽃들과 풀들, 새들과 풀벌레들, 모두가 고마울 뿐이다. 그들이 있어 힘이 덜 들었고, 가슴이 마구 뛰었다. 하늘도,

4대문 중 남대문인 숭례문은 국보 제1호다. 숭례문은 한양도성의 남산 성곽길과 이어진다.

구름도, 태양도, 낮달도, 바람도 고마운 동행자였다.

　두 번째로 높이가 270m인 한양도성 중 남산 도성길을 따라 걸었다. 남산 역시 여러 번 찾았다. 성곽을 복원하기 전부터 남산은 케이블카를 타고도 오르고, 걸어서도 올랐다. 걸어서 오를 때는 백범광장에 들렀다가 안중근의사공원을 찾아 애국심을 갖게 해주는 수많은 어록들을 만나고, '안중근의사기념관'에 들러 그를 추모하곤 했다.

　안중근 의사는 1909년 10월 26일, 하얼빈역에서 이토 히로부미(伊藤博文)를 처단하고 옥살이를 하다가 사형선고를 받고 순국하였다. 그는 사형되기 16일 전인 1910년 3월 10일, 면회 온 두 동생에게 최후의 유언을 남겼다.

안중근의사기념관과 중앙 참배 홀에 있는 안중근의사의 동상이다. 단지동맹 후 혈서로 쓴 큰 태극기가 동상 뒤에 걸려있다. 大韓獨立이 전에는 붉은색이었는데 현재는 검은색 글씨다.

"내가 죽은 뒤에 나의 뼈를 하얼빈공원 곁에 묻어두었다가 우리 국권이 회복되거든 고국으로 반장해다오. 나는 천국에 가서도 또한 마땅히 우리나라의 국권 회복을 위해 힘쓸 것이다. 너희들은 돌아가서 각각 동포들에게 모두 나라의 책임을 지고 국민된 의무를 다하며 마음을 같이하고, 힘을 합하여 공로를 세우고, 업을 이루도록 일러다오. 대한독립의 소리가 천국에 들려오면 나는 마땅히 춤을 추며 만세를 부를 것이다."

이 말을 듣고 두 동생은 하염없이 눈물을 흘렸을 것이다. 안중근 의사 같은 애국자가 우리나라 사람인 게 너무나 자랑스럽다.

그러나 그의 유해는 어찌 되었는지 아직도 찾지 못해 그가 그토록 사랑했던 고국 대한민국에 돌아와 잠들지 못하고 있다. 천국에서 대한독립의 소리는 들으셨는지 모르겠다. 들으셨다면 마땅히 춤을 덩실덩실 추면서 만세를 불렀을 것이다. 그가 사형을 당한 지 100년이 넘었음에도 아직 그의 유해는 흔적조차 찾지 못하고 있어 안타깝기 그지없다. 효창공원 삼의사 묘 왼쪽에 가묘만 조성되어 있다.

남산 도성길을 걸으면서 어이없던 일제 수난사가 생각났다. 안중근 의사가 시원하게 총살한 조선 침략의 원흉 이토 히로부미의 사당 박문사(博文寺)가 1932년 일제강점기 때 남산자락에 떡하니 자리했다고 한다. 기가 막힐 노릇이 아닌가. 거기다 건축자재로 광화문 석재, 경복궁의 선원전, 남별궁의 석고각이 사용되었으며, 정문으로 경희궁의 정

안중근의사공원에 자리한 그가 남긴 어록이 새겨진 유묵 비들이다. 맨 앞의 유묵 비에 그가 사형되기 16일 전 써서 두 동생에게 준 최후의 유언이 새겨져 있다.

문인 홍화문(興化門)을 헐어다 세웠다.

　그 이후 우리나라가 일본으로부터 해방된 지 오래도록 홍화문은 원래의 자리로 돌아오지 못했다. 그 자리에 신라호텔의 영빈관이 들어서면서 그 호텔의 정문으로 자리를 잡았다. 홍화문 역시 나라 잃은 설움을 톡톡히 치렀다. 그 후 세월이 한참 흐른 1988년이 되어서야 경희궁의 정문으로 돌아왔다. 그러나 원래의 자리에 이미 구세군회관이 들어선 관계로 100m 서쪽으로 이동하여 경희궁의 서문인 개양문(開陽門)

자리에 이건할 수밖에 없었다.

남산 도성길은 여느 도성길보다 나라의 소중함을 깨닫게 해준다. 이 도성길 역시 무수히 계단을 올라야 정상에 오를 수 있다. 이곳에서 서울을 감상하는 일 만큼 가슴 설레는 일은 없다. 남산 길이 어느 정도 복원되었을 때는 숭례문(崇禮門) 쪽에서 출발하여 남산 정상에 올라가 5개의 봉수대(烽燧臺)를 만나보고, 반대 방향인 장충단공원 쪽으로 내려왔다.

남산 도성길은 사시사철 인산인해다. 남산 봉수대보다 사랑의 열쇠 탑들이 볼만한 구경거리가 되었다. 뭐니 뭐니 해도 데이트 코스로 남산 도성 길이 단연 인기 1위일 것이다.

나도 결혼 전 데이트 코스로 가끔 이곳을 올랐던 기억이 생생하다. 벚꽃이 흐드러지게 피었을 때와 단풍이 알록달록 물들었을 때 그곳에 올라 서울 한복판과 마주하면서 결혼을 약속했다. 그때도 남산은 사람들로 북새통이었다. 수도 서울을 한눈에 내려다볼 수 있는 곳이라 인기가 더 많은가 보다.

남산 성곽길과 그 길에서 백범 김구 선생과 안중근 의사, 대한민국 초대 부통령을 지낸 이시영 동상 그리고 열쇠탑을 만난다.

낙산 성곽길은 아기자기 정겹다

한양 도성길 중 세 번째로 낙산 성곽길을 걸었다. 이곳 역시 몇 번 올랐던 곳이다. 내사산(內四山) 중 높이가 124.4m로 가장 낮은 산이 낙산이다. 낙산을 낙타의 등처럼 생겼다 하여 타락산(駝駱山) 또는 낙타산(駱駝山)이라고도 부른다. 나는 혜화동에 갈 때면 가끔 낙산에 올라 성곽길을 따라 동대문 쪽으로 내려오거나, 혜화문 쪽으로 내려가곤 했다. 낙산 아랫마을 동네 풍경도 아름답다. 아기자기한 게 골목마다 정겨움이 넘친다.

낙산이 아무리 낮아도 서울 시내는 훤히 내려다보인다. 빌딩 숲이 아무리 무성하게 우거져도 궁궐은 물론 남산, 북악산, 인왕산이 그대로 보인다. 마주 보이는 창경궁과 창덕궁이 서울대병원에 가려 틈새로 전각이 하나둘 간신히 보이지만, 창덕궁 후원과 연결된 우거진 숲은 한눈에 들어온다. 낙산에서 마주 보이는 인왕산은 낙산에 비하면 거대한 산이다. 큰 바위 하나로 이루어진 것 같은 인왕산은 바라만 보아도 멋스

4소문 중 동북쪽에 자리한 동소문 혜화문이다.

한양도성의 낙산 성곽길에서 만나는 풍경들이다.

럽고, 우러러 보이기까지 한다. 높이는 북악산보다 약간 낮지만 덩치는
엄청 크다.

북악산 성곽길에서 인생을 배우다

내사산(內四山) 중 마지막으로 북악산(백악산)을 찾았다. 높이
342.5m로 가장 높다. 북악산은 별로 오르지 않아 이번이 두 번째다.
사실 개방한 지도 오래되지 않은 북악산 도성길이다. 처음 개방 소식을
듣고 얼마 되지 않아 찾아갔는데 그때는 경비가 삼엄했다. 금강산 관광
을 갔을 때보다는 약하지만 괜히 긴장감이 돌았다. 처음 북악산 도성
길을 오를 때와 마찬가지로 이번에도 북소문(北小門)인 창의문(彰義門)
쪽에서 올라 숙정문(肅靖門) 쪽으로 내려왔다.

오늘도 창의문이 반갑게 맞는다. 창의문은 4소문 중 원형을 그대로
보존하고 있는 유일한 문이다. 그 가치를 인정받아 2015년 12월 2일
보물 제1881호로 지정되었다. 이 구간의 도성길은 2006년 4월 1일
일부 구간(홍련사→숙정문→촛대바위) 1.1km만 부분 개방된 후, 2007

4소문 중 서북쪽에 위치한 자하문이라고도 부르는 북소문 창의문이다.

년 4월 5일 나머지 구간(와룡공원→숙정문→청운대→백악마루→창의문) 4.3km가 개방되면서 전면 개방되었다.

　이로써 북악산의 한양도성 성곽도 모두 복원이 되었으며, 삼엄했던 경비도 완화되어 신분증을 제시하지 않고 그대로 안내소를 통과할 수 있게 되었다. 2019년 4월 5일부터 누구나 쉽게 북악산 한양도성 길을 오르내릴 수 있게 되었다. 그동안 멀리서 바라만 보았던 청와대 뒷산 북악산을 처음 올랐을 때 그 기분은 잊을 수 없다. 설렘과 흥분이 교차되었다.

　북악산 한양도성 길은 나처럼 창의문 안내소부터 백악마루에 올라 숙정문 쪽으로 내려올 수도 있고, 혜화문 쪽에서 성곽길을 따라 말바위 안내소를 지나 숙정문에서 백악마루에 올라 창의문 쪽으로 내려올 수도 있다.

　이번에도 창의문부터 탐방을 시작했다. 백악마루까지 급경사라 숨

오르고 또 오르다보니 빨갛게 물든 담쟁이가 쉬었다가 가란다. 멀리서 외사산의 하나인 북한산이 건너다보고 하얗게 웃는다.

을 몰아쉬며 간신히 올라갔다. 북악산의 정상인 백악마루에 못 오를 리 없건만 몸이 무거우니 힘이 들긴 했다. 그날처럼 '날씬하면 얼마나 좋을까' 하고 생각해 본 적이 없을 거다. 오르는 길에 성곽을 타고 올라온 빨간 담쟁이 넝쿨과도 악수하고, 백악 쉼터에 앉아 잠시 시원한 바람과도 노닐었다. 멀리 북쪽에 자리한 북한산이 하늘을 향해 하얀 머리를 들어 올리며 인사를 건넸다. 젊어서 몇 번 올랐던 산이라 반가움에 한참을 바라다보았다. 파란 가을 하늘 아래 북한산의 백운봉이 더 뽀얗다.

다시 북악산의 성곽을 따라 조성해 놓은 가파른 계단을 올랐다. 아름답게 물들고 있는 나무들이 응원해주었고, 성곽 틈새로 돋아난 풀꽃들도 가을 색을 띠며 박수를 보낸다. 산새들도 가을의 찬가를 싱그럽게 불러주었다. 그 노래에 바람도 춤을 덩실덩실 추었다. 자연이 함께 하기에 몸과 마음이 더 편안했다. 그래선지 처음 찾았을 때보다 힘이 덜 들게 정상인 백악마루에 올랐다. 북악산(백악산) 백악마루에 올라보니 정말 사방이 훤히 내려다보였다. 날씨가 맑아 남산이 더 가깝고, 낙산

한양도성 중 가장 높은 북악산 성곽길의 정상이 백악마루다.

과 인왕산이 좌청룡 · 우백호처럼 우뚝 서 있다. 뭔가 호령하고 싶은 생각마저 든다.

　백악마루에 올라보니 뭔가 꿈을 이룬 사람처럼 가슴이 벅찼다. 정상탈환의 맛을 오랜만에 느꼈다. 정상에 서서 한참을 서성이다가 청운대(青雲臺) 방향으로 다시 걷기 시작했다. 정상탈환의 기쁨이 이리 좋을 수 있을까 싶었다. 무거운 몸을 이끌고 힘들게 올라온 탓인가 보다.

　이제 곧 내리막길이다. 내리막길에서 다시 '1. 21사태 소나무'를 만났다. 1968년 1월 21일 북한 124부대의 김신조 외 30명의 무장공비들이 청와대 바로 뒷산까지 넘어온 것이다. 당시 청와대를 습격하기 위해 넘어온 무장공비들과 우리 군경이 맞서 치열한 총격전을 벌였다. 그때의 긴박했던 상황을 200년 된 소나무가 증명해주고 있다. 15발의 총탄 자국이 그 소나무에 그대로 남아있다.

　사람이 맞았다면 살아남기 어려웠을 것이다. 이 소나무가 총알받이 역할을 하여 누군가의 생명을 지켜냈을 것이다. 나라를 지키기 위해 목

한양도성 길 중 가장 전망이 좋다는 청운대와 그 길에서 만난 '1.21 사태 소나무'다. 이 소나무 역시 불행하게도 분단의 아픔을 몸소 겪어냈다.

숨을 바치거나 상해를 입은 애국자들과 다르지 않은 소나무다. 이후 '1. 21사태 소나무'라 부르고 있다. 15발의 총탄을 맞고도 꼿꼿이 서 있는 이 소나무가 자랑스럽다. 중경상을 입고도 고통을 참아가며 홀로 치유했을 소나무가 아닌가. 어쩌면 하늘과 구름, 바람과 눈·비 등 자연이 함께 치료에 정성을 들였을지도 모른다.

이 소나무를 끌어안고 쓰다듬어주었다. 현재 부상 자리는 잘 아물었고, 늠름한 장군의 모습을 하고 있다. 안내표지판이 없었다면 무심히 지나쳤을 것이다. 이 소나무가 분단의 아픔을 몸소 겪어낸 것 같아 왠지 가슴이 뭉클하고 미안했다.

한양도성에서 가장 조망이 좋은 청운대에 도착했다. 남으로 경복궁, 광화문 및 세종로, 북으로 북한산의 여러 봉우리와 눈인사를 했다. 북악산(백악산)은 청와대 뒷산이지만 청와대는 그림자도 보이지 않고,

청운대에서 백악산 아래로 경복궁과 세종로, 남산, 관악산까지 한눈에 들어온다.

그야말로 경복궁이 한눈에 훤히 내려다보인다. 광화문 앞 세종대왕과 이순신 장군의 뒷모습도 보인다. 날씨마저 쾌청해 멀리 남대문, 남산, 관악산까지 굽어보였다.

이런 서울을 사랑하지 않을 수 없다. 모두가 반갑고 정겹기만 하다. 인왕산과 북악산에만 하나씩 있다는 곡성(曲城)에서 심호흡도 크게 하고 잠시 쉬었다가 숙정문을 향해 걸어 내려왔다. 높이 올라왔으니 낮은 곳으로 내려가는 것은 당연한 일 아닌가.

산이 인생을 깊이 들여다보게 한다. 산행하면서 무엇보다 겸손함을 배운다. 올라가면 내려와야 함을 수없이 배운다. 북악산은 다른 산에서보다 더 크고, 더 넓게 인생 공부를 시켜주었다. 왕궁이 내려다보이고, 청와대가 바로 산 아래에 자리하고 있어서 더 그렇게 느껴졌나 보다.

그동안 4회에 걸쳐 서울 한양도성 길을 꼼꼼히 걸으면서 지나온 삶이 새록새록 떠올랐고, 새로운 꿈이 그려졌다. 이보다 큰 수확이 어디 또 있으랴.

4대문 중 북대문인 숙정문이다. 숙정문은 북악산 성곽길과 이어져 있다.

한양도성 성곽길을 걷기 전에 '한양도성박물관'도 관람했다. 이 박물관은 흥인지문(동대문)에서 혜화문 방향으로 이어지는 동대문성곽공원에 자리하고 있다. 한양도성박물관에서 한양도성에 관한 자료들을 관람한 뒤, 한양도성 길을 걸어서일까? 뭔가 아는 것처럼 우쭐거리며 걸을 수 있었다. 조선시대부터 현재에 이르기까지 한양도성의 역사와 문화를 담은 박물관은 상설전시실, 기획전시실, 도성정보센터와 학습실을 갖춘 훌륭한 문화공간이다. 이곳에서 600년 한양도성의 역사와 문화유산으로서의 가치를 명백히 확인할 수 있다. "아는 만큼 보인다"는 말이 왜 명언인지 또다시 깨닫는다.

1396년(태조 4년) 축조된 한양도성은 600여 년 동안 수도 서울을

흥인지문이다. 4대문 중 동대문인 흥인지문이 한양도성박물관에서 내려다 보인다. 그곳과 낙산 성곽길이 이어진다.

600년 한양도성의 역사를 담고 있는 한양도성박물관이다.

굳건히 지켜왔다. 물론 근대화 과정에서 일부가 훼손되었지만 오늘날
까지 그 원형이 잘 남아있어 도시와 공존하는 우리의 문화유산이다. 머
지않아 세계문화유산에도 등재되지 않을까 싶다.

2장

지조와 예술로
승화하다

방촌(厖村) 황희
조선의 명재상이 되다

청백리 명재상의 표상으로
만백성의 존경을 받았던 황희정승 동상

산 좋고, 물 좋고, 정자 좋은 곳이 있다

'산 좋고, 물 좋고, 정자까지 좋은 곳은 없다'란 말이 있다. 산도, 물도, 정자도 좋은 곳을 원한다는 것은 큰 욕심이다. 하지만 그런 곳이 있다. 인생이 그렇게 펼쳐지기가 어렵겠지만 자연에서는 가능하다.

몇 해 전 강원도를 중심으로 대관령 동쪽에 위치한 관동지방의 명승지를 찾아 나섰다. 시(詩)와 노래를 통해 알고 있는 관동팔경이다. 그야말로 산 좋고, 물 좋고, 정자까지 좋았다. 바다가 있고, 천이 보이는 곳에 정자가 자리하고 있었다.

관동팔경은 고성의 청간정(淸澗亭), 강릉의 경포대(鏡浦臺), 삼척의 죽서루(竹西樓), 양양의 낙산사(洛山寺), 울진의 망양정(望洋亭), 평해(平

관동팔경 중 남한에 있는 것이 청간정, 경포대, 죽서루, 낙산사, 망양정, 월송정(왼쪽부터) 즉, 관동육경이다.

겸재 정선이 그린 〈삼일포〉와 〈총석정〉은 북한에 있어 아쉽다.

海)의 월송정(越松亭), 고성의 삼일포(三日浦), 통천의 총석정(叢石亭)으로 바로 산 좋고 물 좋고 정자 좋은 곳이다. 그중 망양정과 월송정은 현재 경북에 편입되었고, 삼일포와 총석정은 북한 지역에 속해있다.

강원도에 속해있는 청간정, 경포대, 죽서루, 낙산사 등은 여러 번 갔다. 관동팔경 중 유일하게 죽서루만이 바다를 끼고 있지 않다. 삼척의 서편을 흐르는 오십천(五十川)이 내려다보이는 절벽에 자리 잡고 있다. 휴가철에 죽서루에 올라 오수를 즐긴 적도 여러 번이다.

바람이 더위를 시켜주기에 충분했다. 경북에 편입된 망양정과 월송정도 찾아가 보았는데 산 좋고, 물 좋고 정자까지 좋은 이곳을 어찌 찾

창덕궁의 희정당에 걸린 김규진의 〈총석정절경도〉.

아냈는지 깜짝 놀랐다. 북한에 있는 총석정은 창덕궁의 희정당 벽에 그려져 있는 김규진의 〈총석정절경도〉를 통해 보았고, 삼일포는 운 좋게 금강산 여행을 갔다가 마주 바라볼 수 있었다. 그러나 사진은 남기지 못했다.

관동팔경 말고도 정자는 전국 어디나 넘쳐난다. 산 좋고, 물 좋은 곳이 아니더라도 쉽게 정자를 만날 수 있다. 누구나 쉴 수 있도록 도시의 시장 입구나 시골 마을 한가운데 세워놓은 곳이 많다. 정자를 보면 왠지 마음이 편안해진다. 그곳에 앉아 아름다운 경치까지 즐길 수 있다면 금상첨화가 아니겠는가.

5대 궁궐이 좋아 수시로 들락거린다. 덕수궁과 경희궁에만 정자가

창덕궁의 애련지에는 애련정이 있다. 계절마다 색다른 느낌으로 다가온다.

남해 보길도에는 고산 윤선도를 품은 세연정이 있다.

없을 뿐 경복궁, 창경궁, 창덕궁에는 정자가 있다. 그중 창덕궁 후원에는 정자가 많아도 너무 많다. 숲속 연못가에 정자가 여기저기서 자태를 뽐내느라 정신없다. 부용지, 애련지, 관람지, 존덕지, 옥류천 주변에 있는 여러 정자가 각기 다른 모습이다. 산 좋고, 물 좋은 곳에 아름다운 정자가 있어야 한다며 손짓한다. 궁궐에서는 정자가 있는 곳 어디든 아름다움의 극치다. 정자처럼 사람도 사랑받으면 얼마나 좋을까 생각하게 한다. 정자의 매력에 금세 빠진다. 정자의 경치가 계절마다 색다른 느낌으로 다가온다.

강진의 다산초당 언덕에 세워진 천일각, 보길도의 세연지에 있는 세연정도 그립다. 천일각에 올라서면 다산 정약용(1762~1836)이, 세연정에 올라서면 고산 윤선도(1587~1671)가 생각 난다.

오래된 정자에는 큰 인물들의 정신이 스며들고 역사가 배어있다. 정자들 주변에는 몇백 년이 넘어가는 노거수들이 의연히 자리 잡고 있다. 정자와 함께 오랜 역사를 품고 있는 노거수들은 대부분 보호수로 지정되어 있다.

영의정만 18년을 지내다

만추지절에 청백리이자 명재상으로 널리 알려진 세종대의 재상 방촌(厖村) 황희 정승(1363~1452)을 만나러 파주로 향했다. 그는 우의정 15년, 좌의정 1년, 영의정 18년을 재임하면서 세종에게 가장 신임받는 재상으로 명성이 자자했다. 그는 명재상으로 만인에게 존경받았으며 시문에도 뛰어났다. 호(號)보다는 정승(政丞)으로 더 유명하다.

황희 정승의 고향은 파주가 아니다. 이곳에서 멀지 않은 지금은 북한 땅인 개성이 고향이다. 그러나 개성은 갈 수 없고, 그의 흔적이 많이 남아있는 파주 유적지를 돌아보기 위해 나섰다. 물론 그의 흔적이 배어있는 아름다운 정자에도 올라보고 싶었다.

그는 1363년(고려 공민왕 12년)에 개성에서 태어났다. 그 후 87세가 되도록 나라를 위해 관직에 몸을 담았다. 황희 정승은 고려가 망하고 은거하던 중 조선 조정의 요청으로 요직을 두루 섭렵하였다. 그런데 태종이 세자였던 양녕대군의 무례한 실상을 이야기하자 "세자는 경솔히 변동시킬 수 없습니다. 세자가 나이가 어려서 그렇게 된 것이니, 큰 과

실은 아닙니다."라고 아뢰어 태종의 진노를 샀다. 그 일로 좌천되고, 서인(庶人)이 되어 파주 교하로 폄출(貶黜)되어 유배를 떠났다. 이후 전북 남원으로 이배되었다가 유배에서 풀려나 다시 조정의 요직을 거쳐 영의정에 올랐다.

그가 교하로 유배된 이후 남원으로 이배된 사실이 〈황희를 남원부에 안치하다〉란 제목으로《조선왕조실록》에 나와 있어 그대로 옮겨 싣는다. 경기 파주 교하에서 전북 남원으로 이배토록 명을 내린 태종의 안타까운 마음을 읽을 수 있다. 누이의 아들 오치선에게 명령을 전한 것만 봐도 태종이 황희 정승을 어찌 대했는지 알 수 있다.

황희(黃喜)를 남원부(南原府)에 옮겨 안치(安置)하였다. 형조와 대간(臺諫)에서 상소하기를,

"충직(忠直)은 인신(人臣)의 큰 절개이니, 남의 신하가 되어서 충직(忠直)한 마음이 없는 자는 하루라도 천지(天地) 사이에 구차스레 용납할 수가 없습니다. 황희가 다행히 성상의 은혜를 받아 지위가 재보(宰輔)에 이르렀으니, 진실로 마음을 다하여 성상의 은혜에 만의 하나라도 보답하기를 생각하여야 마땅합니다. 난적(亂賊) 구종수(具宗秀)는 대저 사람들이 함께 주멸(誅滅)하여야 할 바인데, 황희는 이에 가볍게 논하여 상달(上達)하였고, 또 주상이 친문(親問)할 때를 당하여 바른대로 대답하지 아니하였으니, 그가 충직(忠直)한 마음이 없는 것을 결단코 알 수가 있습니다. 전하가 특

별히 차마 죄 주지 못하는 마음으로 다만 직첩(職牒)만을 거두고 폐(廢)하여 서인(庶人)으로 만드니, 그 악을 징계하고 선을 권하는 의리에 있어서 어찌 되겠습니까? 엎드려 바라건대, 전하는 황희의 불충(不忠)하고 곧지 못한 죄를, 명하여 유사(攸司)에 내려 안율(按律)하여 시행하소서."

하였으므로 이러한 명령이 있었다. 이어서 사헌감찰(司憲監察) 오치선(吳致善)을 보내어 황희에게 선지(宣旨)하기를,

"나는 네가 전일에 근신(近臣)이므로 친애(親愛)하던 정(情)을 써서 가까운 땅 교하(交河)에 내쳐서 안치(安置)하였는데, 이제 대간(臺諫)에서 말하기를 그치지 않으니 남원(南原)에 옮긴다. 그러나 사람을 보내어 압령(押領)하여 가지는 않을 것이니, 노모(老母)를 거느리고 스스로 돌아가는 것이 가하다." 하였다. 오치선은 황희의 누이의 아들이었다.

《태종실록》35권, 태종 18년 5월 28일 정축 2번째 기사 1418년 명 영락(永樂) 16년

세종은 자신이 왕위에 오르는 것을 반대하여 유배가 있는 그를 얼마 지나지 않아 영의정으로 기용하여 일을 맡겼다. 세종이 왜 성군인지를 알 수 있는 대목 중 하나다. 태종은 아들 세종에게 황희 정승을 유배시킨 것을 안타까워하면서 그의 훌륭함을 누누이 강조했다. 그 사실이 그가 죽고 난 뒤《조선왕조실록》에 〈영의정부사 황희의 졸기〉란 제목으로 실린 기사만 봐도 알 수 있다. 그 대목과 그의 성품이 나타나 있는 내용만 뽑아 싣는다.

황희 정승이 사랑한 양지대와 반구정이다.

(전략) 세종이 어느 날 황희를 불러 일을 의논하다가, 황희에게 이르기를, "경(卿)이 폄소(貶所)에 있을 적에 태종(太宗)께서 일찍이 나에게 이르시기를, '황희는 곧 한(漢)나라의 사단(史丹)과 같은 사람이니, 무슨 죄가 있겠는가?' 하셨다." 하고는, 좌의정(左議政)과 세자사(世子師)에 승진시켰다. (후략)

(전략) 그는 비록 늙었으나 손에서 책을 놓지 아니하였으며, 항시 한쪽 눈을 번갈아 감아 시력(視力)을 기르고, 비록 잔글자라도 또한 읽기를 꺼려하지 아니하였다. 재상(宰相)이 된 지 24년 동안에 중앙과 지방에서 우러러 바라보면서 모두 말하기를, '어진 재상(宰相)'이라 하였다. 늙었는데도 기력(氣力)이 강건(剛健)하여 홍안백발(紅顔白髮)을 바라다보면 신선(神仙)과 같았으므로, 세상에서 그를 송(宋)나라 문노공(文潞公)에 비하였다. 그러나 성품이 지나치게 관대(寬大)하여 제가(齊家)에 단점(短點)이 있었으며, 청렴결백한 지조가 모자라서 정권(政權)을 오랫동안 잡고 있었으므

방촌 황희 정승의 영정을 모신 방촌영당의 삼문과 영정이다. 제사를 지내는 경모재와 동상이 있다.

로, 자못 청렴하지 못하다[簠簋]는 비난이 있었다. (후략)

《문종실록》12권, 문종 2년 2월 8일 임신 1번째 기사 1452년 명 경태(景泰) 3년

황희 정승은 태종 때 유배를 갔지만, 세종 때는 20여 년 동안 왕을 보좌한 공로가 크다. 세종이 믿고 의지했다. 그의 업적은 이루 말할 수 없다. 지금이어도 너무 많은 나이에다 너무 오래 관직에 몸을 담았다. 그는 수차례 관직에서 물러나기를 청하였으나 왕이 허락하지 않았다. 70세가 되면서부터 퇴직하겠다고 상소를 올렸으나 허락되지 않아 87세가 되어서야 겨우 벼슬에서 물러나게 되었다. 그리고 90세가 되어 세상과 하직하였다. 참으로 장수한 정승이다.

황희 정승은 관직에서 물러난 뒤에도, 유배가 있던 파주 교하에 와서 살면서 여생을 보냈다. 그곳에 갈매기를 벗 삼아 유유자적했던 정자가 남아있다. 황희 정승의 유적지에 반구정(伴鷗亭)과 앙지대(仰止臺)가 나란히 자리하고 있다.

반구정에서 임진강이 내려다보인다. 지붕이 사각이다.

관직에서 물러나 갈매기를 벗삼다

원래 앙지대 자리가 반구정 자리였는데 그 자리에 앙지대가 먼저
지어졌고, 그 곁에 반구정이 자리하게 되었다. 그의 유적지에는 기념관
과 영정을 모신 방촌영당(厖村影堂), 제사를 지내는 경모재(景慕齋), 그
앞에 동상이 있다. 반구정은 황희 정승이 관직에서 물러나 갈매기를 벗
삼아 여생을 보낸 곳이다. 임진강 기슭에 세워진 정자로 낙하진에 있어
원래는 낙하정(洛河亭)이라 하였다.

그가 세상을 뜬 후 그를 추모하는 8도의 유림들이 그의 유적지로
왔다. 그러나 한국 전쟁 때 정자가 모두 불타버렸다. 그 후 후손들이 정
자를 복원해오다가 1967년 개축을 하였고, 1975년에는 단청과 축
대를 손보았다. 그러다 1998년 황희 정승의 유적지 조성사업 일환으
로 사각 지붕인 반구정과 육각 지붕인 앙지대 등을 목조건물로 새롭게
개축하여 오늘에 이르고 있다. 정자 내부에는 조선 중기의 문신 허목

반구정의 원래 자리에 조성된 앙지대는 육각 지붕이다. 주변에 철조망이 처져 있어 분단의 아픔을
느낄 수 있다.

(1595~1682)이 지은《반구정기(伴鷗亭記)》현판이 걸려있다. 당시의 정
자 주변 풍광이 잘 묘사되어 있다.

반구정에서 내려다보이는 임진강 변에 철조망이 처져 있어 분단의
아픔을 느끼게 한다. 그때는 분단국가가 아니었지만 황희 정승은 반구
정에 올라 갈매기들을 벗 삼으며 고향을 그리워하셨던 모양이다. 이곳
과 얼마 떨어지지 않은 곳에 그의 고향 개성이 있어 반구정에 자주 오
르셨을 것이다. 내가 찾아간 날은 하얀 갈매기는 보이지 않고, 이름 모
를 철새들만이 자유롭게 철조망을 넘나들다가 무리 지어 앉아있었다.

황희 정승은 고려 공민왕 때 태어나 우왕, 창왕, 공양왕, 조선의 태
조, 정종, 태종, 세종, 문종대까지 무려 9명의 왕이 집권하는 시대를 살
다간 대단한 사람이다. 그가 얼마나 청렴결백하게 잘 살다가 갔는지도
짐작할 수 있다. 그가 90세가 다되도록 관직에 있었으니 왕을 보필하
는 데 있어서 얼마나 많은 노하우가 있었겠는가. 경험은 돈 주고도 살
수 없으니 소중한 것이다.

"빈손으로 왔다가 빈손으로 떠난다"는 말이 별로 달갑지 않다. 아무

황희 정승의 묘역 전경(좌)과 봉분(중)이다. 봉분 앞에 세워진 비석(우)에는 '영의정익성공방촌황희지묘(領議政翼城公厖村黃喜之墓) 계배정경부인 청주양씨(繼配貞敬夫人 淸州楊氏)'라 새겨져 있다.

것도 가지고 갈 수 없으니 욕심을 부리지 말고 살아가라는 말일 테지만 명석한 머리와 저마다의 재주·능력·인품은 가지고 가지 않는가. 물질적인 것과는 비교가 안 되는 것들을 다 가지고 떠나니 아까운 것이다.

명재상! 파주 땅에 잠들다

황희 정승의 혼이 배어있을 반구정과 앙지대에 올라 그를 생각해보다가 그가 잠들어있는 묘를 찾아갔다. 그의 묘도 파주에 있다.

명재상 황희 정승의 묘는 반구정과는 9.7km 떨어진 곳에 자리하고 있다. 그 묘역을 찾아가는 길이 좀 복잡해 물어물어 간신히 찾아갔다. 주차장도 넓고 묘역도 꽤 넓었다. 경기도기념물 제34호로 지정된 황희 정승의 묘역은 3단으로 넓게 조성되어 있으며 규모가 왕릉 버금가게

황방촌선생영정각, 망료위, 원모재가 자리하고 있다.

황희 정승의 신도비 두 기가 세워진 비각(좌)과 신주를 모시고 제사를 지내는 부조묘(우)가 있다.

컸다. 특이한 것은 봉분 전체를 호석으로 두르지 않고, 앞쪽에만 ㄷ자 모양의 화강암 장대석을 이용해 2단으로 석축을 쌓아 봉분과 연결하였다. 이런 묘는 처음이다. 팔걸이 형 구조를 한 봉분 앞에는 혼유석, 향로석, 장명등, 비석, 동자석, 문석인 등이 있다.

정문을 통해 삼문에 들어서면 영정을 모시고 제향을 지내는 영정각(影幀閣)이 자리하고 있다. 영정각 현판에는 '황방촌선생영정각(黃厖村先生影幀閣)'이라고 새겨져 있다. 그 옆에는 제사를 지내고 축문을 태우는 망료위(望燎位)도 새로 설치했는지 산뜻하다. 부조묘 사당에서 내려오면 재실 원모재(遠慕齋)가 자리하고 있다. 단청이 되어있지 않아 오히려 더 재실답다.

영정각 위로 신도비 두 기가 나란히 세워진 신도비각이 있다. 방촌황선생신도비각(厖村黃先生神道碑閣)에 있는 신도비는 1505년(연산군 11년)에 신숙주가 글을 짓고, 안침이 글씨를 써서 세웠다. 세월이 지나면서 비문을 읽을 수 없을 정도로 마모되어 그 옆에 1945년 새로 신도비를 세웠다. 신도비각 왼쪽으로 '방촌황선생부조묘(厖村黃先生不祧廟)'

라는 현판이 내걸린 삼문이 자리하고 있다. 그 안에 신주를 모시고 제사를 지내는 부조묘(不祧廟)가 있다. 황희 정승의 사당이다.

생각보다 황희 정승의 묘역이 넓고 잘 조성되어 있다. 파주는 그의 고향은 아니지만, 그곳에서 유배생활을 하였고, 은거도 하였기에 그의 고향이나 다름없다. 그는 파주를 무척이나 좋아했던 모양이다. 그곳에 잠들기까지 하였으니 말하면 무엇하겠는가.

그가 세상을 떠났을 때 조선 제5대 왕 문종이 찾아와 장지를 바라보면서 슬퍼했다는 기록이 남아있는 것만 봐도 그의 인품을 알 수 있다. 문종은 그가 세상을 뜬 지 5일 만에 그를 아버지 세종의 묘정에 배향토록 하였다. 〈영의정부사 황희의 졸기〉란 제목으로 기사가 실린《조선왕조실록》끝부분을 옮겨 싣는다.

졸(卒)한 지 5일 만에 임금이 도승지(都承旨) 강맹경(姜孟卿)을 보내어 의정부(議政府)에 의논하기를, "황희를 세종(世宗)의 묘정(廟庭)에 배향(配享)시키려고 하는데 어떻겠는가?"
하니, 김종서(金宗瑞)·정분(鄭苯)·허후(許詡) 등이 아뢰기를, "황희는 수상(首相)이 된 지 20여 년 동안에 비록 전쟁에서 세운 공로[汗馬之勞]는 없지마는, 임금을 보좌한 공로는 매우 커서 대신(大臣)의 체통(體統)을 얻었으니 선왕(先王)에게 배향(配享)시킨다면 사람들의 청문(聽聞)에 충분할 것입니다." 하였다. 명하여 세종의 묘정(廟庭)에 배향(配享)시키게 하고 익성(翼成)이란 시호(諡號)를 내렸으니, 사려(思慮)가 심원(深遠)한 것이 익(翼)이고 재상(宰相)이 되어 종말까지 잘 마친 것이 성(成)이다. 아들은 황치신(黃致身)·황보신(黃保身)·황수신(黃守身)이다.

《문종실록》12권, 문종 2년 2월 8일 임신 1번째 기사 1452년 명 경태(景泰) 3년

조선 최고의 여성 신사임당,
예술혼을 불태우다

조선 중기의 화가이자 문인이면서
율곡 이이의 어머니인 신사임당의 초상화

강릉 오죽헌에서 모자가 태어나다

우리 집 거실에 신사임당(1504~1551)과 율곡 이이(1536~1584)의 작은 동상이 나란히 놓여있다. 아이들이 어렸을 때 강릉 오죽헌에 갔다가 기념품 가게에서 산 것이다. 딸이 신사임당처럼, 아들이 율곡 이이처럼 훌륭한 사람이 되기를 바라는 마음에 사다 놓았다. 당시 좀 비싸다 싶었지만 보자마자 얼른 샀다. 욕심인 줄 알면서도 아이들이 그들 모자(母子)처럼 훌륭히 되길 바랐다.

나도 신사임당을 닮고 싶었는지도 모른다. 그런 재주를 타고나지도 못했고, 환경도 어려웠으니 불가능한 일이다. 그런데 꿈에도 생각해본 적 없는 작가가 되었다. 솔직히 내가 작가가 되는 것보다 아이들을 잘 가르쳐 훌륭한 인재로 키우고 싶었다. 내 꿈은 언제나 현모양처(賢母良妻)였다. 결혼도 했고, 아이들도 낳았으니 그저 현모양처로 살면서 가정을 화목하게 잘 꾸리고 싶었다.

신사임당은 1504년(연산군 10년) 강원도 강릉시 율곡로 3139번길 24 오죽헌에서 태어나 성장하고 결혼하였다. 강릉은 누구보다 신사임당이 인지도를 높여 놓았다. 그녀는 지역사회 발전에도 큰 공헌을 했다. 강릉이라고 하면 오죽헌(烏竹軒)이 생각나고, 경포대(鏡浦臺)가 생각나니 그렇다.

강릉 오죽헌의 전경이다. 율곡 이이는 오죽헌의 몽룡실에서 태어났고, 그 곳에 신사임당의 초상화가
걸려있다.

　　오죽헌은 신사임당의 생가이자 외가이고, 율곡 이이의 생가이면서
외가이기도 하다. 신사임당의 어머니가 외동딸이라 부모님이 외갓집을
물려받았다. 그녀는 결혼하고도 오죽헌에 살면서 조선을 대표하는 학
자 율곡 이이를 몽룡실(夢龍室)에서 낳았다. 율곡 이이를 낳은 오죽헌
의 몽룡실에 신사임당의 초상화가 걸려있다.

　　신사임당은 조선 중기의 예술가로 당당히 자리매김한 조선 최고의
여성이다. 조선 최고의 왕 세종대왕을 무색하게 한 인물이다. 남녀노소
모두가 좋아하는 5만 원권 지폐의 얼굴에 그녀가 선정되었다. 여성 상
위시대가 맞긴 맞나보다. 명절 때마다 단연코 신사임당이 인기 최고라
고 한다. 화폐에 들어간 인물을 보면 100원짜리 동전에 이순신 장군,
천 원짜리 지폐에 퇴계 이황, 오천 원짜리 지폐에 율곡 이이, 만 원짜리
지폐에 세종대왕, 그리고 오만 원짜리 지폐에 신사임당이 아닌가. 내가
여성이라 그런지 기분은 좋다.

　　신사임당이 유명해지면서 그녀의 외조부모, 조부모, 부모, 시부모,

남편, 자녀들까지 모두 유명해졌다. 가문에 영광을 안겨준 여인이다. 그녀의 아버지 신명화(1476~1522)는 서울 사람으로 13세 때 진사가 되었으나 벼슬에 나가지 않았다. 조선 중기의 문인이었던 외할아버지 이사온에게 아들이 없어 어머니가 아버지와 떨어져 강릉의 외가에 아들잡이로 살 수밖에 없었다. 신사임당도 자신의 어머니처럼 외가이자 친정이 되어버린 강릉에서 태어나 그곳에서 성장기를 보냈다. 그러니 그녀와 어머니의 생가가 같을 수밖에 없다. 거기에 그녀의 자녀들 생가까지 같게 되었다.

4남 3녀를 낳아 기르다

신사임당은 외가에서 외조부와 외조모 그리고 어머니와 함께 살면서 4남 3녀를 낳아 길렀다. 3남인 율곡 이이도 당연히 그녀의 외가 강릉에서 태어나 6세까지 성장하였다. 아버지 신명화는 가끔 강릉에 들렀지만 가족들과 16년 정도를 떨어져 살았다.

신사임당은 당연히 아버지보다 외조부의 교육을 많이 받았다. 그녀는 어려서부터 총명하여 외조부인 이사온의 총애를 받아 그에게 학문과 시(詩)·서(書) 등을 배웠다고 전해진다. 그녀가 그림에 재능을 보이자 외조부 이사온은 안견의 그림을 구해다 주기도 했다.

율곡 이이의 《선비행장》에는 신사임당이 7세에 안견의 그림을 모방해 산수도(山水圖)를 그렸는데, 그때 매우 절묘한 솜씨를 보였다고 기록되어 있다. 어렸을 때부터 경전(經傳)에 능통하고 글도 잘 짓고, 글씨도 잘 썼으며, 바느질과 자수까지 못하는 것이 없었다 한다.

신사임당은 당시 좀 늦은 나이인 19세에 덕수 이씨 이원수과 결혼하였다. 이원수 역시 아버지 신명화와 마찬가지로 서울 사람이었다. 이원수의 본가는 경기도 파주에 있었다. 신사임당이 결혼한 해 안타깝게도 아버지 신명화가 세상을 떠났다. 신사임당은 이미 마음을 먹었는지 5녀 중 둘째 딸이었음에도 홀어머니와 함께 살기를 원해 강릉 생가에서 지내게 되었다. 어머니를 홀로 두고 서울로 간다는 게 마음이 놓이지 않았나 보다. 그녀는 양처(良妻)를 포기하고 효녀(孝女)가 되기로 마음먹었던 모양이었다.

신사임당은 아버지의 3년 상을 치른 뒤에야 서울로 올라가 시어머니 홍씨를 처음으로 뵈었다. 그리고 시집 파주의 율곡리에 잠시 거주하다가 다시 친정인 강릉으로 주거지를 옮겼다. 남편은 물론 시어머니 홍씨도 홀로 된 친정어머니를 보살피겠다는 신사임당을 이해했나 보다. 그러지 않고서야 며느리를 친정의 아들 잡이로 살아가라고 했겠는가. 신사임당은 강원도 강릉뿐 아니라 평창군 봉평면 백옥리에도 여러 해 살았다고 전한다. 강원도를 벗어나지 못하고 어머니와 가까운 곳에 살면서 수시로 보살펴드렸던 것 같다.

결혼한 지 19년 만에 친정을 떠나다

신사임당은 38세가 되어서야 외가이자 친정인 오죽헌을 떠나 서울로 향했다. 유교를 숭상하던 조선시대에 시부모를 모시지 않고 친정에서 부모를 모셨다는 것은 쉽지 않은 일이다. 다행히 신사임당이 살았던 16세기 초만 해도 처가살이를 하는 풍습이 남아있던 때였다.

어찌 되었건 그녀는 시집 살림을 주관하고자 결혼한 지 19년, 율곡이이가 6세 되던 해에 서울로 향했다. 강릉의 어머니와 헤어져 한양으로 가면서 발걸음이 무거웠을 테고, 하염없이 눈물을 흘렸을 것이다. 그녀의 시(詩)가 3편 남아있는데 모두 부모님에 대한 그리움을 담았다. 그중 대관령을 넘으며 어머니 생각에 친정 오죽헌을 바라보면서 지은 시를 소개해본다. 옛 대관령 길에 '신사임당사친시비(申師任堂思親詩碑)'에 새겨져 있는 〈유대관령망친정(踰大關嶺望親庭)〉이라는 시다.

慈親鶴髮在臨瀛(자친학발재임영) 늙으신 어머님을 고향에 두고
身向長安獨去情(신향장안독거정) 외로이 서울 길로 가는 이 마음
回首北村時一望(회수북촌시일망) 돌아보니 북촌은 아득도 한데
白雲飛下暮山靑(백운비하모산청) 흰 구름만 저문 산을 날아내리네.

대관령의 신사임당사친시비와 그곳에서 바라본 강릉이다.

결혼 후 신사임등은 20년이 다되도록 시어머니가 아닌 친정어머니를 모셨으면서도 어머니와 헤어져 시댁으로 향하는 그녀의 마음은 슬픔으로 가득했다. 오랫동안 친정어머니를 모실 수 있었던 그녀의 가정환경을 부러워하지 않을 여성은 없어 보인다. 부모님과 시부모님, 남편에 이르기까지 그녀를 이해해주었기에 친정에서 그토록 오랫동안 머물 수 있었을 것이다. 시대를 참 잘 만난 여인이 아닌가 싶다.

신사임당은 현모양처인가

신사임당을 현모양처(賢母良妻)의 대표급이라 일컫는 것에 100퍼센트 찬성하지 않는다. 그녀가 오늘날에도 변함없이 존경받는 이유는 현모양처라서가 아니고, 그녀의 예술성 때문만도 아니라고 본다. 여성의 사회활동이 제한되었던, 그래서 재주가 뛰어나도 발굴되지도, 알려

오죽헌에 있는 신사임당과 그녀를 현모양처로 자리매김한 아들 율곡 이이의 동상이다

지기도 어려웠던 조선시대에 그녀가 뛰어난 예술가로 인정받게 됨은 크나큰 행운이다. 누구보다 그녀를 이해해준 그녀의 양쪽 가문과 아들 율곡 이이 덕분이다. 그녀는 가정에서 천부적인 재능을 마음껏 발휘할 수 있었고, 그 재주가 아들 율곡 이이로 인해 널리 알려지게 되었다. 남편 역시 그녀의 오늘을 만들어내는데 조력자라 본다. 그중에서도 율곡 이이의 공이 가장 크다.

　아들 율곡 이이가 훌륭히 되면서 그녀가 현모(賢母)로 확실하게 인정받게 되었고, 양처(良妻)로까지 인정받게 되었다고 본다. 그녀가 아무리 뛰어난 재능이 있어도 그 재능을 발휘할 환경이 조성되지 않았다면 그냥 묻히고 말았을지도 모른다. 그녀는 시대도 잘 만났고, 친정과 시댁 어른들도 잘 만났고, 자식도 잘 나서 타고난 재주를 마음껏 발휘하고 인정받았을 것이다.

　신사임당의 아들 율곡 이이는 아홉 번의 과거시험에서 모두 장원을

해 '구도장원공(九度壯元公)'이란 별명이 붙었다. 율곡 이이의 머리는 어머니 신사임당을 닮은 것이 분명하다. 그 어머니에 그 아들이 신사임당과 율곡 이이가 아닌가 싶다.

그녀는 남편이 율곡 이이와 같은 사람이기를 바랐을 것이다. 그런데 그렇지 못했다. 그러니 남편 이원수가 마음에 들었을 리 없다. 과거시험을 준비하라고 뒷바라지해주어도 매번 낙방한 사람이 이원수였다. 이원수는 1550년(명종 5년)에 실력이 아닌 음서(蔭敍)로 관직에 올랐다.

음서제는 고려와 조선시대에 공훈을 세운 중신 및 양반의 자제들에게 관직을 주는 제도다. 과거시험에 번번이 낙방한 신사임당의 남편이자, 율곡 이이의 아버지 이원수가 늦게나마 종5품의 수운판관이 되었다. 나라에 바치는 곡식을 지방에서 서울로 나르는 선박 관련 업무를 맡게 된 것이다. 너무 늦은 나이에 관직에 올랐다.

남편 이원수가 관직에 올랐을 때 신사임당의 나이는 47세였다. 그나마 다행이었다. 신사임당은 남편이 관직에 오른 1년 뒤 안타깝게도 세상을 떠났다. 그녀의 나이 48세였다. 그것도 남편이 맏아들 이선과 3남 율곡 이이를 데리고 평양에 갔을 때 그만 세상을 떠났다. 그녀는 남편에게 "자녀가 많으니 자신이 죽어도 재혼을 하지 말라."는 유언을 남겼다고 한다.

그게 무슨 소용이겠는가? 남편 이원수는 그녀가 세상을 뜨자마자 첩이었던 여인을 후처로 삼았다. 10년 후 1561년(명종 16년) 이원수도 세상을 떠났다. 현재 자운서원 뒷산에 신사임당과 남편 이원수가 합장되어 잠들어있다.

남편 이원수는 아내 신사임당과 확연히 다른 여인과 사랑에 빠져 살았다. 주막을 경영하는 여인이었다. 남편 이원수에게 신사임당은 너무 똑똑하고 현명하여 부담스러운 상대였을지도 모른다. 그렇게 편안한 부인은 아니었을 것이다. 어쩌면 조금은 까칠하고, 예민한 여인이 아니었을까. 그랬기에 편안한 상대를 첩으로 삼았고 후처로 들이지 않았나 싶다.

남편 이원수와 달리 율곡 이이는 그녀의 마음에 쏙 들만한 아들이었다. 그녀가 이미 세상을 떠났지만 과거만 보면 장원을 하는 아들이었다. 《명종실록》 30권, 32권에 율곡 이이의 장원 급제 기사와 출가했던 사실 등이 실려 있어 그 일부를 실어본다. 신사임당이 세상을 뜬 뒤 후처로 들어온 이원수의 첩이 율곡 이이를 구박하긴 했나 보다. 《조선왕조실록》에까지 그 내용이 실려 있으니 그렇다.

이이는 사람됨이 총명 민첩하였고 박학강기(博學强記)하였으며 글도 잘 지어 명성이 일찍부터 드러났었다. 한 해에 연이어 사마시(司馬試)와 문과(文科)의 두 시험에 장원으로 뽑히자 세상 사람들이 영광스럽게 생각하였다. 다만 소년 시절에 아버지의 첩(妾)에게 시달림을 당하여 집에서 나가

산사(山寺)를 전전하며 붙여 살다가 오랜 기간이 지나서야 돌아왔다. 혹자는 '머리를 깎고 중이 되었었다.'고 하였다. 그가 읊은 시에 '전신은 바로 김시습이었는데[前身定是金時習] 금세는 가도(賈島)가 되었구나[今世仍爲賈浪仙]'라고 하였다.

《명종실록》30권, 명종 19년 8월 30일 기해 1번째 기사 1564년 명 가정(嘉靖) 43년

이이는 어려서부터 문명(文名)이 있었고, 일찍 모상(母喪)을 만나 집상(執喪)하는데 정성이 지극하였다. 그 아비의 첩이 그를 사랑하지 않았고, 또 아비 이원수(李元秀)가 일찍이 불경을 좋아하였는데, 그의 나이 16~17세 때 한 중이, 망령(亡靈)을 위해 천복(薦福)한다는 설(說)로써 그를 유혹하므로, 그가 가인(家人)에게 알리지도 않고 곧 의복을 정돈하여 금강산으로 들어갔다. 수년 만에 그 허황함을 알고 돌아왔다. 그는 자질이 매우 아름다워 교식(矯飾)하는 태도가 없었고, 학문에 의(義)와 이(利)를 구분하여 추향이 일정하였고 속루(俗累)에 담연(湛然)하여 뜻이 없었다. 생원시(生員試)에 장원하고 장차 알성과(謁聖科)에 응시하려 할 때 성균관의 제생(諸生)들이 그의 출가(出家)하였던 것을 혐의, 묘정에 들어서지 못하게 하여 뭇 의논이 준엄하였으나, 의연히 표정이 달라지지 않았다. 문장이 풍부하여 유의하지 않는 듯하면서도 도도히 끊임이 없었고, 등제하여서는 3장(場)을 통틀어 장원하였다.

《명종실록》32권, 명종 21년 3월 24일 을묘 1번째 기사 1566년 명 가정(嘉靖) 45년

조선 최고의 여성예술가로 등극하다

2017년 28부작으로 방영했던 SBS드라마 〈사임당 빛의 일기〉에 나온 첩의 깐죽거림이 지금도 눈에 선하다. 현재와 과거를 왔다 갔다 한 퓨전 사극으로 내 머리로는 이해가 빨리 안 되었지만 작가의 상상력은 대단했다. 드라마에서 신사임당은 첩이 경영하는 주막을 찾아가 남편의 속옷과 편지를 주고 떠난다. 그런데 첩이란 여인이 신사임당에게 남편 하나 건사하는 게 애 하나 더 키우는 것과 같다면서 "형님, 걱정 말아요. 형님은 열심히 그림이나 좍좍 그리세요."라고 한다. 그리고 자기 덕분에 맘대로 그림을 그리는 것 아니냐며 너무 마음 상하지 말란다. 그 첩의 말대로 신사임당이 재능을 키우는데 그 첩도 일조한 셈이 아닐런지 모르겠다.

서울 종로구 인사동 137번지에 신사임당의 아들 율곡 이이가 강릉에서 올라와 살았던 집터가 있다. 신사임당과 함께 살았는지는 잘 모르

신사임당의 아들 율곡 이이가 강릉에서 올라와 살았던 서울 인사동 골목 집터에 표지석이 서 있다. 표지석에 '이율곡 선생 살던 집터'라고 새겨져있다. 그 집터 언저리에는 문화유산에 버금가는 회화나무가 빌딩 한가운데 둘러싸여 있다.

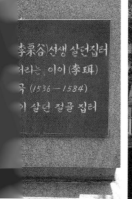

겠다. 그곳에 '이율곡(李栗谷)선생 살던 집터'라고 쓴 표지석이 있다. 집터 언저리에는 수령 400년 된 회화나무가 빌딩 숲속 한가운데 갇혀 살고 있다. 중국에서는 출세의 나무, 서양에서는 학자의 나무로 알려진 회화나무가 사방팔방 꽉 막힌 빌딩 숲속에서 담배 연기 팍팍 들이마시며 하루하루를 살아내고 있다. 피로에 지친 샐러리맨들에게 넓은 품을 내주고는 있지만 답답하겠다 싶다.

신사임당은 서울로 올라와 남편과 함께 10년 정도 살았다. 그녀의 서울 생활이 과연 행복했을지 궁금하다. 죽어서나마 부부가 함께 잠들어있으니 그것만으로도 다행이다. 무엇보다 율곡 이이같은 훌륭한 아들을 두었으니 행복한 어머니가 바로 신사임당이다.

그녀가 세상을 뜬 지 500년이 가까워지고 있다. 남편 이원수가 마음에 덜 찼기에 예술혼을 더 불태웠고, 자녀교육에 온 정성을 들였는지도 모른다. 남편이 아들 율곡 이이처럼 보는 시험마다 장원하여 고위관료가 되었다면 그 남편을 뒷바라지하느라 여념이 없었을지도 모른다.

신사임당의 시댁이자 율곡 이이의 친가였던 파주 율곡리에는 밤나무가 많았다고 한다. 아들 이이가 호를 '율곡(栗谷)'으로 지은 이유다. 이곳에 경기도 유형문화재 제61호 화석정(花石亭)이 있다. 화석정의 현판은 1966년 병오년 4월, 박정희 전 대통령이 쓴 친필이다.

율곡 이이는 여가를 즐기기 위해 이곳을 찾았으며, 관직에서 물러난 뒤에는 제자들과 함께 이곳에서 여생을 보냈다. 원래 화석정은 지금처럼 사방이 트여있던 게 아니고, 온돌방형태를 취하고 있었다.

　화석정은 '선조의 피난길 이야기'가 서려 있는 정자이기도 하다. 선조는 임진왜란이 발발하자 궁궐을 빠져나와 도성을 버리고 의주로 피난을 떠났다. 그런데 날은 어두워지고, 폭풍우가 몰아쳐 임진강변에서 길을 찾을 수 없게 되었다. 이때 이곳 화석정에 불을 붙였다. 그러자 화석정은 곧바로 불쏘시개가 되었고, 그 덕분에 길을 찾아 선조 일행이 무사히 피난을 떠나게 되었다. 자신의 몸을 불태워 임진왜란의 비극을 함께 한 화석정이 아닌가. 율곡 이이는 이미 8년 전 세상을 떠났다. 화석정 안에는 율곡 이이가 8살 때 지었다는 〈팔세부시(八歲賦詩)〉가 걸려있다. 그 시를 소개해본다.

林亭秋已晩(임정추기만)

騷客意無窮(소객의무궁)

遠水連天碧(원수연천벽)

霜楓向日紅(상풍향일홍)

山吐孤輪月(산토고륜월)

江含萬里風(강함만리풍)

塞鴻何處去(새홍하처거)

聲斷暮雲中(성단모운중)

화석정은 파주시 파평면 율곡리 임진강가 벼랑 위에 있다.

숲 속 정자엔 가을이 이미 깊이 드니

시인의 시상(詩想)이 끝이 없구나

멀리 보이는 물은 하늘에 잇닿아 푸르고

서리 맞은 단풍은 햇볕을 향해 붉구나

산 위에는 둥근 달이 떠오르고

강은 만리에서 불어오는 바람을 머금었네

변방의 기러기는 어느 곳으로 날아가는고

울고 가는 소리 저녁 구름 속으로 사라지네

율곡 이이가 그녀의 아들이다

신사임당의 아들 율곡 이이는 어머니와 아버지의 삶을 지켜보면서
부단히 노력했을 것이다. 가족 중 처지는 사람이 있으면 분명 이름을

자운서원에 자리한 강인당과 율곡 이이의 위패와 영정(우)을 모신 사당 문성사이다.

떨치는 사람이 나오게 마련이다. 한 집안에 두 명의 위인이 나왔으니 경사가 아닌가. 가장 위대한 위인이 화폐에 들어가지만, 그동안 모자가 함께 들어가는 경우는 없었다. 아마 앞으로도 쉽지 않은 일이다.

'십만양병설(十萬養兵設)'로 유명한 율곡 이이는 친가의 고장인 파주의 자원서원(紫雲書院)에 배향되어 있다. 그는 1583년(선조 16년) 선조에게 바친 《시무육조》 가운데 하나가 십만 명의 군사를 십 년 동안 꾸준히 훈련시켜 온갖 침략에 대비하자는 것이었다. 그러나 동인들의 반대로 그 개혁안은 무산되고 말았다.

임진왜란이 발발하기 10년 전에 이미 율곡 이이는 선견지명이 있었던 모양이다. 율곡 이이의 〈십만양병설〉을 받아들였더라면 임진왜란, 정유재란, 정묘호란, 병자호란 등의 전쟁에서 희생자도 덜 생겼을 것이고, 나라의 패망까지 염려하지 않았을 것이다. 예나 지금이나 인재 등용을 잘하고, 그 인재의 말에 귀 기울일 줄 아는 정치인들이 필요하다.

파주 자운서원(紫雲書院)은 계절마다 색다른 아름다움을 자아내지

율곡 이이의 유적지에 자리한 자운서원의 정문인 자운문과 신사임당과 율곡 이이의 청동상이다.

만 가을에 아름다움의 절정을 이룬다. 노랗게 물든 은행나무와 빨갛게 물든 단풍나무가 그야말로 어떤 모습이 가을인지를 보여준다. 이곳에 도착하면 나란히 서 있는 신사임당과 율곡 이이의 모자(母子) 동상을 먼저 만날 수 있다. 여간 반가운 게 아니다. 이 청동상은 원래 1969년 ~1970년에 제작하여 서울특별시 사직공원에 세워졌다가 2015년 이곳 파주의 율곡 이이 유적지로 옮겨왔다. 사직공원에서 이 두 분과 첫 만남을 가졌는데 어느 날 사라져버려 많이 아쉬웠다. 그런데 이곳에서 다시 만나니 반가움이 배가 되었다. 이들이 사라진 사직공원은 사직단 (社稷壇) 복원 공사가 한창이다.

자운서원 뒷산에는 위로부터 그녀의 가족묘가 자리하고 있다. 삼문으로 된 신문 여견문(如見門)을 나가면 가족묘역이 있다. 맨 위부터 아들 율곡 이이와 며느리 곡산 노씨 묘, 그 아래로 큰아들 이선 묘, 그리고 신사임당과 남편 이원수의 합장묘, 제일 아래에 율곡 이이의 아들

가족묘역으로 가는 여견문(如見門)과 묘역으로 오르는 길이다. 가족묘역에 잠들어있는 신사임당과 이원수의 합장묘, 그리고 가장 위쪽에 잠들어있는 율곡 이이와 노씨의 묘이다. 율곡 이이 묘 바로 뒤에 자리한 부인 노씨의 묘는 봉분이 아주 작다.

오죽헌의 몽룡실 앞에 아프리카에서 온 관광객들이 해설을 듣고 있다. 그 앞쪽에 600년 넘는 배롱
나무가 우뚝 서 있다. 배롱나무는 강릉의 시화로 여름이면 강릉 어디서나 자줏빛 꽃에 취할 수 있다.

이경림의 묘가 자리하고 있어 참배하기에도 어려움이 없다.

　강릉을 너무나 사랑한 신사임당과 율곡 이이를 만나기 위해 오죽헌
을 여러 번 찾았다. 배롱나무꽃이 활짝 필 여름에 강릉의 오죽헌을 다
시 찾아가 봐야겠다. 대관령 옛길로 달려가 신사임당처럼 강릉의 오죽
헌과 경포대도 내려다보아야겠다. 그러다 보면 나도 시 한 수 써지지
않을까 싶다. 대관령에서 바라보는 경포대 앞바다의 경치 또한 멋지니
시가 안 써진들 서운할 리 없다. 청량한 바람과 마주하는 일 또한 행복
한 일이다. 나도 언제부턴가 신사임당의 고향 강릉을 사랑하게 되었다.
오죽헌도 사랑하고, 경포대도 사랑한다.

　예술혼을 불태우기 위해 애썼을 신사임당을 생각하면 기쁘기만 해
야 하는데 가슴 한편이 아프다. 7명의 자녀를 기르면서 자신의 예술혼
을 불태웠으니 그녀를 존경한다. 남편 이원수가 첩까지 얻어 살고, 매
번 과거에 낙방했어도 예술 세계에 빠져 있을 때만큼은 누구보다 행복
했으리라. 그녀에게 박수를 보낸다.

천재 시인 허난설헌,
시대를 잘못 만나다

許蘭雪軒像

타고난 재능을 제대로 펴보지도 못하고
27세에 안타깝게 요절한 여류시인 허난설헌의 초상화

강릉을 빛낸 또 다른 여성 예술가다

조선시대 때 신사임당(1504~1551) 말고 강릉을 빛낸 여성이 또 한 명 있다. 바로 허난설헌(1563~1589)이다. 그녀는 강원도 강릉시 난설헌로 193번 길 1-29 외가에서 태어났다. 신사임당과 마찬가지로 그녀도 외가인 강릉에서 태어났다. 신사임당의 생가와 그녀의 생가는 불과 3.5km밖에 떨어져 있지 않다.

나는 강릉 여인은 아니지만 강릉을 어느 곳보다 자주 찾는 편이다. 봄이 오면 경포대도 올라가 보고, 벚꽃길 따라 경포호수를 한 바퀴 돌아보곤 한다. 여름과 가을, 겨울에도 경포호수를 한 바퀴 천천히 돌아보거나 강릉 바닷가를 찾아 철썩이는 파도와 한참을 마주한다. 또한 사임당로를 따라 율곡로에 자리한 오죽헌에 들르거나 허난설헌로를 따라 허난설헌의 생가를 찾아가곤 한다.

허난설헌의 생가와 경포대는 경포호수를 사이에 두고 마주하고 있으며, 동해의 철썩이는 파도소리가 들릴 정도로 바다가 지척에 있다. 올봄에도 강릉을 다녀왔다. 이번에는 27세에 안타깝게 요절한 천재시인 허난설헌의 생가를 찾아 그녀와 함께하고 싶었다. 전에도 그랬듯이 경포호수와 연결된 길을 따라 허난설헌의 생가를 찾았다.

이곳은 언제 찾아도 고즈넉하다. 경포호수는 물론 강릉 바닷가도

강릉의 관동팔경 중 하나인 경포대와 경포호수. 그리고 강릉 바닷가의 모습이다.

손닿을 만큼 가까이에 있고, 솔밭이 장관이다. 그 솔밭 사이로 불어오는 바람 또한 청량하다. 솔바람과 마주하면서 허난설헌의 생가로 향한다.

먼저 〈허균 · 허난설헌기념관〉이 반갑게 맞는다. 이곳에서는 조선 중기 시·서·화 삼절을 두루 걸쳐 천재성을 인정받았던 허난설헌과 그녀의 동생으로 학자 · 문인 · 정치가이자 《홍길동전》을 쓴 교산 허균, 그리고 이 오누이와 더불어 당대 뛰어난 시재와 문재를 발휘하였던 허씨 5문장의 문학성을 소개하고 있다.

허씨 5문장은 허난설헌의 아버지 초당 허엽 · 이복오빠 허성 · 친오빠 허봉 · 친동생 허균, 그리고 허난설헌을 말한다. 이런 가족이 세상

〈허균 · 허난설헌기념공원〉의 표지석과 생가 전경이다.

허씨 5문장가를 엿볼 수 있는 허균·허난설헌기념관이다.

어디에 또 있겠는가. 정말 대단한 문장가 집안이다.

허씨 5문장가 집안에서 태어나다

기념관에는 허난설헌과 그녀의 친동생 허균의 문학작품을 중심으로 영상자료와 조선 선조 때의 문신이며 시인·문장가였던 하곡 허봉(1551~1588)의 연행일기(燕行日記)《하곡조천기(荷谷朝天記)》, 허난설헌이 8세 때 상량식에 초대받았다고 상상하며 지은 것으로 그녀의 천재성을 증명해주는 작품〈광한전백옥루상량문(廣寒殿白玉樓上樑文)〉,《난설헌집(蘭雪軒集)》, 허균의 시선집《국조사산(國朝詩刪)》등이 전시되고 있다.

기념관을 나와 솔바람이 부는 방향을 따라 가노라면 허난설헌이 책을 들고 앉아있는 동상을 만난다. 난설헌 허초희 좌상이다. 그 앞에 그

허균 · 허난설헌기념공원에 세워져 있는 허난설헌의 동상과 어린 딸과 아들을 1년 차로 잃고 쓴 〈곡자(哭子)〉 시비다.

녀의 애달픈 마음이 그대로 녹아있는 〈곡자(哭子)〉라는 시가 나지막하게 자리한 오석에 새겨져 있다. 그녀가 딸 · 아들 모두 잃고 슬픔에 젖어 쓴 시다. 가슴이 아프지 않은 사람이 없을 것이다. 자식을 하나도 아니고 둘을 한 해 차이로 잃고, 뱃속의 아이마저 잃었으니 그녀가 더는 삶의 의미를 찾기 어려웠을 것이다. 아! 슬프고 애달프다. 그 시를 그대로 옮겨 싣는다.

곡자(哭子)/ 딸 · 아들 여의고서

去年喪愛女/ 지난해 귀여운 딸애 여의고

今年喪愛子/ 올해도 사랑하는 아들 잃나니

哀哀廣陵土/ 서러워라 서러워라 광릉땅이여

雙墳相對起/ 두 무덤 나란히 앞에 있구나

蕭蕭白楊風/ 사시나무엔 쓸쓸한 바람

鬼火明松楸/ 도깨비불 무덤에 어리비치네

紙錢招汝魂/ 소지올려 너희들 넋을 부르며

玄酒奠汝丘/ 무덤에 냉수를 부어놓으니

應知第兄魂/ 아무렴 알고말고 너희 넋이야

夜夜相追遊/ 밤마다 서로 얼려 놀테

縱有腹中孩/ 아무리 아해를 가졌다 한들

安可冀長成/ 이또한 잘 자라길 바라겠는가.

浪吟黃臺詞/ 부질없이 황대사 읊조리면서

血泣悲吞聲/ 애끓는 피눈물에 목이 메인다

  딸·아들 모두 잃은 허난설헌의 심정이 되어 그녀의 동상 앞에서 한참을 서성인다. 간신히 마음을 추스르고 또다시 솔바람 따라 발길을 옮겨본다. 탱자꽃 향기가 솔바람에 경포호수 바람까지 보태어 발길을 멈추게 한다. 유배지가 아닌데 탱자나무가 우거져있는 게 특이했다. 그 옆으로 허씨 5문장가의 시가 새겨져 있는 시비들이 자랑스럽게 서 있다. 친동생 허균의 〈湖亭(경포호 정자)〉, 허난설헌의 〈竹枝詞 三(죽지사

허씨 5문장가인 허엽·허성·허봉·허난설헌·허균의 시비(오른쪽부터)가 세워져 있다.

허난설헌의 생가에 자리한 사랑채와 사랑방이다.

3), 친오빠 허봉의 〈灤河(난하에서)〉, 이복오빠 허성의 〈夜登南樓(밤에 남루에 올라)〉, 그리고 허난설헌의 아버지 초당 허엽의 〈高城海山亭(고성 해산정에서)〉의 시비가 차례차례 세워져 있다. 그 시비들 앞에서 한글로 해석한 시를 조용히 음미해본다. 가슴이 벅차오르면서 수필가인 나도 시인이고 싶다는 생각이 든다.

생가에서 남매의 문학이 영글다

발길을 안쪽으로 옮겨 그녀가 태어나 뛰어놀았을 생가 마당에 섰다. 솔바람은 여전히 경포호수바람과 어우러져 살랑살랑 볼을 어루만진다. 상큼하고, 시원하다.

먼저 허균이 한동안 머물렀다는 사랑채가 자리한 솟을대문 안으로 들어갔다. 대문과 마주한 방 안에 우두커니 서서 정치가였고, 소설가였던 허균의 초상화가 나를 맞는다. 그런데 표정이 안 좋은 모습이다. 역

허난설헌의 생가 사랑방에 허균의 초상화가 있다.

모에 휩싸여 변론의 기회도 제대로 갖지 못하고, 창덕궁의 인정문 밖에서 처형을 당한 허균이다. 다시 바라보아도 잔뜩 화가 나있다. 안타깝게도 그는 조선시대 내내 복권이 되지 못했다.

최고의 명문 집안에서 태어나 정치가이자 소설《홍길동전》을 쓴 작가이기도 한 허균과 헤어져 그에게 시를 첨삭해주며 문학공부를 도와주었던 그의 친누나 허난설헌을 만나기 위해 안채로 향했다. 사랑채 옆문으로 들어서자 활짝 핀 모란이 먼저 반긴다.

모란은 어려서부터 엄청 좋아하는 꽃이다. 친정어머니가 더 좋아하셨다. 친정 꽃밭에 100년 가까이 된 모란이 가득하다. 자줏빛 꽃잎도 탐스럽고, 노란 꽃밥도 풍성한 아주 탐스런 꽃으로 향도 은은한 게 좋다. 만날 때마다 가슴 설레게 하는 모란에게 환한 미소로 반갑다고 인

허난설헌이 태어난 생가의 방 안에 있는 초상화이다. 그녀의 눈매가 예사롭지 않다.

사를 건넸다.

허난설헌의 영정과 마주했다. 신사임당 영정 앞에 섰을 때와 확연히 다른 느낌이다. 슬프고, 아프고, 애처롭다. 시대를 잘못 만나 자신의 꿈을 마음껏 펼치지 못하고 요절한 허난설헌이 아닌가.

허난설헌은 조선시대 여성으로 태어났지만 남녀차별 없는, 시대를 앞서가는 가문에서 태어났다. 그러나 시집은 그런 가문이 아니었다. 신사임당과 달리 친정살이를 하지 못하고 냉혹하게 시집살이를 했다. 그녀는 여자가 시댁에 들어가 사는 친영제(親迎制) 1세대가 되어 버거운 시집살이를 견뎌내야만 했다.

그녀가 살았던 16세기에는 신랑이 신부집으로 가서 신부를 데리고 온 다음, 신랑 집에서 예식을 올리는 결혼제도인 친영제가 일반화되지 않았다. 신랑이 신부집에 가서 혼례를 치르고, 신부집에서 혼인생활을 시작하는 전통 혼인풍속인 남귀여가(男歸女家)가 대세였다.

그런데 허난설헌은 여귀남가(女歸男家)로, 혼례를 치르고 시댁에 들어가 살게 되었다. 결혼 후 10년이 넘도록 한 번도 친정을 찾은 일이 없다.

천재시인! 시대를 잘 못 만나다

신사임당 남편이나, 허난설헌 남편이나 피차일반이었다. 과거시험에 둘 다 수도 없이 낙방을 한 사람들이었고, 하라는 공부는 열중하지 않고 여인들과 가까이하고 부인 속을 썩인 것도 똑같다. 그러나 신사임당은 시댁을 잘 만나 운이 좋았다. 20년이 다 되도록 생가인 친정 강릉에 머물 수 있었으니 말이다.

허난설헌은 무엇보다 4남 3녀를 둔 신사임당과 달리 자녀를 한 명도 남기지 못했다. 그 시대에 여성으로 태어나 자녀를 남기지 못하는 것은 치명타이다. 이래저래 허난설헌은 살아가야 할 이유를 찾지 못하고, 시댁에 적응도 하지 못한 채 쓸쓸히 죽어갔다. 어찌 보면 그녀가 재능이 너무 뛰어났던 게 그녀를 더욱 힘들게 했는지도 모른다. 그냥 평범한 여성으로 설렁설렁 시대에 맞게 살았더라면 조금은 행복했지 않았을까 싶다.

그녀는 세상을 뜨면서 자신의 시를 모두 불태워버리라고 유언했지만, 친동생 허균은 그녀가 친정에 남겨놓은 시와 허균 자신이 외우고

허난설헌이 태어난 생가는 경포호수를 사이에 두고 경포대와 마주하고 있다.

허난설헌은 끝내 인생의 꽃을 피우지 못하고 요절했지만, 그녀의 생가 뒤뜰에는 아름다운 꽃들이 활짝 피었다.

있던 시를 모아《蘭雪軒藁(난설헌고)》를 출간하였다.

　허균은 누이의 시문은 모두 천성에서 나온 거라며 여러 사람에게 발문을 받았다. 그중 유성룡(1542~1607)은 그의《西厓集(서애집)》에도 나타나 있듯이 감탄을 하면서 그녀의 시를 높이 평가하였다. 그뿐 아니라 중국의 명나라 사신을 접대하면서 허균은 조선의 시인들 시와 누이의 시 200여 편 선물로 주었다. 그런데 그녀가 죽은 다음 해인 1590년(선조 23년)에 그녀의 시가 중국 명나라에서 베스트셀러가 되었다. 16세기에 허난설헌의 시로 인해 최초의 한류 열풍을 일으켰다. 북경에 종이가 동이 날 정도로 그녀의 시집이 잘 팔렸다고 한다. 현재도 북경 대학교에서 그녀의 시를 가르치고 있다니 놀랍다. 일본에서도 17세기 들어 그녀의 시가 베스트셀러가 되었다고 하니 천재시인임을 부인할 수 없다.

　그런데 유독 조선이란 나라에서는 봉건사회에 대한 저항시를 쓰고, 여인으로서 음탕한 시를 썼다면서 허난설헌의 시를 인정해주지도, 받아들여지지도 않았다. 그러고 보니 우리나라가 중국보다 남성 중심 사회로 남존여비 사상이 아주 강하게 지배하고 있었음을 알 수 있다. 비록 그녀는 세상을 떠났지만 자신의 시가 한류열풍을 일으키고 있음을 알 수만 있다면 얼마나 좋을까 싶다.

그녀는 분명 시대를 앞서간 여인이었다. 그녀가 그린 국보급 그림 중 하나인 '날짐승을 우러러 살펴본다'는 뜻을 지닌 〈앙간비금도(仰看飛禽圖)〉란 그림에 소녀가 등장한다. 그 시대에 소녀를 그려 넣는 것은 불문율에 가까웠다고 한다. 그런데 자유로이 하늘을 날아다니는 새를 부러워하는 자신을 그림에 그려 넣었다. 이처럼 그녀는 깨어있는 집안에서 태어나 자랐다. 하지만 시대를 너무 앞서간 게 탈이 되어 오히려 그녀를 불행하게 만든 것 같아 안타까울 뿐이다.

초당에서 자유분방하게 자라다

허난설헌은 양천 허씨로, 그녀의 아버지 허엽(1517~1580)의 호인 초당이 유래가 된 강릉시 초당동에서 태어났다. 초당순두부가 유명해진 이유도 아버지 초당 허엽 때문이다. 그녀는 초당동에 살면서 남녀차별 없이 누릴 것은 다 누리고 살다가 15세에 결혼하였다.

그녀의 아버지 허엽은 정3품인 대사간으로 청렴결백했으며 동인의 영수이기도 했다.

허엽은 허난설헌을 다섯 살 아래인 허균(1569~1618)과 동등하게 공부를 시켰다. 조선시대에 공주들도 한문을 가르치지 않았는데 허난설헌을 한글은 물론 한문까지 가르쳤다. 오늘날 그녀가 천재시인으로 이름이 나 있는 것은 누구보다 아버지 초당 허엽의 깨인 생각 때문이다. 딸을 여성만이 아닌 한 인격체로 보고 아들과 똑같이 공부를 가르친 아버지였다.

그녀의 아버지 초당 허엽은 첫째부인에게서 맏아들 하곡 허성(1548~1612)과 두 딸을 낳았다. 그리고 둘째 부인에게서 허봉과 허난설헌, 허균을 낳았다. 그녀는 누구보다 둘째 오빠 허봉(1551~1588)의 영향을 많이 받았다. 12세 위인 둘째 오빠 허봉은 일찍이 문과 중시에 장원급제하여 사신으로 자주 중국을 오갔다. 그러면서 여동생 허난설헌에게 중국 최고의 시인인 당나라 두보의 시집 등을 선물했다. 그뿐 아니라 손곡 이달(1539~1612)을 개인 과외선생으로 붙여주었다.

손곡 이달은 시인이자 서예가로 뛰어난 재능을 가지고 있었으나 과거를 볼 수 없었다. 관기를 어머니로 둔 서얼 출신이었기 때문이다. 허난설헌이 사회 비판적이고, 저항적인 시를 쓴 데는 혁명적 기질이 있었던 손곡 이달의 영향이 컸다고 본다. 손곡 이달은 허난설헌 뿐 아니라 동생 허균의 스승이기도 하다. 허난설헌과 허균 남매는 스승 손곡 이달을 보면서 실력이 있어도 과거를 볼 수 없는 사회의 현실에 대해 비판

《홍길동전》의 저자로 허난설헌이 아끼고 사랑했던 동생 허균이 한동안 머물렀던 사랑채의 가을이다.
솔밭 또한 사시사철 청량한 바람을 선물해준다.

할 수밖에 없었을 것이다.

그녀는 조선시대 명문 가정에서 태어나 남녀차별을 느끼지 못하고, 마음껏 공부하면서 자신의 꿈을 펼치려 했다. 그러나 뜻대로 되지 않았다. 그녀는 15세가 되던 해 그녀의 의사와 상관없이 부모가 정한 정략결혼을 해야만 했다. 상대는 안동김씨 가문의 한 살 많은 김성립 (1562~1593)이었다. 김성립은 5대째 문과에 합격한 최고의 명문가 출신이었다.

명문가의 아들로 태어난 남편 김성립은 그녀와 사는 12년 동안 계속하여 과거에 낙방하였다. 그 책임이 며느리인 허난설헌에게 있다는 듯 시어머니는 허난설헌을 못마땅하게 여겼다. 시를 쓰는 그녀를 이해하지 못했고, 시집살이를 시켰다. 남편 김성립도 과거 준비를 위해 자주 집을 비웠다. 과거 준비를 위해 젊은 선비들의 동아리 모임인 접(接)에 모여서 생활했기 때문이다. 그녀는 슬픈 감정을 담은 시를 많이 썼지만, 남편을 향한 애정표현이 담긴 시도 여러 편 남겼다. 그중 〈채련곡(采蓮曲)〉을 소개한다.

秋淨長湖碧玉流/ 가을은 맑고 긴 호수엔 벽옥 같은 물 흐르고
荷花深處繫蘭舟/ 연꽃 우거진 곳에 아름다운 목련배 매여 있어요
逢郎隔水投蓮子/ 임을 만나 물 사이로 연밥을 던지다가
遙被人知半日羞/ 멀리 사람들이 알아보아서 반나절이 부끄러웠소

허난설헌이 남편을 그리워하면서 쓴 시 하나를 더 소개한다. 이런 시들을 쓴 것을 보면 남편 김성립이 과거급제를 못 해서 그렇지 둘의 사이가 그리 나쁘진 않았던 것 같다. 그녀가 친정에서 사랑만 받다가 엄한 시댁에 적응하지 못한 나머지 죽어간 것 같아 안타깝기 그지없다. 성장과정 속에 적당한 채찍과 당근이 필요함을 새삼 느낀다. 다음의 시는 바람기가 있는 남편에게 쓴 〈견흥(遣興)〉이란 시다.

遣興(견흥)/ 다른 여인에게는 주지 마셔요

我有一端綺/ 내게 아름다운 비단 한 필이 있어
拂拭光凌亂/ 먼지를 털어내면 맑은 윤이 났었죠
對織雙鳳凰/ 봉황새 한 쌍이 마주 보며 수 놓여있어

文章何燦爛/ 반짝이는 그 무늬가 정말 눈부셨지요

幾年篋中藏/ 여러 해 장롱 속에 간직하다가

今朝持贈郎/ 오늘 아침 님에게 정표로 드립니다

不惜作君袴/ 님의 바지 짓는 거야 아깝지 않지만

莫作他人裳/ 다른 여인 치맛감으로 주지 마셔요

精金凝寶氣/ 보배스런 순금으로

鏤作半月光/ 반달 모양 노리개를 만들었지요

嫁時舅姑贈/ 시집올 때 시부모님이 주신 거라서

繫在紅羅裳/ 다홍 비단 치마에 매고 다녔죠

今日贈君行/ 오늘 길 떠나시는 님에게 드리오니

願君爲雜佩/ 서방님 증표로 차고 다니세요

不惜棄道上/ 길가에 버리셔도 아깝지는 않지만

莫結新人帶/ 새 여인 허리띠에만은 달아 주지 마셔요

남편 김성립, 그녀를 외롭게 하다

이처럼 허난설헌은 오매불망 남편 김성립을 좋아했다. 그런데 결혼 초와 달리 점점 남편과의 사랑도 식어만 갔다. 아마 그녀는 남편에게 실력 있는 친정 오빠들과 남동생만큼의 기대를 했는지도 모른다. 하지만 그와 달리 남편 김성립은 과거에 계속 낙방하니 허난설헌 마음에 들리 없었을 테고, 김성립 역시 너무나 똑똑한 아내 허난설헌에게 열등감을 느꼈을 것이다. 남편 김성립은 아내의 뛰어난 문장력을 감히 따라갈수가 없었을 것이고, 부인의 문장력에 상대가 안 되니 부부의 정도 점점 식어가지 않았을까 싶다.

허난설헌은 하루하루 시를 쓰면서 자신의 외로움을 달랬다. 시가 그녀에게 그나마 살아가는 이유가 되었을 테고, 안식처가 되었을 것이다. 그 시대에 여자가 글을 쓴다는 것은 이해하기 어려운 일이었다.

허난설헌 보다 59세밖에 나이 차가 안 나는 신사임당은 친정에서 친정어머님과 19년이나 살고 난 후 남편이 살고 있는 한양으로 갔다. 그와 달리 허난설헌은 시집살이를 하는 첫 세대가 되어 호된 시집살이를 경험해야만 했다.

결혼한 뒤 친정살이에서 시집살이로 변한 것은 17세기에 들어서면서부터인데 허난설헌은 16세기를 살았던 여인임에도 시집살이를 그야말로 빡 세게 했다. 자유분방하게 살아왔던 그녀가 시집살이의 매서움을 상상도 못했을 테니 그만큼 충격이 컸을 것이다. 어느 집보다 권세가 높은 대단한 집안의 며느리가 되어 제대로 적응하지 못했을 그녀다. 그러니 마음고생만 하다가 27세에 요절한 게 아닌가. 결혼하여 행복해야 했을 그녀가 결혼생활 12년 만에 생을 접어야만 했으니 애달프

허난설헌 생가의 우물과 우물 앞에서 바라본 사랑채의 모습이다.

기 그지없다. 허난설헌은 부제학을 거처 경상도 관찰사 등을 역임한 아버지 초당 허엽(1517~1580)의 객사 소식에 큰 충격을 받는다. 몇 년 후 그녀를 천재시인으로 만들어준 둘째오빠 허봉(1551~1588)의 객사 소식에 또 한 번 큰 충격을 받았다.

그녀의 둘째오빠 허봉은 〈십만양병설(十萬養兵說)〉을 주장한 신사임당의 아들 율곡 이이(1536~1584)를 직무상 과실을 들어 탄핵했다가 유배된 후 풀려났으나 정치에 뜻을 버리고 방랑생활을 하다가 38세의 젊은 나이에 생을 마감하였다.

그녀의 오빠 허봉은 동인에서 갈라진 남인과 북인 중 남인의 영수였고, 율곡 이이는 서인의 영수 격이었다. 두 집안은 뭔가 묘한 인연으로 얽혀있다. 무엇보다 두 집안 모두 강릉과 큰 인연이 있는 것만 봐도 그렇다.

허봉과 율곡 이이는 물론 신사임당과 허난설헌도 강릉이 외가이니 참으로 묘한 인연이다. 허난설헌을 남녀차별 없이 키워낸 아버지 허엽이 경북 상주의 객관에서 세상을 뜬 사실이 《조선왕조실록》에 〈동지

중추부사 허엽의 졸기〉라는 제목에 자세히 나와 있다.《선조수정실록》
14권에 실려 있는 그의 졸기 말미에 세 아들인 허성·허봉·허균과 사
위인 우성전·김성립은 모두 문사로 조정에 올라 논의하여 서로의 수
준을 높였기 때문에 세상에서 일컫기를 '허씨가 당파의 가문 중에 가장
치성하다.'고 하였다.

뱃속의 아이와 두 남매를 잃다

허난설헌이 18세에 아버지 초당 허엽을 잃고 큰 충격 속에 빠져있
을 무렵 설상가상 전염병으로 딸과 아들을 한 해 차이로 모두 잃었다.
이보다 슬픈 일이 어디 또 있겠는가. 자식을 한 명도 아니고, 둘이나 거
기에 뱃속에 있던 아이마저 유산이 되고 말았으니 어떤 위로도 그녀를
달랠 길이 없었을 것이다. 그 와중에 둘째오빠 허봉(1551년~1588년)의
객사 소식을 접하게 되었다. 그녀는 자신의 친정 집안이 몰락해 가고
있음에 몸을 가눌 길조차 없었다. 아니나 다를까? 점점 병약해지면서
이듬해 27세의 꽃다운 나이에 세상을 떠나고 말았다.

그녀는 자신을 시인으로 키워준 허봉이 객사한 그해 자신의 죽음을
예측이라도 한 듯 시를 남겼다. 그때 그녀의 나이 26세였다. 그다음 해
꿈도 제대로 펼치지 못하고 다시는 돌아올 수 없는 죽음의 강을 건너고

두 남매묘 옆에서 바라본 허난설헌의 묘역과 두 남매가 잠든 묘 앞(중)과 뒤(우)다. 두 남매 묘 앞에 오빠 허봉이 쓴 묘비석이 세워져있다. 정면에서 보면 오른쪽 상계의 묘가 허난설헌의 묘이고, 왼쪽 하계의 묘가 두 남매의 묘이다. 남편 김성립은 위쪽에 후처 홍씨와 잠들어있다.

말았다. 그녀의 둘째 오빠 허봉을 잃은 해 지은 〈몽유광상산(夢遊廣桑山)〉이란 시가 전해지고 있어 그대로 옮겨 싣는다.

> 碧海浸瑤海/ 푸른 바닷물이 구슬 바다에 스며들고
> 靑鸞倚彩鸞/ 푸른 난새는 채색 난새에게 기대었구나.
> 芙蓉三九朶/ 부용꽃 스물일곱 송이가 붉게 떨어지니
> 紅墮月霜寒/ 달빛 서리 위에서 차갑기만 해라

그녀가 잠든 묘 옆에 두 남매의 작은 묘가 나란히 조성되어 있다. 두 남매의 무덤 앞에는 그녀가 그토록 따르고 좋아했던 둘째오빠 허봉의 애절한 마음이 담긴 묘비석이 세워져 있다. 둘째오빠 하곡 허봉이 조카인 그녀의 딸과 아들을 생각하면서 지은 시다. 그 묘비석에 새겨진 희윤이가 허난설헌의 아들인 모양이다. 그 시를 소개해 본다.

희윤의 묘비

피어보지도 못하고 진

희윤아, 희윤의 아버지

誠立은 나의 매부요

할아버지 瞻이 나의 벗이로다

눈물을 흘리면서 쓰는 비문,

맑고 맑은 얼굴에 반짝이던 그 눈!

만고의 슬픔을 이 한 哭에 부치노라

끝내 요절하다

무슨 일이람. 그녀가 세상을 떠난 뒤 남편 김성립은 그해, 그렇게도 낙방을 거듭한 과거시험에 합격하였다. 1589년(선조 22년) 증광 문과에 병과로 급제하고 홍문관저작에 이르렀다. 남편 김성립은 어찌 되었거나 문과 말석인 병과로 종9품에 급제하였다. 그리고 두 번째 부인으

허난설헌의 묘역 전경(좌)과 묘의 앞(중)과 뒤쪽 측면(좌)에서 바라본 모습이다. 두 남매 곁에 잠들어 있는 모습이 슬프다. 남편 김성립은 후처와 그녀의 위쪽에 합장되어 잠들어있고, 또 그 위쪽으로 그녀의 시부모님이 잠들어 계신다.

로 남양홍씨를 얻었으나 1592년(선조 25년) 임진왜란 때 의병장으로 나가 싸우다가 1593년(선조 26년)에 전사하였다. 허난설헌보다 4년 더 살았다.

하지만 그는 조강지처 허난설헌이 아닌 둘째 부인 홍씨와 합장되어 잠들어있다. 죽어서도 남편 김성립과 함께하지 못한 허난설헌이다. 그녀의 묘를 찾아가면 누구든 가슴이 뭉클해지고 눈물이 흐를 것이다. 태어나 꽃도 피워보지 못하고 너무도 어린 나이에 세상을 떠난 남매를 곁에 두고 잠든 허난설헌이다. 그 위쪽에 남편 김성립의 묘가 자리하고 있다.

허난설헌은 자신의 불행은 첫째는 조선에서 태어난 것이고, 둘째는 여성으로 태어난 것이고, 셋째는 김성립의 아내가 된 것이라며 울부짖다가 세상을 떠났다.

조선이라는 나라는 여자로서 재능이 아무리 뛰어나도 그 재능을 마음껏 펼칠 수 없었던 남자들만의 나라였고, 남편 김성립은 그녀가 재능을 발휘하는데 아무런 도움이 되지 못했다. 그러니 그녀가 죽어가면서까지 억울해하다가 죽어간 게 아닌가. 같은 강릉에서 태어난 신사임당을 죽어서도 두고두고 부러워했을 그녀다. 무엇보다 그녀는 시대를 잘못 만난 게 문제였다.

친정살이를 한 신사임당과 달리 시집살이를 강도 높게 한 게 불행이면 불행이었다. 신사임당의 남편 이원수도 50세가 다 되도록 과거급제를 못하고 변변한 직업도 없었다. 그래도 신사임당의 남편 이원수는 부인 신사임당을 자랑스럽게 여겼다 하니 허난설헌 남편보다야 나은 듯싶다.

강릉에서 태어난 천재 화가 신사임당과 천재시인 허난설헌의 공통점은 천부적인 재능을 가지고 태어난 여성이란 것이다. 둘은 남존여비(男尊女卑) 시대에서 천부적인 재주를 펼치기는 어려웠다.

시집살이를 강도 높게 한 허난설헌과 달리 신사임당은 아들 잡이로 친정살이를 20년이 가깝게 한 게 행운 중의 행운이었다. 자신이 태어나고 자란 친정에서 살 수 있었으니 그보다 큰 행운이 어디 있었겠는가. 눈치를 봐야 할 시대 식구들과 그것도 멀리 떨어져 살았으니 하는 말이다.

뭐니 뭐니 해도 신사임당은 친정살이를 허락한 시어머님과 남편을 잘 만난 셈이다. 비록 남편이 첩을 얻고 과거에는 열중하지 않았지만, 부인의 재능에 열등감을 갖지 않고 자랑스럽게 생각해 주었으니 무엇을 더 바라겠는가.

신사임당은 자신의 재주를 마음껏 발휘할 수 있는 친정이 있었다. 그런데 허난설헌은 예상하지 못했을 모진 시집살이가 그녀의 재주를 눌러 앉혔다. 그랬기에 시댁과 남편에 대해 점점 더 적응보다는 거부감만 키우다가 세상을 떠났지 않았나 싶다.

5대째 문과에 급제한 명문 가문이 그녀를 더 옥죄었는지도 모른다.

용인의 허난설헌 아버지 허엽과 첫째오빠 허성, 둘째오빠 허봉, 동생 허균 묘가 자리한 가족묘역(좌)과 허엽의 신도비(중좌)다. 허엽 묘(중) 앞의 비석은 아들 허균이 능지처참되면서 두 동강난 것을 붙여놓은 것이다. 그 흔적이 뚜렷하다. 허난설헌의 시비(중우)가 친정 묘역에도 세워져있다. 그리고 시신이 없는 허균의 묘(우)이다.

평범한 집안으로 시집을 갔더라면 시집살이도 덜 했을지 모른다. 그녀는 친정에서 시대를 너무나 앞서간 공부를 하면서 학식을 쌓아온 게 오히려 탈이 된 게 아닌가 싶다. 자유분방하게 성장한 것도 시댁생활에 도움이 되지 못했을 것이다.

그녀의 묘역은 슬프고, 아프다

허난설헌은 친정과 아주 다른 환경의 시댁을 만나 마음고생이 배가 되었을 것은 물론이다. 결혼생활 12년 동안 그녀는 자녀를 둘이나 낳았으니 나름대로 시집살이에 적응하려고 노력했을 것이다. 그러나 시어머니보다 남편 김성립의 부인에 대한 사랑이 부족했다고 보인다. 사

랑은 고사하고 부인의 뛰어난 문장력을 인정해주고, 칭찬을 해주기는
커녕 열등감에 사로잡혀 자신의 공부까지 멀리하면서 밖으로만 돌았
다 하니 그렇다. 그런 남편에 대한 불만이 쌓여 그녀의 명을 더 재촉했
는지도 모른다.

아무튼 그녀를 생각하면 마냥 아프고, 슬프다. 그녀를 애지중지하
면서 온갖 사랑으로 키워준 그녀의 아버지 초당 허엽과 이복오빠 허성,
친오빠 허봉, 친동생 허균의 묘는 그녀가 잠든 경기도 광주시와 얼마
떨어지지 않은 경기도 용인시에 자리하고 있다.

허난설헌의 친정 가족묘역을 찾았을 때도 허난설헌이 먼저 떠올라
마음이 짠했다. 그곳에 허난설헌의 시비까지 세워져 있다.《선조수정실
록》에도 실려 있지만 참으로 괜찮은 가문이 아닌가.

그런데 1893년(고종 30년)《고종실록》에는 "증 판서(贈判書) 이긍래
(李兢來)와 증 참판(贈參判) 허엽(許曄)은 아들 넷과 손자 하나가 모두
과거에 급제하였는데 이런 경우에는 다섯 명의 아들이 급제한 예(例)
에 의거하여 아버지에게 벼슬을 증직한다는 것이 규정에 기록되어 있
으니 해조(該曹)에서 규례를 상고하여 증직하는 것이 어떻겠습니까?"
하고 영의정 심순택이 고종께 아뢰니 고종이 윤허하였다는 내용이 실
려 있다.《선조수정실록》에는 아들 셋, 사위 둘이 과거에 급제한 것으
로 기록되어 있는데《고종실록》에는 아들이 넷으로 나와 있다.

허난설헌의 친정가족 묘역에 세워져있는 시비에는 그녀가 〈양간비

금도〉를 그리고 그 곁에 '한가하면 옛사람의 책을 보라'〈한견고인서(閒見古人書)〉가 친필로 새겨져 있고, 뒷면에는 '느끼는 대로 쓴다'라는 시〈감우(感遇)〉의 첫째 연이 새겨져 있다.

지난 5월, 국립극장 달오름극장에서 국립발레단이 허난설헌을 무대에 올린다는 문화뉴스를 접했다. 허난설헌의 시(詩)〈감우(感遇)〉와〈몽유광상산(夢遊廣桑山)〉을 발레로 승화시켜 표현한다니 벌써부터 가슴이 먹먹해져온다. 허난설헌의 애달프고 구슬펐던 삶을〈수월경화(水月鏡花)〉란 부제를 달고 선을 보인다니 역시 기대가 된다.〈수월경화(水月鏡花)〉는 '물에 비친 달과 거울에 비친 꽃'이란 의미로 눈에는 보이지만 잡을 수 없다는 의미가 담겨있다.

허난설헌은 결혼과 동시에 천부적으로 갖고 태어난 재주를 펼칠 자유가 없었다. 제목부터 애잔하다. 그녀의 신세를 그대로 느낄 수 있는 시〈감우(感遇)〉를 소개해본다. 내 마음도 허난설헌의 시에 스며들어 이내 그녀가 되고 만다.

감우(感遇)

盈盈窓下蘭 枝葉何芬芳

西風一被拂 零落悲秋霜

秀色縱凋悴 清香終不死

感物傷我心 涕淚沾衣袂

하늘거리는 창가의 난초 가지와 잎 그리도 향그럽더니,

가을바람 잎새에 한번 스치고 가자 슬프게도 찬 서리에 다 시들었네.

빼어난 그 모습은 이울어져도 맑은 향기만은 끝내 죽지 않아

그 모습 보면서 내 마음이 아파져 눈물이 흘러 옷소매를 적시네.

　허난설헌은 결혼과 동시에 친정식구들과 헤어져 죽어서도 함께 잠들 수 없었다. 그녀가 잠든 묘역은 그녀를 사랑으로 키워주었던 친정 가족묘역이 아닌 안동김씨 가족묘역이다. 묘역은 재실까지 갖추고 있었다. 허난설헌과 남편 김성립 등의 위패를 모신 사당 모선재(慕先齋)가 깔끔하게 자리하고 있다. 흠이라면 묘역 앞으로 중부고속도로가 뚫려 쌩쌩 달리는 자동차들의 소음이 시끄럽기 짝이 없다.

　그녀가 태어나 뛰어놀았을 강릉의 생가와 그녀가 잠든 경기도 광주의 묘역을 돌아보면서 친정에서 그녀가 15년 동안이나마 그 시대의 여

허난설헌 묘역에 세워져있는 시비의 앞뒤이다. 이 시비에는 두 남매를 잃고 난 뒤 쓴 〈哭子(곡자)〉라는 시와 그녀가 죽음을 암시한 듯 죽기 1년 전 쓴 〈몽유광상산(夢遊廣桑山)〉이란 시가 앞뒤로 새겨져있다.

성들과 달리 남녀차별 없이 타고난 재능을 마음껏 키우면서 행복하게 살았던 시절을 추억하며 잠들어있기만을 소망했다. 강릉 생가에서 그녀가 솔바람과 경포호수 바람과 함께 그네를 탔던 추억을 떠올릴 수만 있다면 아픔이 덜하지 않을까 싶어진다.

그녀의 묘역에 세워져 있는 시비에는 앞서 소개한 남매를 잃고 쓴 〈哭子(곡자)〉라는 시와 〈몽유광상산(夢遊廣桑山)〉이란 시가 앞뒤로 새겨져 있다. 그 시들을 다시 천천히 음미해보고 그녀와 아들·딸 남매, 그리고 남편 김성립과 시부모 등이 잠들어있는 안동김씨의 가족묘역을 쓸쓸히 내려왔다.

대학자 우암 송시열,
동방의 주자로 불리우다

'송자'라는 극존칭을 얻은 조선을 유교의 나라로 만든 장본인,
송시열의 위패와 초상화

《조선왕조실록》에 가장 많이 등장하다

조선 후기 문신이자, 유학자이며, 성리학자인 우암(尤庵) 송시열(1607년~1689년)의 흔적은 곳곳에 많이 남아있다. 그는 1607년(선조40년) 선조 때 태어나 광해군, 인조, 효종, 현종 대를 거쳐 숙종 때까지 6대 왕을 섬긴 대학자이다.

그는 정암 조광조(1482~1519)와 더불어 조선을 유교의 나라로 만든 장본인이다. 그는 조선의 유학자 중 유일하게 공자·맹자·주자와 같은 반열인 '송자(宋子)'라는 극존칭을 얻은 인물로도 유명하다. 그를 동방의 주자라고 부르는 이유다.

역사상 가장 방대한 문집인 일명《송자대전(宋子大全)》을 남긴 인물이며 정암 조광조에 이어 율곡 이이(1536~1584)의 학풍을 계승한 김장생(1548~1631)의 제자가 되어 기호학파 학풍을 충실히 따랐다. 주자학의 대가로서 율곡 이이의 학풍을 계승한 서인의 거두에서 노론의 영수로, 조선의 대표적인 유학자였다.

여러 요직에 올랐지만 유배와 낙향을 거듭하면서 그 역시 파란만장한 인생을 펼쳤다. 83세까지 장수하긴 했지만 살아서 천 번 이상, 죽은 후에도 이천 번 이상 그에 관한 이야기가《조선왕조실록》에 등장한다니 놀라지 않을 수 없다. 왕들보다 더 많이《조선왕조실록》에 등장하는 인물이다.

우암 송시열은 1607년(선조 40년), 충북 옥천 구룡촌 외가에서 아버지 송갑조와 어머니 선산 곽씨 사이에서 태어나 그곳에서 26세까지 살았다. 그의 생가는 바로 옥천의 구룡촌에 자리한 외가이다. 이 마을은 아버지 송갑조의 처가인 곽씨의 집성촌으로 그의 외가이다.

그는 뒤에 회덕의 송촌동·비래동·소제동 등지로 옮겨가며 산 결과 회덕 사람으로 더 알려져 있다. 회덕은 고려 태조 때부터 불리던 대전광역시 대덕구와 동구를 아우르는 지명이었다. 그는 회덕3송으로 불리는 송준길의 생가 동춘당(同春堂)이 자리한 대덕구와 그가 말년에 제자들을 가르치며 학문을 닦던 남간정사(南澗精舍)가 자리한 동구와 인연이 길다. 현재의 대전광역시 대덕구와 동구 일대에 그의 흔적이 많이 남아있는 이유다.

송시열은 충북 옥천 외가에서 태어나 살면서 아버지께 글을 배워 3세 때 글자를 익혔고, 7세 때 형들보다 잘했다고 한다. 이후 8세 때 이모부인 송이창에게 공부하게 되었다. 거기서 송이창의 아들 송준길(1606~1672)을 만나 그와 일생을 학문과 노선을 함께하는 동반자의 길을 걸었다. 우암 송시열의 아버지 송갑조(1574~1628)와 송준길의 아버지 송이창(1561~1627)은 친가에서는 11촌 간이지만 외가에서는 이종사촌 간이다. 그러니 송시열과 송준길은 본가 쪽보다 외가 쪽으로 가깝다.

이처럼 친인척인 둘은 함께 만나 한 살 위인 송준길의 집에서 공부했다. 송시열은 12세 때부터는 아버지 송갑조로부터 《격몽요결(擊蒙要訣)》·《기묘록(己卯錄)》등을 배웠다. 그가 주자학에 깊이 빠지게 된 것은 아버지 송갑조로부터 "주자는 공자를 이어받았고, 율곡 이이(1536~1584)는 주자를 이은 사람이니 주자를 공부하려면 먼저 율곡부터 읽어야 한다."는 가르침을 받고, 율곡 이이의 《격몽요결》을 배우면서 부터였다. 송갑조는 훗날 아들 송시열을 훌륭히 둔 덕분에 영의정으로 추증되었다.

우암 송시열은 18세 때 한산 이씨와 혼인한 후 연산(논산지역의 옛지명)으로 가서 김장생(1548~1631)의 제자가 되었다. 김장생은 송준길에게 외당숙이 된다. 송준길의 외손녀가 숙종의 제1계비 인현왕후로 사위가 민유증이다. 이처럼 양송은 친가 쪽으로 13촌 숙질 간, 진외가 쪽으로 6촌 간이며, 왕족과도 친인척 관계로 얽히고설켜 있다.

송시열은 김장생과 김집(1574~1656) 부자에게 성리학과 예학을 공부한 뒤 27세에 생원시에서 '일음일양지위도(一陰一陽之謂道)'라는 시제로 논술하여 장원급제하였다. 시제를 풀어보면 우주 안에서 벌어지는 변화상은 한번 음이 되었다가 한번 양이 되는 과정의 순환을 말하는

대전광역시 대덕구에 자리한 '동춘당종택'의 전경(좌)과 송준길이 세상을 뜬 6년 뒤, 동문수학했던 송시열이 써준 동춘당 현판(우)이다.

것으로 주역에 나와 있는 말이다.

양송으로 불리는 송시열과 송준길은 같은 은진 송씨로 동문수학했을 뿐 아니라 평생 정치적인 행보를 함께 하는 동반자로 떼려야 뗄 수 없는 사이였다. 송준길의 고택인 '동춘당종택(同春堂宗宅)'은 대전광역시 대덕구 송촌동에 자리 잡고 있으며 현재 국가민속문화재 제289호로 지정되어있다. '늘 봄과 같다'는 뜻을 가진 동춘당(同春堂)은 송준길의 호이다. 송준길의 5대조 송요년이 15세기 후반에 지은 동춘당에서 후손 송시열과 송준길이 학문을 닦았다. 이곳에서 3km 정도 떨어진 곳에 '우암사적공원'이 자리하고 있다.

우암사적공원은 학문의 요람이다

대전광역시에 자리한 '우암사적공원'에는 조선 후기 송시열이 후학을 가르쳤던 유형문화재 제4호 남간정사(南澗精舍)가 있고, 유형문화재 제1호 송자대전판(宋子大全板)이 보관되어 있다. 《송자대전》은 송

우암사적공원의 정문이다.

시열의 저서와 시문, 상소 등을 모은 모음집으로, 개인 문집 중 가장 방대하다. 이는 1795년(정조 20년) 정조의 명에 의해 간행되었으며, 이때 우암 송시열을 송자(宋子)라 하여 국가적 차원의 성인으로 존숭하였다.

오늘은 그의 흔적을 찾아 중부지방으로 여행을 떠났다. 봄도 미리 만나고 싶어 서둘러 집을 나섰다. 아직 봄은 열리지 않았지만 대전광역시의 볕은 따사로웠다.

송준길의 고택인 동춘당과 잘 조성된 동춘당역사공원을 먼저 돌아보고 우암사적공원을 찾았다. 동춘당역사공원도 그랬지만 이곳 우암사적공원도 평화롭기만 하다. 아직 꽃샘바람 때문인지 사람들이 별로 없다. 산수유와 매화는 곧 꽃봉오리를 터트릴 기세다. 꽃봉오리들이 토실토실 살이 오를 대로 올라 부담스러울 정도다. 바람도 온기가 느껴지는 봄바람이다.

연못을 끼고 있는 남간정사(南澗精舍)와 손님맞이를 위해 지은 기국정(杞菊亭)이 반갑게 맞는다. 어디선가 국화향이 그윽하게 나는 것만 같다. 주변에 구기자와 국화가 무성하여 기국정이란 이름이 붙여진 정

우암사적공원에 자리한 우암 송시열이 제자들에게 공부를 가르쳤던 유형문화재 제4호인 남간정사(좌)와 제1호인 송자대전판이 보관되어 있는 송자대전판각(우)의 표지석이다.

선비들이 글 읽는 소리가 들려올 것 같은 남간정사(좌)와 기국정(중)이 멋스럽다.

자의 매력에 한참이나 빠져 연못과 놀다가 남간정사 곁으로 발길을 옮겼다. 남간정사에서는 선비들의 글 읽는 소리가 금방이라도 들려올 것만 같다. 특이한 것은 남간정사 대청 밑으로 물길이 나 있다. 졸졸졸 흘러 내려온 물이 연못으로 떨어지고 있다. 이런 건물을 처음 보아 신기하다. 자연을 거스르지 않고 건축하니 이처럼 멋있다.

남간정사 뒤꼍의 대나무 숲 아래로 송시열이 손수 심었다는 배롱나무가 있다. 송시열이 말년에 제자들을 가르칠 때 심은 나무로 수령 400년 가까이 되는 나무다. 지팡이를 짚고 있는 배롱나무를 만난 순간 꽃이 피는 여름에 다시 찾아오겠다고 약속하고 말았다. 배롱나무꽃과 남간정사가 너무나 잘 어울릴 것 같아 봄이 오기도 전에 여름을 기다리게 생겼다.

우암 송시열이 심었다는 배롱나무가 지팡이를 짚고 새봄을 기다리고 있다.

우암사적공원에 있는 이직당, 인함각, 명숙각, 견뢰재다.(좌→우)

우암사적공원에는 '마음을 곧게 쓰는 집'이라는 뜻의 이직당(以直堂), '모든 괴로움을 참고 또 참아야 한다'는 인함각(忍含閣), '모든 일을 명확하게 하고 마음을 맑게 하라'는 명숙각(明淑閣), '매사를 심사숙고하여 결정하라'는 심결재(審決齋), '우암의 마지막 교훈을 받들고 선현의 가르침을 굳게 지키라'는 견뢰재(堅牢齋)가 있고, 그 밖에 덕포루(德布樓)가 아름다운 연못가에 자리하고 있다.

우암사적공원 맨 위쪽에는 제향을 올리는 남간사(南澗祠)가 자리하고 있다. 우암 송시열, 송상민(1626~1679), 권상하(1641~1721)의 위패를 모신 곳으로, 우암 송시열만 위패와 더불어 초상화가 놓여있다. 조용히 묵념하고 그곳을 나왔다.

동문수학했던 송준길의 위패를 모시지 않아 의아했다. 혹시 그의 부인이 같은 기호학파가 아닌 대제학을 지낸 영남학파의 딸이어서 그런 것은 아닐까 싶다. 당시 송준길의 결혼은 정치적으로 맺어지기 어려운 서인과 남인의 통혼이었다. 송준길은 기호학파이면서도 영남학파 학자로, 예조판서, 이조판서, 대제학을 지낸 정경세(1563~1633)의 사위가 되었다. 그뿐 아니라 그는 남인의 거두인 퇴계 이황(1501~1570)의 학문뿐 아니라 글씨까지 따랐던 인물이기도 하다. 왠지 편 가르기에 앞장서지 않은 그가 멋져 보인다.

우암 송시열은 1633년(인조 11년) 생원시에 장원급제하면서 학문적 명성이 알려지기 시작했다. 그는 소과인 생원시에 장원했으면서도 정치에 관심이 없다며 대과에 도전하지 않았다. 하지만 소과 장원급제 2년 뒤, 제16대 왕 인조의 2남 봉림대군의 스승이 되었다. 그러나 병자호란 때 인조가 청나라에 치욕을 당하고, 소현제자와 봉림대군(제17대 왕 효종)이 청나라에 인질로 잡혀가자 낙향하여 10여 년간 일체 벼슬을 사양하고 학문에만 몰두하였다. 그 후 봉림대군이 조선 제17대 왕으로 즉위하면서 스승이었던 송시열을 불러올리려 했지만 계속 벼슬을 사양하였다. 그러다 1658년(효종 9년) 52세가 되어서야 벼슬에 나아가 효종이 죽을 때까지 2년 가까이 관직에 머물렀다.

우암사적공원 맨 위에 자리한 남간사에는 우암 송시열의 초상화와 위패가 있다.

장원급제 후 한양에 올라와 살다

송시열은 27세, 과거에 장원급제한 뒤부터 한양에 올라와 살았다. 그의 흔적을 만나볼 수 있는 집터가 서울에 있다. 그가 살았던 집터는 현재 서울특별시 종로구 명륜동 1가 5-99번지이며 서울특별시 유형문화재 제57호로 지정되었다.

주자학의 대가로서 율곡 이이의 학풍을 계승한 노론의 영수이자 조선 중기 대표적인 유학자였던 그의 집터에는 '증주벽립(曾朱壁立)'이라는 글씨가 새겨진 바위가 남아있다. 유교의 성현인 증자(曾子)와 주자(朱子)의 뜻을 계승하고 받들겠다는 의지를 표현한 것이다. '증주벽립(曾朱壁立)' 외에도 근처에 있는 서울과학고등학교 교정에는 '천년바위'라고도 부르는 '천재암(千載巖)'이 그대로 남아있다. 예나 지금이나 다름없다는 뜻을 가진 '금고일반(今古一般)'과 '영반(詠磐)'이라는 우암 송시열의 글씨가 새겨진 바위도 있다. '영반(詠磐)'은 올라앉아 시를 읊는 바위라는 뜻이다.

이 일대를 송동(宋洞)이라 불렀는데 송시열의 집이 있던 곳이라는 의미다. 이곳은 골짜기가 깊고 꽃나무들이 많아 봄에는 놀러 오는 사람이 많았다. 특히 앵두꽃이 아름답기로 유명하였다.

하지만 현재 이곳에는 집들만 빼곡할 뿐 앵두나무는 눈을 크게 뜨

송시열이 살던 집터의 바위에 새겨져 있는 '증주벽립'이란 글씨와 천재암의 표지석, 그리고 천재암 (천년바위)에 새겨져 있는'금고일반'이란 글씨다.모두 송시열의 친필을 바위에 음각한 것이다.

고 보아도 없다. 그래도 변함없이 자리를 지키고 있는 천년바위에 걸터 앉아 시름을 잊기에는 안성맞춤이다.

화양계곡에서 은거하다

송시열이 살던 서울의 집터와 우암사적공원을 돌아보았으니 다음 은 화양계곡이다. 속리산자락에는 봄이 도착해있지 않을까 기대된다. 그런데 봄은 아직 멀고 겨울이 한창이었다. 잔설도 남아있고, 눈발까지 휠휠 날렸다. 콸콸 흘러 내려오는 계곡 물소리도 아주 춥게 느껴졌다. 그래도 계곡을 따라 살랑살랑 걸었다. 깊은 산속인데도 새들의 지저귐

화양계곡의 우암 송시열 유적 안내표지판의 모습이다.

조차 들려오지 않는다. 새들도 이곳보다 더 남쪽으로 이동한 게 아닌가 싶다.

봄은커녕 계곡이 깊어서인지 계곡에 부는 바람마저 볼을 얼얼하게 한다. 계곡에 봄이 오려면 한참을 더 기다려야 할 모양이다. 고요하다 못해 적막하다.

그래도 《조선왕조실록》에 세종대왕보다도 더 많이 등장하는 송시열을 만나보기 위해 씩씩하게 걸어 올라갔다. 구곡인 화양계곡을 바람의 안내를 받으면서 걷고 또 걸었다. 그는 한동안 관직을 버리고 조정의 부름에도 응하지 않고, 이곳에 들어와 은거하면서 후학을 양성했다.

송시열은 소현세자(1612~1645)가 갑자기 세상을 뜨는 바람에 조선 제17대 왕이 된 효종(1619~1659)의 스승이다. 그는 12세가 아래인 봉림대군(효종)이 병자호란 후 청나라에 인질로 끌려가기 전 8개월 동안을 가르쳤다. 그 후 봉림대군(효종)과 헤어져 화양계곡으로 들어와 은거했다.

송시열은 효종이 세상을 뜬 후 다시 은거하였다. 그는 화양서원에서 효종이 북벌의 꿈을 이루지 못하고 41세의 젊은 나이에 세상을 뜨

화양서원 앞에 읍궁암이 있다. 송시열은 자신이 가르쳤던 효종(봉림대군)이 세상을 뜬 후 새벽마다 계곡의 읍궁암에 내려가 한양을 향해 활처럼 엎드려 통곡하였다. 그래서 붙여진 이름이다.

화양서원은 화양구곡 중 제3곡이다.

자 큰 슬픔에 새벽마다 계곡의 읍궁암(泣弓岩)에 내려가 한양을 향해
활처럼 엎드려 통곡하였다. 읍궁암이란 이름이 붙여진 연유를 안내 표
지판을 읽어보고서야 알게 되었다. 읍궁암은 화양구곡 중 제3곡인 화
양서원(華陽書院) 앞 계곡에 있다. 널따란 바위가 마치 거북이가 엎드
린 모양이다. 효종을 향한 그의 충심이 대단하다. 부모도 아닌 왕이 돌
아가셨다고 그토록 애달파했다니 하는 말이다. 눈발 맞으며 읍궁암을
내려다보노라니 추위도 사라졌다.

  화양서원 맞은편에는 계곡 속 못이라는 금사담(金沙潭)과 그 위쪽
에 송시열이 처음 이곳에 들어와 살면서 학문을 연구했던 3칸짜리 암
서재(岩棲齋)가 자리하고 있다. 출입이 제한되어 암서재엔 들를 수 없
었지만 그곳에 머물며 유유자적하고 싶은 마음은 간절했다.

  송시열은 누구보다 나라의 운명에 관한 직언을 서슴지 않았다. 이
곳에 오니 대전의 〈우암사적공원〉의 이직당(以直堂)에서 깨달은 '마음
을 곧게 쓰라'는 직(直) 사상이 왠지 마음에 와닿는다. 공자 · 맹자 · 주
희 등의 계보에서 학문의 요결이 되는 곧음 또는 사욕이 없는 깨끗한

계곡 속 못이라는 금사담과 송시열이 학문을 연구했던 암서재이다.

마음과 행위를 가리키는 유교용어인데 자꾸 마음이 간다. 사욕 없이 곧게 살아가고 싶어서일까.

전국의 사액서원 중 가장 이름 있고 위세가 당당했다는 화양서원(華陽書院)을 둘러보았다. 화양계곡에 자리한 이 서원은 1696년(숙종 22년) 우암 송시열에게 사약을 내린 숙종에 의해 건립되었다. 송시열의 영정을 모시고 제향하기 위해 건립한 것으로 창건한 해에 사액되었고, 1716년(숙종 42년) 숙종의 어필로 현판도 달았다. 그러나 고종 때 흥선대원군에 의해 서원이 철폐되었다.

장기유배문화체험촌에서 유배의 왕을 만나다

포항의 장기를 찾아갔다. 이곳은 조선 최고의 유배지였다. 그러니 우암 송시열의 흔적이 없을 리 없다. 그는 인생의 반을 유배생활로 보내지 않았나싶다. 조선시대 유배의 달인이 바로 우암 송시열이 아닐까. 우리나라 곳곳에 그의 유배 흔적이 남아있다. 그 흔적들을 찾아다니느라고 엄청 시간을 많이 들였다. 하지만 그 유배지들이 지금은 하나같이 유명 관광지가 되어있다. 물 좋고, 산 좋고, 공기 좋아 찾아가면 힐링이 저절로 된다.

우암 송시열은 1675년(숙종 1년) 1월, 효종(1619~1659)의 비인 인선왕후 장씨(1618~1674)가 사망하면서 시어머니인 인조의 계비 장렬왕후 조씨가 상복을 "1년간 입느냐? 9개월 간 입느냐?"에 관해 서인과 남인의 논쟁에서 서인(西人)이 패배하면서 1675년(숙종 1년) 음력 1월 13일 함경도 덕원으로 또다시 유배를 갔다.

1차 예송(禮訟) 때는 서인이 승리했지만 2차 예송(禮訟) 때는 남인(南人)이 승리를 하여 서인의 거두였던 송시열이 유배를 갔다. 1차 예

경북 포항의 '장기유배문화체험촌'의 모습으로, 곤장 등의 형구(刑具)와 이곳 유배촌에 마련되어있는 우암 송시열의 유배 모습이다.

송 때는 효종이 맏아들이 아니므로 인조의 계비 장렬왕후 조씨가 상복을 "3년이 아닌 1년을 입어야 한다."고 주장한 서인이 승리하여 유배를 면했다. 그러나 효종의 비 인선왕후 장씨가 사망하면서 그녀 역시 맏며느리가 아니므로 9개월을 입어야 한다는 의견을 내세웠다가 왕비에 올랐으므로 맏며느리와 똑같이 1년간 상복을 입어야 한다고 주장한 남인에게 패배해 유배를 갔다.

그는 함경도 덕원의 유배지에서 5개월 만인 1675년(숙종 1년) 6월, 경상북도 포항의 장기로 이배(移配)되었다. 그곳에서 우암 송시열은 1679년(숙종 5년) 4월, 거제도로 이배되기 전까지 3년 10개월간 유배생활을 했다.

그는 다산 정약용과 달리 두 동생 시도와 시걸, 부실(첩), 그리고 아들 기태, 손자 주석, 증손자 일원, 유원과 함께 생활했다. 그러니 그렇게 외롭지는 않았을 것이다. 포항의 장기는 조선시대 제주도, 전남 강진, 경남 남해 등과 더불어 많은 죄인들이 유배된 곳이다.

그중 장기는 149회 동안 남자 172명, 여자 39명 등 211명이나 이곳에서 유배생활을 했다. 한양을 출발하여 남태령→안성(죽산)→충주→문경→상주→함창(상주)→의흥(군위)→신령(영천)→영천→경주→장기까지 860리(337.7km) 길을 9일 반나절 걸어서 도착하였다. 하루에 보통 80리~90리, 35km 이상을 걸어가도록 규정되어 있다.

죄인들 중에 여자가 39명이나 끼어있었으니 유배지를 향해 가다가

우암 송시열이 심은 330여 년 된 은행나무와 장기초등학교 교정이다. 장기에서 4년 가까이 유배생활을 하면서 심은 은행나무가 장기초등학교 운동장을 지키며 서있다.

지쳤겠다 싶다. 장기의 '유배문화체험촌'에서 멀지 않은 장기초등학교 운동장에는 우암 송시열이 심었다는 은행나무가 기나긴 역사를 품고 서있다.

우암 송시열은 거제도에서 1년 정도 유배생활을 한 뒤 다시 충북 제천의 청풍으로 1679년(숙종 5년) 5월, 이배되어 한 달 뒤인 6월 해배되어 귀향하였다.

다시 마지막 유배 터 제주도로 가다

그는 서인(노론)의 영수로 장희빈(희빈 장씨)의 아들을 세자로 책봉하겠다는 숙종의 말에, 중전마마(인현왕후 민씨)가 왕자를 낳을 때까지

송시열이 유배생활을 했던 거제도에 자리한 반곡서원 전경과 강당, 동재와 서재, 그리고 강당 뒤 사당으로 들어가는 도남문과 그의 위패를 모셔놓은 우암사, 반곡서원유허비가 세워져 있는 비각이다.

기다려야 한다며 반기를 들어 1689년(숙종 15년) 3월에 제주도로 또다시 유배를 갔다. 그때 그의 나이 83세였다. 그는 노구의 몸을 이끌고 유배지인 제주도를 향해 배를 타고 가다가 풍랑을 만나 잠시 보길도에 머물기도 했다.

　우암 송시열의 마지막 유배 터로 남아있는 제주로 날아갔다. 그는 제주특별자치도 제주시 일도1동 칠성로 1317 산짓골 윤계득의 집을 적소로 정하고 생활하였다. 칠성로 골목길에 위치해 있다. 그는 적소에서 귤림서원(橘林書院)과 산지천에 있는 경천암에 제를 올리며 지냈다고 전해진다. 그의 유배 터에는 안내 표지석조차 세워져 있지 않아 안타까웠다. 그나마 그곳에서 약 100여 일밖에 살지 못하고 다시 국문을 받기 위해 한양으로 압송되었다. 그리고 그해 6월 8일 사사(賜死)되었다.

안타까움을 잠재우고 그가 제를 올리며 지냈다는 유배 터에서 10분 거리에 있는 귤림서원을 향해 걸었다. 귤림서원은 제주특별자치도 제주시 이도1동 좁은 골목에 자리하고 있다. 정문 쪽이 아닌 반대쪽 골목으로 들어서니 성벽 안에 아담한 귤림서원(橘林書院)이 있다.

귤림서원은 1578년(선조 11년)에 제주판관 조인후가 기묘사화로 1520년(중종 15년) 6월에 제주도에 유배되어 사사된 김정의 넋을 위로하기 위하여 그의 적거지에 사묘(祠廟)를 세운 데서 비롯되었다. 그 후 1660년(현종 1년) 제주목사가 장수당(藏修堂)을 건립하였고, 1667년(현종 8년)에 김정의 사묘를 현재의 오현단(五賢壇) 안에 옮겨 지으면서 이를 사(祠)로 하고, 장수당을 재(齋)로 하여 귤림서원 현판을 달았다. 송시열이 제주 오현(五賢)에 들어가기 전에는 1682년(숙종 8년) 숙종의 사액을 받아 충암 김정, 규암 송인수, 청음 김상헌, 동계 정온 등 4현을 봉향하였다. 그러다가 1696년(숙종 22년) 우암 송시열도 함께 모시면서 이곳에 5명의 현인을 배향하게 되었다. 귤림서원의 묘정비는 1850년(철종 1년) 제주목사 장인식이 그 내력을 기록하여 세웠다.

귤림서원에는 묘정비(廟庭碑)와 더불어 제주특별자치도 기념물 제

귤림서원의 전경(좌)과 묘정비(우)이다.

1호인 오현단(五賢壇)이 있다. 오현단은 조선시대 제주에 이바지한 오현을 배향한 귤림서원의 옛터에 조성한 제단이다. 오현단에는 '우암송선생적려유허비(尤庵宋先生謫廬遺墟碑)'를 비롯하여 오현의 오각오석추모비가 우뚝 서 있다. 그곳에 자리하고 있는 오현의 위패를 상징하는 조두석(俎豆石)은 제주의 현무암으로 만들어져 있어 그런지 정감이 간다. 조두석은 세월의 흔적을 고스란히 느끼게 해준다. 우뚝 서 있는 오현의 오각오석추모비와는 전혀 다른 느낌이다.

오현단 암벽에는 '증주벽립(曾朱壁立)'이란 글씨가 크게 새겨져 있다. 우암 송시열이 쓴 글씨로 중국의 대학자인 증자와 주자가 쌍벽으로 나란히 서 있는 것처럼 '증자와 주자를 공경하고 배운다'는 뜻이다. 송시열은 자나 깨나, 어딜 가나 증자와 주자를 공경하였다. 그의 서울 명륜동의 집터를 지키고 있는 큰 바위 절벽에도 '증주벽립(曾朱壁立)'이란 암각 글씨가 새겨져 있는 것만 보아도 알 수 있다. 그가 얼마나 유교의 성현인 증자와 주자의 뜻을 계승하고 받들겠다는 의지를 갖고 있었는지를 확인할 수 있다.

충암 김정 선생, 규암 송인수 선생, 청음 김상헌 선생, 동계 정온 선생, 우암 송시열 선생이란 이름과 그들의 시(詩)가 한자로 새겨져 있는 오각추모비(좌)와 오현의 위패를 상징하는 조두석(우)이다.

'증주벽립'이란 글씨가 제주도 귤림서원 안 암벽에 새겨져 있다. 우암 송시열의 글씨다. 그 옆에는 '우암송선생적려유허비(尤庵宋先生謫廬遺墟碑)와 충암김선생적려유허비(沖菴金先生謫廬遺墟碑)'가 세워져 있다.

    귤림서원 위쪽 성벽 가까이에 향현사(鄕賢祠)가 자리하고 있다. 향현사는 1843년(헌종 9년) 제주목사 이원조가 세종 때 한성판윤을 지낸 영곡 고득종(?~?)을 봉향하기 위해 그의 옛 집터인 귤림서원의 위쪽에 세운 사당이다. 한성판윤은 오늘날 서울시장과 같은 것이다. 고득종은 제주 출신으로 10세에 상경하여 처음으로 문과에 급제하여 높은 벼슬까지 올라간 인물이다.

    그는 세종의 총애를 받았으며 양녕대군과도 가깝게 지냈다. 그는 현재 서원의 강당 장수당(藏修堂)이 자리한 곳에서 태어났다. 고득종의 두 아들도 문과에 급제하였으니 귤림서원이 명당인 모양이다. 제주를 빛낸 고득종의 옛 집터에 현재 귤림서원과 향현사 · 장수당이 들어서 있다. 입구에는 귤림서원 향로회가 자리하고 있다. 귤림서원 역시

제주 출신 고득종의 사당 향현사(좌)와 장수당이다.

1871년(고종 8년), 흥선대원군의 서원철폐령으로 훼철되는 아픔을 겪었다.

　굴림서원의 단아한 풍경과 함께하면서 오현의 대표 시들을 조용히 낭독해 보았다. 오석에 새겨진 시들을 읽노라니 왠지 그들 앞에 서 있는 듯 긴장이 되었다. 오석의 앞쪽에는 한자로, 뒤쪽에는 한글로 해석해놓아 시 낭독에 어려움이 없었다. 오현의 시들과 작별하고 경노당인 향로당이 자리한 정문 쪽으로 걸어 나왔다. 제주 최초의 노인정인 향로당은 현대식 건물로 이 곳 분위기에 좀 낯설었다. 다시 이곳을 찾기는 쉽지 않을 것 같아 아쉬웠다. 우암 송시열은 이처럼 제주에도 자신의 흔적을 많이 남겨 놓았다.

굴림서원 입구에 자리한 제주 최초의 노인정인 향로당 건물이다. 좀 낯설게 여겨지는 현대식 건물이다.

충암 김정의 〈임절사〉, 규암 송인수의 〈고충〉, 청음 김상헌의 〈모흥혈〉, 동계 정온의 〈야음〉, 우암 송시열의 〈해중유감〉 등의 시가 오현단의 오석 시비에 나란히 세워져 있다.(좌부터)

서울로 압송 도중 사약을 받다

송시열은 제주도로 유배를 간 지 3개월 남짓 지나 6월, 해배되지 못한 채 다시 국문을 받기 위해 한양으로 압송되어 올라와야만 했다. 올라오는 도중 6월 8일 새벽, 전북 정읍의 객사에서 숙종이 내린 사약을 받고 바로 숨을 거두었다.

송시열이 그렇게 나이가 많았어도 제주도까지 유배를 보냈던 숙종이었다. 그 후 6년만인 1695년(숙종 21년) 송시열은 무죄를 인정받아 명예가 회복되었다. 그러면 무엇하랴. 그는 이미 이 세상 사람이 아닌 것을. 하지만 가문으로서는 대단한 기쁨이었다. 그리고 1731년(영조 7년)에 그가 사약을 받았던 자리에 비석을 세웠다. 현재의 비각은 1925년 이곳의 군수가 다시 세운 것이다.

《조선왕조실록》에 〈전 좌의정 송시열의 졸기〉에 대한 글이 실려 있

우암 송시열이 사약을 받고 숨을 거둔 전북 정읍의 객사 자리에 '송우암수명유허비'가 세워졌다. 전라북도 유형문화재 제50호로 지정되어 있는 유허비는 비각 안에 자리해 있다.

어 앞부분만 싣는다.

전 좌의정으로 치사(致仕)한 봉조하(奉朝賀) 송시열(宋時烈)을 죽였다. 송시열이 원자(元子)의 명호를 정한 뒤에 진계(陳戒)한 상소의 말이 임금의 위엄과 노여움에 거듭 저촉되어 모든 감정이 드디어 폭발하고 붕당(朋黨)의 참소가 이를 종용(慫慂)하여, 해도(海島)에 위리안치(圍籬安置)된 뒤에 이어서 합사(合辭)의 청함이 있어, 반드시 죽인 뒤에 말고자 하였다. 금오랑(金吾郞)에게 안법(按法)하기를 명하여 이미 나치(拿致)해 오게 하였는데, 문득 또 만나는 곳에서 사사(賜死)하기를 명하여 정읍(井邑) 길 가운데서 후명(後命)을 받았다. 송시열은 삼조(三朝)의 원로(元老)로써 죄가 아닌데도 죽었으므로 나라 사람이 원통해 하였다.

《숙종실록》 보궐정오 21권 숙종 15년 6월 3일 무진 1번째 기사

마침 정읍을 찾아갔을 때는 비가 주룩주룩 내렸다. 비를 맞고 서 있

는 비석을 바라보노라니 거적 위에 앉아 사약을 받는 송시열이 어른거렸다. 그의 기나긴 정치 인생이 사약으로 마무리된 것은 안타까운 일이다. 하지만 사약을 받고 죽었음에도 유교의 대가들만이 오른다는 문묘(文廟)에도 배향되었고, 전국 23개의 서원에 그의 위패를 모셨다. 당시 그의 죽음은 신념을 위한 순교로 이해하였고, 조선 사회는 그 이념을 계승한 제자들에 의해 계속 움직였다.

사약을 받은 지 몇 년 지나지 않아 관작이 복권되고 문정(文正)이라는 시호가 내려졌다. 죽어서나마 융숭한 대접을 받게 되었으니 대대손손 영광이 아닌가.

보길도에 흔적을 남기다

화양계곡에서 만나지 못한 봄을 보길도에서 만났다. 그곳엔 봄이 무르익고 있었다. 여기저기 새싹들이 돋아나고 봄꽃들도 만개했다. 완연한 봄이다.

보길도는 윤선도(1587~1671)의 섬이라 할 수 있다. 섬의 곳곳에 윤선도의 발자취가 많이 남아있다. 서인(노론)의 거두 우암 송시열과 정적관계에 있었던 남인의 윤선도가 14년가량 유배생활을 한 곳이다.

송시열이 예송전쟁을 펼쳤던 윤선도와 악연인지, 인연인지 보길도

해남 보길도의 글썬바위(좌)와 그 시를 해설해 놓은 안내표지판(우)이다. 시문이 암각 되어있는 부분은 먹물이 배어있다. 탁본을 뜬 모양이다.

에 함께 그들의 흔적을 남겨놓았다. 송시열이 제주도로 유배 가는 길에 풍랑을 만나 잠시 보길도에 머문 적이 있다. 그 당시 윤선도는 18년 전 이미 세상을 떠난 뒤였다.

 83세나 되는 노구의 몸을 이끌고 유배길에 올랐던 송시열도 보길도에 머무는 동안 큰 바위에 그의 착잡한 심정을 새겨놓았다. 그 바위 이름이 '글썬바위'다. 그가 임을 향한 회한의 시문을 새겨 넣었다. 그 임은 숙종으로 자신을 머나먼 제주로 유배를 보낸 사람이다. 우암 송시열의 암각시문(岩刻詩文)을 옮겨본다.

八十三歲翁 (팔십삼세옹)　蒼波萬里中 (창파만리중)

一言胡大罪 (일언호대죄)　三黜亦云窮 (삼출역운궁)

北極空瞻日 (북극공첨일)　南溟但信風 (남명단신풍)

貂裘舊恩在 (초구구은재)　感激泣孤衷 (감격읍고충)

고산 윤선도가 보길도에 머물면서 거처하던 낙서재(우)다. 책을 읽거나 손님을 맞이한 낙서재와 작은 초가인 동와(좌), 그리고 조상의 위패를 모신 무민당(위)이 자리하고 있다.

여든 셋 늙은 몸이

푸른 바다 한가운데에 떠 있구나

한마디 말이 무슨 큰 죄일까

세 번이나 쫓겨난 이도 또한 힘들었을 것이다

대궐에 계신 님을 속절없이 우러르며

다만 남녘 바다의 순풍만 믿을 수밖에

담비 갖옷 내리신 옛 은혜 있으니

감격하여 외로운 충정으로 흐느끼네

우암 송시열은 왕도 왕이지만 당파싸움에 밀렸을 것이다. 동인이 앞서 선조대에 남인과 북인으로 갈라졌듯이 숙종대에 와서는 서인이 노론과 소론으로 갈라졌다. 그는 서인의 거두였다가 노론의 영수가 되었다. 숙종이 그가 속한 노론편에 섰다가, 남인편으로 돌아서면서 그가

우암 송시열의 묘로 향하는 입구에 자리한 신도비각과 재실이다. 은행나무가 자신도 역사를 품고 있음을 과시하고 있다. 송시열의 신도비는 1779년(정조 3년)에 정조가 직접 쓴 어필이다.

영수로있는 노론이 몰락했다.

그런데 남인편에 섰던 숙종이 다시 노론편에 섰다. 그리고는 남인의 세력을 등에 업은 장희빈을 왕비까지 올렸다가 사사시키고 말았다. 당파싸움은 예나 지금이나 달라진 게 없어 보인다.

딱따구리 노래 소리 들으며 잠들다

화양계곡에서 우암 송시열의 흔적과 마주하고 그의 묘가 자리한 충북 괴산군 청천면 청천리를 찾았다. 원래 그의 묘는 경기도 수원의 무봉산에 있었는데 1757년(영조 33년)에 이곳으로 이장하였다.

그의 묘역에서 바라본 전망은 그야말로 장관이었다. 높은 산봉우리가 10개 넘게 마주 보이는 너무나 멋진 곳이다. 이처럼 멋진 곳에

우암 송시열의 묘역은 수원에서 충북 괴산으로 이장하였다.

우암 송시열이 잠들어있다. 묘의 뒷모습은 황희 정승 묘와 너무나 똑같다. 정치에 관심이 없어 대과에 도전하지 않았다는 그는 누구보다 정치에 길게 관여했던 인물이다. 조선 정치사에 그를 어찌 빼놓을 수 있겠는가.

그의 흔적을 찾아다니느라 보통 시간을 많이 들인 게 아니다. 그의 흔적이 남아있는 전국 방방곡곡 은거지·유배지는 모두 유명관광지가 되어 찾아다니는 데 큰 어려움은 없었다. 유배지가 모두 남쪽이고, 거제도, 제주도 등 섬이라 시간이 많이 걸렸을 뿐이다.

송시열의 흔적을 찾아다니다 보니 여기저기 그가 쓴 현판과 비석들이 수두룩하였다. 왕 중에는 영조가 오래 살아 그가 쓴 현판과 비석들이 많았고, 문신 중에는 송시열이 많았다. 둘은 똑같이 83세에 세상을 떠났다.

끝으로 《조선왕조실록》의 〈송시열의 졸기〉 일부분을 가려 실어 본다. 숙종은 대신들의 의견을 따라 국문으로 죄를 물려 했던 것을 사약을 내려 사사하기로 결정하였다. 그동안 대신을 국문한 적도 없었고, 80이 넘은 노구의 몸을 압송하여 국문한다는 것은 있을 수 없는 일이라며 그나마 대신들이 말려 국문은 피하게 되었다. 우암 송시열은 국가에서 현일(弦日)인 상현 7, 8일과 하현 22일, 23일은 꺼리는 날인데 명을 받는 것을 늦출 수 없다며 1689년(숙종 15년) 6월 8일에 바로 죽음을 맞이하였다. 그의 마지막이 비극으로 막을 내렸다.

(전략) 송시열이 제주(濟州)에서 나치(拿致)되어 돌아오는데 바다를 건너와서 중궁(中宮)을 이미 폐한 것과 오두인(吳斗寅) · 박태보(朴泰輔)가 간하다가 죽은 것을 듣고는, 드디어 먹지 아니하고 정읍현(井邑縣)에 이르러 사사(賜死)의 명을 받자, 이에 유소(遺疏) 두 본(本)을 초(草)하여 그 손자 송주석(宋疇錫)에게 주어 다른 날을 기다려 올리게 하고, 또 훈계하는 말을 써서 여러 자손에게 남겼다. 아들 송기태(宋基泰)가 말하기를,

"국가에서 형벌을 쓸 때 현일(弦日)을 꺼리니, 마땅히 이를 따라야 할 것입니다." 하니, 송시열이 들어 주지 아니하며 말하기를, "내가 병이 심하여 잠시를 기다릴 수 없으니, 명을 받는 것을 늦출 수 없다." 하고는 드디어 조용히 죽음에 나아가니, 이때 나이가 83세이다. (후략)

《숙종실록》 21권, 숙종 15년 6월 3일 무진 2번째 기사 1689년 청 강희(康熙) 28년

다산 정약용
하피첩에 마음을 전하다

18년의 길고 긴 유배생활 동안 《목민심서》를 비롯
500여 권의 저서를 남긴 정약용의 동상

《하피첩》에 사랑 스며들다

조선 후기의 실학자 다산 정약용(1762~1836)은 두 아들에게 당부의 글을 담아 전했다. 이것이 곧 《하피첩(霞帔帖)》이다. 이는 현재 보물 제1683-2호로 지정되어 국립민속박물관에서 소장하고 있다. 이 《하피첩》을 보려고 국립민속박물관 전시장을 찾았다.

원래 이 《하피첩》은 다산 정약용의 후손들 유물이었다. 그런데 1950년 6·25전쟁 때 수원역에서 분실돼 행방을 찾지 못했다.

그러다 2004년, 수원의 한 건물주가 폐지를 줍는 할머니의 수레에 실려 있는 고서적을 발견하고 자신의 폐품과 교환했다. 이것이 다산 정약용이 자필로 쓴 《하피첩》이 아닌가.

《하피첩》을 손에 쥐게 된 건물주는 2006년 KBS TV 프로그램 〈진품명품〉에 나와 진품임을 감정받고 당시 1억 원의 가치를 인정받았다. 그리하여 피난길에 잃어버렸던 《하피첩》이 56년 만에 세상에 나오게 되었다. 불에 타버리지 않은 게 얼마나 다행인가.

그런데 그 귀한 《하피첩》의 행방이 또다시 묘연해졌다. 그러다 2011년 부산저축은행 전 대표가 파산하면서 다행히 그가 소유하고 있음을 알게 되었다. 천만다행한 일이 아닐 수 없다.

그 뒤 예금보험공사가 《하피첩》을 압류했다. 그리고 2015년 9월,

2016년 드디어 국립민속박물관 특별전에 얼굴을 드러낸 붉은 노을빛 치마로 만든 서책 《하피첩》과 다산 정약용의 초상화.

서울옥션 경매에 출품된 것을 국립민속박물관이 7억 5천만 원에 낙찰받아 소장 중이다. 그 우여곡절을 겪은 하피첩을 국립민속박물관이 사들인 직후 2015년 10월, 언론에 처음으로 공개하면서 세상에 널리 알려지게 되었고, 2016년 드디어 얼굴을 드러냈다.

《하피첩(霞帔帖)》. 처음 들었을 때 조금은 생소했다. 한자를 풀어보니 노을 하(霞), 치마 피(帔), 문서 첩(帖)이다. 다시 말하면 붉은 노을빛 치마로 만든 서책(書册)이다. 치마로 책을 만들었다는 것이 호기심을 불러일으키고 관심을 끌었다.

다산 정약용은 18년 동안이나 전남 강진에서 유배생활을 했다. 그의 부인 홍혜완은 남편이 유배된 지 7년, 결혼한 지 30주년이 되는

1807년(순조 7년), 남편의 유배지에 혼례 때 입었던 빛바랜 붉은 치마와 그녀가 쓴 애절한 사언시(四言詩)를 보냈다. 남편이 얼마나 그리웠으면 혼례 때 입었던, 신혼의 꿈이 곳곳에 배어있는 하피(霞帔)를 보냈을까.

전남 강진에서 긴 유배생활에 들다

다산 정약용은 1801년(순조 1년) 1월 19일에 터진 천주교도 박해 사건으로 경북 포항 장기로 유배를 떠났다. 신유년(辛酉年)에 일어난 사건으로 신유박해(辛酉迫害)라고 부른다.

그는 그 해 3월 9일 그의 유배지 장기에 도착을 하였다. 한양(서울)에서 장기까지는 860리(약 337.7km)다. 다산 정약용은 한양을 떠나 하루에 95리(37.3km)를 걸어서 9일 반나절 만에 도착하였다.

그곳에서 같은 해 10월 20일, 7개월 10일(220일)만에 장기 유배를 끝내고 전남 강진으로 이배(移配)를 떠났다. 해배(解配)가 되지 않고 유배지를 옮겨간 것이다.

가장 많은 죄인들의 유배지였던 장기에 2019년, 유배문화체험촌을 조성해놓아 호기심에 찾는 관람객들이 많아졌다. 형구로 수레형틀, 칼, 곤장, 주리 등이 설치되어 있으며, 그곳에서 유배의 왕이라 할 수 있는

경북 포항의 '장기유배문화체험촌'에 재현해놓은 다산 정약용의 유배촌 모습이다. 이곳에서 7개월 정도 머물다가 전남 강진으로 이배되었다. 두 채의 초가 앞마당에서는 타작을 하고, 울타리와 장독 대 곁에는 각종 꽃들과 가지 등 채소들이 심어져 있다.

우암 송시열과 다산 정약용을 만날 수 있다. 그들에 대한 소개와 그들의 유배생활을 엿볼 수 있는 집들도 있어 흥미를 자아낸다.

오늘날 조선시대의 유배지가 유명관광지로 인기를 끌고 있다. 제주도, 보길도, 거제도, 흑산도, 남해, 강진 등등 전국 곳곳이 그렇다.

그 후 다산 정약용은 이배 온 강진에서 길고 긴 유배생활을 했다. 그러는 동안 그는《목민심서》를 비롯하여 500여 권의 저서를 남겼다. 조선 제23대 왕 순조 때 지은 다산 정약용의 청렴·명언집이라 할 수 있는《목민심서》는 지방관을 각성시키고 농민 생활의 안정을 이루려는 목적으로 쓰였다. 지방관으로서 지켜야 할 준칙을 자신의 체험과 유배생활의 견문을 바탕으로 서술한 책으로 총 48권 16책이다. 오늘날에도 학생들은 물론 공무원들의 필독서가 되고 있다.

그의 고향은 경기도 남양주시다. 그곳에 다산 정약용의 생가와 뒷동산에 부부 합장묘가 있다. 이곳은 경치가 아름다워 휴식을 취하기도 좋은 곳이다. 남한강과 북한강이 만나는 양수리가 마주 바라보이는 곳으로 언제 찾아가도 고향같이 정겨운 곳이다.

생가와 묘소가 있는 이곳뿐 아니라 유배지였던 전남 강진도 몇 번이나 다녀왔다. 해남 쪽으로 여행할 때면 언제나 그곳에 들렀다. 그곳에 들른 다음 김영랑 생가를 찾아갔고, 보길도의 윤선도 유적과 청산도, 두륜산, 대흥사 등을 여행했다.

강진에 있는 다산초당(茶山草堂)으로 오르는 길은 어느 곳보다 고즈넉하니 생각에 잠길 수 있어 좋다. 우거진 숲속에서 노래하는 새소리도 경쾌하고, 공기 또한 청량하여 숨을 크게 들이쉬었다가 내쉬곤 한다.

피톤치드 효과도 커서 산림욕이 저절로 되는 곳이다. 숲길을 걸어 올라가다가 다산초당 툇마루에 걸터앉노라면 오만 가지 잡생각을 산들바람이 모두 거두어간다. 글 소재도 하나둘 떠오른다. 아마 다산초당이 글의 소재 창고가 아닐까 싶다. 다산 정약용이 이곳에서 수많은 저술을 한 것만 보아도 알 수 있다.

다산초당에서 백련사로 넘어가는 언덕에 정자가 있다. 다산을 기리

다산 정약용의 생가다. 생가 뒷동산에 부부의 묘가 자리하고 있다.

는 마음으로 1978년 강진군에서 세운 정자로 천일각(天一閣)이다. 다산 정약용은 수시로 이 언덕을 찾아 강진만의 아름다운 풍경을 바라보고, 둘째형 정약전(1758~1816)이 유배생활을 하고 있는 흑산도를 바라보며 형을 그리워했을 것이다.

그곳에 오르면 멀리 흑산도가 가물가물 보인다. 아울러 고향의 아내와 두 아들과 딸이 그리웠을 것이다.

다산 정약용과 그의 이복형 정약전을 유배한 내용이 〈사학죄인들을 추국하다. 이가환이 공초하다〉란 기사로 《조선왕조실록》에 실려 있어 그 일부분만 싣는다.

죄인 정약전(丁若銓)과 정약용(丁若鏞)은 바로 정약종의 형과 아우인데, 당초에 사서(邪書)가 우리나라에 전래되었을 때에는 일찍이 보고서 찬미하였으나 중간에 스스로 뉘우치고 다시는 오염되지 않겠다는 뜻을 소장에

전남 강진의 다산초당(茶山草堂)의 모습이다. 다산초당의 현판 글씨는 추사 김정희의 글자를 집자(集字)해 만들었다. 초당 안에 모셔진 다산 정약용의 초상화가 밖을 내다보고 있다.

질언(質言)하였었다. 국청에 나아가기에 이르러서는 차마 형을 증인(證引)하지 못하였는데, 정약종의 문서 가운데 그 무리가 서로 왕복하는 즈음에 정약용에게 알리지 말라고 경계한 것과 평일(平日) 그 집안 사이에 금계(禁戒)한 것을 증험할 만한 것이 있었다. 그러나 단지 최초로 물든 것으로 인해 세상에서 지목한바 되었으므로, 정약전·정약용은 차율(次律)로 감사(減死)하여 정약전은 강진(康津)의 신지도(薪智島)에, 정약용은 장기현(長鬐縣)에 정배하였다. (후략)

《순조실록》2권, 순조 1년 2월 26일 임신 3번째 기사 1801년 청 가경(嘉慶) 6년

약용과 약전 형제는 훌륭한 저술가다

그는 그의 이복형 정약전을 친형이나 친동생, 아내와 자식보다 더

특별한 존재로 여겼다. 정약전은 아버지 정재원의 두 번째 부인 해남 윤씨가 낳은 3남 1녀 중 장남이다. 정약전의 어머니는 조선 중후기의 문인화가 윤두서(1668~1715)의 손녀이다.

그에게 두 명의 멘토(Mentor)가 있었는데 한 명은 일찍이 그를 인재로 인정해주고 신뢰해준 조선 제22대 왕 정조였고, 또 한 명은 바로 둘째 형 정약전이었다. 그 정도로 정약전을 의지하고 좋아했다. 정약전이 세상을 떠났을 때 자신을 알아주던 형님이 돌아가셨다며 몹시 슬퍼했던 사실이 《다산시문집(茶山詩文集)》에도 〈기이아(寄二兒)〉란 제목으로 남아있다.

그가 가장 좋아하고 따랐던 정약전은 얼마 전 영화로 만들어 흥행했던 《자산어보(玆山魚譜)》의 저자이다. 정약전은 유배지 흑산도에서 직접 해양생물을 관찰하고 정리하여 해양생물을 연구하는데 큰 도움이 될 《자산어보》를 남겼다.

《자산어보》는 1814년(순조 14년)에 저술한 어류학서로, 우리나라 최초의 해양생물학 전문 서적이라 할 만큼 치밀한 고증이 돋보이는 책이다. 흑산도 근해의 수산동식물 155종에 대한 명칭·분포·형태·습성 및 이용 등에 관한 사실이 기록되어 있다. 현재 흑산도에는 정약전이 유배생활을 하면서 《자산어보》를 집필한 사촌서당이 유배문화 공간으로 조성되어 있다.

형제는 서로 떨어져 유배생활을 하면서도 서로를 격려하고 걱정해

천일각에서는 둘째 형 정약전이 유배생활을 했던 흑산도가 보이고 강진만이 한눈에 내려다보인다.

주면서 형제의 정을 더욱 돈독하게 이어갔다. 다산 정약용의 수많은 저술에 큰 힘이 되어주었던 형이 바로 정약전이다. 형제는 각각 유배지에서 저술에 온 힘을 쏟았으며 서로 편지로 안부를 묻고, 우애를 다졌다. 정약전은 동생이 곧 해배될 것 같다는 소식에 얼른 그를 만나고자 흑산도에서 뭍과 가까운 우이도로 옮겨가 있었으나 끝내 만나지 못하고 1816년(순조 16년) 세상을 떠났다.

다산 정약용은 정약전이 세상을 뜬 2년 뒤, 1818년(순조 18년) 봄에 《목민심서》를 저술하고, 같은 해 음력 9월 14일 해배가 되어 고향으로 돌아왔다. 강진 다산초당과 가까이 자리한 이 정자가 다산 정약용과 둘째형 정약전의 우애가 서려 있는 곳이라 생각하니 왠지 가슴이 뭉클해진다.

부인 홍혜완, 하피에 사언시를 써서 보내다

다산 정약용이 이곳 강진에서 18년이나 유배생활을 하는 동안 그의 가족들은 어떻게 살았을까? 가장이 없는 가족들의 고생은 말이 아니었을 것이다. 그중 그의 부인 홍혜완(1761~1838)을 생각하면 가슴이 아프다. 그의 아내와 자녀들은 긴 세월을 무던히 참아내면서 그가 무사히 해배(解配)되기만을 간절히 바랐을 것이다. 가족의 희생이 오늘의 다산 정약용을 위인으로 만들어냈다고 본다.

그나마 그는 '위리안치(圍籬安置)'가 아니고, '주군안치(州郡安置)'되어 읍내 통행까지는 자유로웠다. 이 또한 불행 중 다행이었다. 이는 앞서 그가 남긴 업적이 컸기 때문이었을 것이다. 흑산도에 갇혀 살다가 죽은 이복형 정약전보다 훨씬 나은 유배생활이었다.

그의 부인 홍혜완은 41세부터 남편과 멀리 떨어져 어렵게 가족을 부양하면서 홀로 지내야만 했다. 그러던 중 남편인 다산 정약용에게 혼례 때 입었던 붉은 치마와 함께 그리움의 시를 적어 보냈다. 붉은 노을빛 치마가 하피(霞帔)다.

다산 정약용은 부인이 보낸 노을빛 치마 하피로 《하피첩》을 만들어 그곳에 시를 적을 당시에는 이미 그녀는 병중에 있었다. 서로 언제 만나게 될지 막막하고, 어쩌면 영 못 만날지도 모른다는 생각에 신혼의 꿈이 배어있는 하피에 그녀의 애절한 마음을 담은 시를 적어 보냈을 것이다. 부인 홍혜완이 남편 정약용을 그리워하며 쓴 사언시 마지막 부분을 실어본다.

집을 옮겨 남쪽으로 내려가

끼니라도 챙겨드리고 싶으나

해가 저물도록 병이 깊어져

이내 박한 운명 어쩌리까

이 애절한 그리움을

천리 밖에서 알아주실지

그는 부인 홍혜완이 보내온 이 구슬픈 사언시가 적힌 하피를 받고 그리움에 눈물을 쏟았을 것이다. 그는 6남 3녀를 두었으나 대부분 병으로 조기 사망하여 장남과 차남, 그리고 셋째 딸만 남았다. 9남매 중 3남매만 남았으니 이 또한 가슴 아픈 일이다.

그는 아내가 부쳐준 하피를 받은 지 3년이 되던 해, 그 하피를 이용해 책을 만들었다. 그곳에 구구절절 아비의 마음을 담아 두 아들과 딸에게 부쳤다.

두 아들 학연과 학유에게는 네 권의 서첩으로 만들어 그곳에 아버지로서 당부하고 싶은 말을 적어 보냈고, 딸에게는 매조도(梅鳥圖)를 전했다. 편지와 서화를 보내준 것이다. 이것이 바로 《하피첩》이다.

《하피첩》에 아버지의 마음을 담다

다산 정약용은 《하피첩》을 만든 배경을 서문에서 이렇게 밝히고 있다. "내가 강진에서 귀양살이할 때 병든 아내가 낡은 치마 다섯 폭을 보내왔는데, 시집올 때 가져온 예복으로 붉은빛은 흐려지고 노란빛은 옅어져 글씨 쓰는 바탕으로 알맞았다. 이것을 잘라서 조그만 서첩을 만들어 손가는 대로 훈계하는 말을 써서 두 아이에게 남긴다. 아이들이 훗날 이 글을 보고 감회를 일으켜 부모의 흔적과 손때를 생각한다면 틀림없이 그리는 감정이 뭉클하게 일어날 것이다."라고 했다.

《하피첩》은 치마를 마름질하고 종이를 덧대어 만들었다. 천의 재질은 비단이나 옅은 갈색으로 변한 상태이며, 바느질 흔적도 보인다. 한 첩의 크기는 가로 14.2cm, 세로 24cm이고, 다른 두 첩의 크기는 가로 15.6cm, 세로 24.6cm로 같다. 한 첩의 표지는 박쥐와 구름무늬가 장식된 푸른색 종이, 나머지 두 첩은 미색 종이로 되어있다. 세 첩 모두 표지 안쪽에 붙이는 면지는 붉은색 종이를 사용하였다. 부인의 사랑이 담긴 치마로 서첩을 만들어 사랑하는 자녀들에게 당부의 말을 써서 보낸 다산 정약용의 가족 사랑이 얼마나 간절한지 느껴진다.

다산 정약용이 아들들 앞으로 하피첩에 쓴 편지다. 국립민속박물관에서 첫 전시 때 찍은 사진이다.

그가《하피첩》에만 편지를 써서 아들들에게 부친 것은 아니다. 유배 생활을 하는 동안 수시로 편지를 써서 당부의 말을 적어 보냈다. 아버지로서 멀리서나마 편지로 자녀교육을 시켰던 것이다.

그는 "첫째, 진실로 바라 건데, 항상 마음과 기상을 화평하게 가져야 할 것이다. 둘째, 경(敬)으로 마음을 바로잡고, 의(義)로 일을 바르게 한다. 셋째, 내가 너희에게 바라는 것은 다행스럽게도 너희가 온 마음을 기울여 내 글을 연구하여 그 깊은 뜻에 통달하는 것이다."라고 썼다.

아울러 선비가 가져야 할 마음가짐으로, "남에게 베푸는 삶의 가치, 삶을 넉넉하게 만들고 가난을 구제하는 방법, 효와 우애의 가치" 등도 담고 있어 다산의 가치관을 엿볼 수 있다.

서체는 전서·예서·행서·초서가 두루 구사되었으며, 행서와 초서를 섞어 쓰는 다산의 전형적인 행초서풍도 확인할 수 있다. 특히 전서와 예서는 다른 서첩에서는 좀처럼 볼 수 없는 필체이다.

이 하피첩을 썼을 때가 1810년(순조 10년) 7월과 9월로, 장남 학연은 18세, 학유는 15세였으며, 1801년(순조 1년) 유배를 떠난 뒤 10년 가까이 자식들을 슬하에 두지 못한 안타까운 마음에 아버지로서 당부의 말을 전한 것이다.

유배 18년 만에 해배되다

그는 부부일체(夫婦一體)를 강조하였으며 다행히 1818년(순조 18년) 해배(解配)되어 강진에서의 유배생활을 접고 고향인 남양주로 돌아왔다. 그의 부인과 자녀들이 얼마나 반가웠을까. 그는 부인과 재회한 후 그 곁에 머물면서 학문에 정진하였다.

고향에서 18년 동안을 부인과 더 살다가 1836년(헌종 2년) 75세의 나이로 안타깝게 세상을 떠났다. 세상을 떠난 날이 바로 결혼 60주년이 되는 회혼례 날이었다. 부인 홍혜완은 남편보다 2년을 더 살다가 1838년(헌종 4년) 78세의 나이로 세상을 떠났다. 부부가 합장되어 생가 뒷동산에서 시원한 한강을 굽어보며 잠들어있다.

둘은 부부 간에도 사랑이 넘쳤음을 알 수 있다. 다산 정약용은 1776년(영조 52년) 15세에 한 살 많은 홍혜완과 결혼하여 가정을 이루었다. 그들 부부의 관계는 다산 정약용이 남긴 시에도 그대로 배어있

다산 정약용 묘로 올라가는 길에 '정약용선생지묘'라고 쓴 비석이 서 있다.

다. 다산 정약용과 홍혜완은 육십 년이라는 시간을 서로의 내조자이자 사랑으로 자녀를 키운 아버지와 어머니로서 함께 시간을 보낸 사람들이다.

다산 정약용이 병신년 2월, 회근(回巹) 3일 전에 지은 〈여유당전서 회근 시〉만 보아도 두 사람의 애틋한 사랑을 느낄 수 있다. 회근(回巹)은 부부가 혼인하여 함께 맞는 예순 돌 되는 날을 뜻하는데 회혼(回婚)과 같은 말이다.

> 육십 년 풍상의 바퀴 순식간에 흘러갔는데
> 복사꽃 화사한 봄빛은 신혼 시절 같구려
> 생리 사별은 인간의 늙음을 재촉하건만
> 슬픔 짧고 기쁨 많아 임금 은혜에 감격하네

이 밤의 목란사 소리가 더욱 좋고

그 옛날의 하피는 먹 흔적이 아직 남았네

갈라졌다 다시 합한 게 참으로 나의 모양이니

두 합환주 잔 남겨서 자손에게 물려주리라

그의 자녀들은 그가 바랐던 대로 부모의 사랑을 저버리지 않고 잘 성장하여 반려자를 만나 새로운 가정을 형성하였다. 부모에게 받은 가르침은 새로운 가정 속에서 다음 세대까지 잘 전달되었다.

그와 그의 부인이 세상을 떠난 뒤에도 그의 자녀들과 후손들은 그와 그의 아내가 남긴 《하피첩》에 담긴 삶의 가치관을 실천하며 살아갔다. 문화적 소양을 바탕으로 실용적인 학문을 추구했으며 아버지 다산 정약용을 연구하여 그 뜻에 도달하고자 하였다.

그를 떠올릴 때면 그의 가족 사랑이 얼마나 컸는지 짐작이 가고도 남는다. 무엇보다 배다리가 생각나고, 거중기가 생각난다. 한강을 건널 때면 조선 제22대 왕 정조와 함께 다산 정약용이 떠오르는 것은 당연하다. 수원 화성의 성곽길을 걸을 때도 두 분이 생각나는 것 또한 마찬

다산 정약용은 어린 손자에게도 부탁의 글을 남겼다. 그 부탁의 편지글을 모은 서책이다.

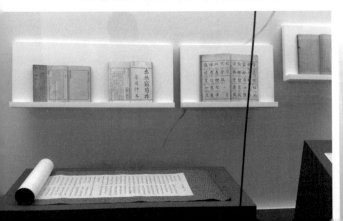
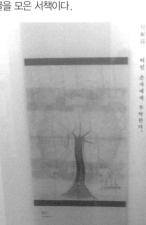

족자형 〈매화병제도〉다. 정약용이 외동딸의 혼례에 참석할 수 없어 안타까운 마음을 남은 하피에 편지를 쓰고 참새 한 쌍이 매화 가지에 앉아있는 그림을 그려 보냈다. 따뜻한 아버지의 사랑을 느낄 수 있는 그림이다.

가지다. 서로 떼놓을 수 없는 관계이다.

다산 정약용은 조선 후기 실학사상을 집대성한 한국 최고의 실학자이며 최고의 개혁가로 평가받고 있다. 강진에서의 길고 긴 유배생활은 그에게 큰 아픔이었지만, 최고의 실학자가 되는 밑거름이 되기도 했다. 유배생활로 잃은 것만 있는 게 아니다. 그가 좌절하지 않고 아픔을 전화위복(轉禍爲福)으로 삼아 꾸준히 저작활동을 한 결과 최고의 실학자로 평가받고 있는 것만 봐도 알 수 있다. 유배지 강진 또한 그와 떼놓고 말할 수 없다. 강진은 그의 창작실이자 집필실이었기 때문이다.

《하피첩》에는 아버지와 어머니는 자녀를 사랑으로 양육하고, 비록 피치 못할 사정으로 자녀의 곁에 있어 주지 못할지라도 자녀들이 올바

다산 정약용이 태어난 마현마을에서 바라본 한강이다.

르게 자라기를 바라는 마음만은 간절하다는 것을 구구절절 담았다.

그는 1801년(순조 1년) 천주교와 관련된 〈황사영백서〉 사건으로 전남 강진으로 유배되었다. 천주교 신자인 황사영이, 1801년 신유박해(辛酉迫害)가 일어나자 신앙의 자유를 강구하기 위해 당시 베이징 주교에게 보내고자 했던 청원서가 발각되어 능지처참당한 사건이다. 황사영은 다산 정약용의 큰형 정약현의 사위로, 그에게는 조카사위다.

어찌 되었거나 다산 정약용 역시 천주교를 가까이한 게 죄가 되어 강진으로 유배를 가게 되었다. 그는 그렇게 유배된 지 10년째 되는 해인 1810년(순조 10년) 아버지로서 자식들 곁에 있어주지 못하는 안타까움을 자식들에게 전했다. 이것이 바로 《하피첩》과 〈매화병제도(梅花

두물머리에서 바라본 한강이다. 두물머리에서는 남한강과 북한강이 하나가 되어 흘러간다. 마현마을이 강 건너 보인다.

정약용은 고향 남양주 생가 뒷동산에 부인 홍혜완과 함께 잠들어 있다. 하피를 남편에게 보낸 부인과 그 하피로 책을 만든 정약용 모두 대단하다.

倂題[圖])〉이다. 두 아들에게는 사대부로서의 활동과 마음가짐을 훈계했고, 시집간 딸에게는 집안의 화평을 기원했다.

다산 정약용은 아들 둘에 딸 한 명, 손자 4명을 두었다. 그의 아버지가 그에게 큰 스승이었듯 다산 역시 그의 아들들에게 큰 스승이 되었다. 핏줄의 소중함을 누누이 강조했으며 집안의 화목을 중요시하였다.

그에 힘입어 그의 아들들과 손자들은 과거에 급제하여 나라에 큰 보탬이 되었다. 그에게 하피를 보낸 부인 홍혜완의 사랑과 그 하피로 책을 만들어 아들들에게 사랑을 담은 편지를 보낸 다산 정약용 같은 훌륭한 조상을 둔 덕이 아니겠는가.

서화가 추사 김정희,
독보적 서체를 남기다

추사 김정희 선생

시·서·화 분야에서 독창적이며 뛰어난 업적을 남긴
조선 최고의 예술가 김정희의 동상

화순옹주의 증손자로 태어나다

추사 김정희(1786~1856)는 정조 10년에 태어나 철종 7년에 세상을 떠났다. 그는 조선 말기의 문신이며, 실학자이고, 서화가이다. 다시 말하자면 시(詩)·서(書)·화(畵) 분야에서 독창적이며 뛰어난 업적을 남긴 조선시대의 학자이자 최고의 예술가이다. 그는 점점 더 유명해질 수밖에 없겠다 싶다. 왜냐하면 그의 업적도 업적이겠지만 그의 명성에 맞게 이곳저곳에 그가 남긴 흔적이 많아서다.

그의 고향은 충남 예산이다. 그는 그곳에서 태어나 어린 시절을 보냈다. 그는 조선 제21대 왕 영조의 딸 화순옹주(1720~1758)의 증손자이다. 화순옹주는 영조와 제1후궁 정빈 이씨 사이에서 막내딸로 태어났다. 그녀의 오빠가 진종으로 추존된 효장세자(1719~1728)이고, 남편이 경주 김씨 가문의 김한신(1720~1758)이다. 김한신이 바로 추사 김정희의 증조부이다.

그 증조부 김한신이 1758년(영조 34년) 1월 4일, 39세에 갑자기 병사하자 화순옹주는 남편의 죽음을 지나치게 슬퍼하여 따라 죽기로 결심하고 음식을 아예 먹지 않았다. 화순옹주가 곡기를 끊자 영조가 직

충남 예산에 자리한 추사 김정희의 고택 솟을대문과 안채와 사랑채의 모습이다.

충남 예산에 자리한 화순옹주의 정려문(홍문)과 묘이다. 화순옹주는 영조의 서 2녀로, 추사 김정희의 증조모이다. 그녀는 남편 김한신과 합장되어 잠들어있다.

접 찾아가서 위로하며 음식을 권하고 다시 장문의 편지를 보내 타이르기도 하였으나 끝내 마음을 돌리지 못하였다. 결국 곡기를 끊은 지 14일 만에 한 명의 자녀도 남기지 못한 채 남편 김한신을 따라 숨을 거두었다.

그토록 사랑했던 딸을 잃은 영조의 마음은 천 갈래 만 갈래로 찢어지는 고통이었을 것이다. 대신들은 영조에게 옹주의 절개와 지조를 극찬하였고, 예조판서 이익정은 화순옹주의 정려(旌閭)를 청하였다. 그러나 영조는 자식으로서 늙은 아비의 말을 듣지 않고 먼저 죽었으니 정절은 있으나 불효라 하여 정려를 허락하지 않았다. 영조의 판단이 맞다. 부모 앞에서 생명을 소중히 여기지 않고 생으로 죽어갔으니 그렇다.

하지만 제22대 왕 정조는 화순옹주의 정려문(정면 8칸, 측면 1칸, 중앙 오른쪽에 정려를 세운 문)을 세워주었다. 정조는 고모인 화순옹주의 행동이 왕실에서는 처음으로 있는 열행(烈行)이라며 극찬하였다. 1783년(정조 7년), 충청도 예산에 있는 화순옹주의 집 마을 어귀에 홍문(紅門)을 세웠다. 화순옹주는 열녀가 되어 조카인 정조로부터 정려문(旌閭

추사 김정희의 고조부 김흥경의 묘소다. 묘소 앞 백송은 추사가 중국 청나라 연경에 다녀오면서 가져온 씨앗을 묘소 앞에 심은 것이다. 천연기념물 제106호로 지정되어있다.

門)을 하사받았다. 이는 유교의 나라였던 조선에서 가능한 일이다.

화순옹주는 남편 김한신이 죽자 왕녀의 신분으로서 유일하게 남편의 뒤를 따라 자진했다. 그녀는 어머니 정빈 이씨가 일찍 세상을 떠나 어머니 없이 자란 슬픔, 오라버니 효장세자의 죽음, 자식 없음, 자신의 병약 등 외롭고 어려운 상황에서 사랑하는 남편마저 갑자기 죽자 14일 동안 식음을 전폐하고 애통해하다가 끝내 죽고 말았다.

그녀가 생전에 살았던 창의궁(彰義宮)은 영조의 잠저(潛邸)다. 영조는 자신의 잠저인 창의궁을 물려줄 정도로 화순옹주를 애지중지하였다. 현재 그 창의궁 터에는 표지석만이 세워져 있다. 이곳에서 화순옹주의 증손인 추사 김정희가 12세 때부터 살았다. 이곳은 천연기념물 백송터로 더 널리 알려져 있다. 천연기념물 제4호였던 백송은 1990년 7월 17일 태풍으로 고사되어 안타깝게 밑동만 남아있다.

창의궁은 원래 제17대 왕 효종의 딸 숙휘공주와 남편 인평위 정제현이 살던 집이었는데 제19대 왕 숙종이 매입하여 연잉군(영조)에게 주어 영조가 왕위에 오르기 전 자신의 어머니 숙빈 최씨와 함께 살았던

현재 통의동 백송 터다. 화순옹주와 김정희가 살았던 이곳 창의궁 터가 천연기념물 제4호였던 백송이 살았음을 표지판(중)이 알려주고 있다. 현재 백송의 후손(우)이 그 터를 지키고 있다.

곳이기도 하다. 그곳에서 영조는 정빈 이씨와의 사이에 효장세자(추존왕 진종)와 화순옹주를 낳았다. 이후 효장세자, 의소세손, 문효세자 등의 신주를 모시기도 했다.

영조의 잠저인 창의궁 주인이 되다

추사 김정희는 1797년(정조 21년) 12세에 증조모 화순옹주와 김한신이 살았던 창의궁의 주인이 되었다. 증조부 김한신이 자녀 없이 세상을 떠나 양자가 된 할아버지 김이주와 백부 김노영이 이곳에서 세상을 떠났기 때문이다. 증조부 김한신이 영조의 부마가 되어 월성위(月城尉)로 봉해지면서 창의궁도 월성위궁으로 바꾸어 불렀다.

영조의 잠저로, 추사 김정희의 증조모인 화순옹주가 아버지 영조로부터 물려받은 창의궁(彰義宮) 터의 표지판이다. 경복궁의 서문인 영추문 맞은편에 창의궁 터가 자리하고 있다.

과천 〈추사박물관〉에 걸려있는 김정희의 초상화.

추사 김정희는 8세 때 생부 김노경을 떠나 아들이 없던 백부(큰아버지) 김노영의 아들로 입적되었다. 어려서부터 워낙 글솜씨가 뛰어나 북학파의 거두 박제가가 제자로 삼겠다고 했으며, 채제공은 훗날 추사 김정희가 명필로 세상에 이름을 떨칠 거라고 예언했다고 한다.

백부 김노영의 양자가 되었으나 백부가 일찍 세상을 뜨는 바람에 김정희는 생부의 도움을 받으며 클 수밖에 없었다. 생부 김노경은 당시 호조참판 동지부사로 1809년(순조 9년) 11월 16일, 의주를 출발하여 40여 일 만에 청나라 연경(북경)을 다녀왔다. 그때 추사 김정희도 동행하였다. 그런 가정환경 속에 성장한 추사 김정희는 어린 시절 3번이나 연경을 다녀왔으며 북학파의 대가 박제가에게 가르침을 받았다.

그는 1800년(정조 24년), 15세에 한산 이씨와 혼인을 하였으며, 1801년(순조 1년) 16세에 안타깝게도 생모를 잃었다. 더 안타까운 것은 혼인한 지 5년 만에 부인 한산 이씨도 1805년(순조 5년) 20세의 나이로 사망하였다. 그는 3년 뒤 1808년(순조 8년), 예안 이씨와 23세에

추사 김정희 동상은 예산 〈추사기념관〉, 제주도 〈추사관〉과 〈추사적거지〉, 과천 〈과지초당〉에 있다.

재혼하였다.

　그의 어머니 기계 유씨는 임신한 지 24개월 만에 그를 낳았다고 전해지는데 이는 믿기 어렵다. 또 태어날 무렵 우물도 마르고, 뒷산 나무들이 시들었는데 추사 김정희가 태어나면서 샘물이 솟고, 나무들도 생기를 받아 다시 살아났다는 이야기도 전한다. 이래저래 천재임이 드러나니 그를 더 영웅으로 만드는 별의별 탄생신화가 전해진다. 왕과 왕비들의 탄생 신화 급이다.

인생의 희비 곡선을 그리다

　추사 김정희의 인생은 녹녹치 않았다. "인간은 평등하다"는 말을 새삼 깨닫게 한다. 일찍이 생모를 잃고, 양부인 백부를 잃고, 혼인 후 5년 만에 부인을 잃은 것도 모자라 두 번이나 유배를 다녀와야 했으니 그렇다.

그는 1830년(순조 30년), 생부 김노경이 고금도에 유배되어 있었는데, 그도 머나먼 제주도로 유배를 갔다. 그는 금수저로 태어났지만, 아버지와 자신이 모두 섬으로 유배를 갔으니 명문 집안이 풍비박산(風飛雹散) 나고 말았다. 어려서는 왕실의 인척으로 그 위용이 대단하였으나 9세 때 양부 김노영의 유배가 우환의 시작을 알리고 있었다.

인생사 길흉화복(吉凶禍福)은 어찌 될지 알 수 없다더니 추사 김정희의 삶만 들여다봐도 알 수 있다. 월성위 김한신(영조의 사위)의 봉사손인 추사 김정희가 과거 급제를 하자, 조선 제23대 왕 순조가 기쁘고 다행스럽다며 음악을 내려주라고까지 하였다.

과거에 급제하여 탄탄대로를 걷고 있던 김정희는 41세 충청도 암행어사였을 당시 생부 김노경이 강진 고금도에 유배를 가게 된다. 현감 김우명을 파직한 것이 원인이 되어 1830년(순조 30년) 8월 김우명의 탄핵으로 유배를 떠나게 되었다. 그 후 추사 김정희도 1840년(헌종 6년) 윤상도의 옥사에 연루되어 동지부사로 임명되어 중국행을 앞두고 안동김씨 세력과의 권력 싸움에서 밀려나 파직되고 제주도로 유배를 떠나게 된다. 그때 그의 나이 55세였다.

제주도의 대정현에 위리안치되어 9년을 보냈다. 그의 긴 유배생활은 1848년(헌종 14년) 63세 때 가서야 끝나 육지로 돌아왔으나 3년 뒤 1851(철종 2년) 다시 함경남도 북청으로 유배를 갔다. 추존왕 진종(효장세자)의 위패를 종묘의 정전에서 영녕전으로 옮길 때, 먼저 헌종을 묘사(廟社)에 모시도록 주장한 권돈익의 일에 연루되어 파직된 후 유배를 떠났다. 다행히 이듬해 67세에 풀려났다.

1840년(헌종 6년)《조선왕조실록》에 〈윤상도와 연루된 김정희를 대정현에 위리안치하도록 하다〉라고 명령한 기사 내용이다.

하교(下敎)하기를, "이제 우상(右相)의 차본(箚本)을 보니 옥사(獄事)의 맥락과 요점이 매우 분명하다. 인하여 계속 신문해야 마땅하겠지만, 증거를 댈 길이 이미 끊어져서 힐문할 방도가 없고, 또 대신이 옥체(獄體)와 법리(法理)를 누누이 말한 것이 실로 공평하고 명정(明正)한 논의이니, 그 의심스러운 죄는 가볍게 벌한다는 의리에 있어서 감사(減死)의 법을 써야 마땅하다. 국청(鞫廳)에서 수금(囚禁)한 죄인 김정희(金正喜)를 대정현(大靜縣)에 위리안치(圍籬安置)하도록 하라." 하였다.

《헌종실록》7권, 헌종 6년 9월 4일 신묘 3번째 기사 1840년 청 도광(道光) 20년

9년간의 제주도 유배생활을 들여다보다

1840년(헌종 6년) 제주도로 유배를 떠난 추사 김정희는 1848년,

추사 김정희의 제주도 적거지이다. 위리안치되어 탱자나무가 울타리를 이루고 있다.

헌종 14년까지 약 9년간이나 제주도에 유배되어 살았다. 훗날의 유명세를 예견했을까? 그 값을 톡톡히 치렀다.

누구나 살면서 희로애락(喜怒哀樂)은 평등하게 겪는 것 같다. 슬퍼서 흘린 눈물의 양과 기뻐서 흘린 눈물의 양이 똑같다고 본다. 그래도 추사 김정희는 누린 게 훨씬 많다. 오늘날, 아니 영원토록 그의 추사체는 빛이 날 테니 말이다.

김정희는 우암 송시열이 유배 올 때 도착한 제주도의 그 항구에 첫발을 디뎠다. 광해군이 교동도에서 제주도로 이배되어 첫발을 디딘 어등포와는 다른 항구다. 처음에는 송계순의 집에 위리안치되어 있다가 후에는 현재 추사 적거지로 복원해놓은 강도순의 집으로 옮겨 살았다.

그는 제주도에 살면서 학문 발전에 큰 공헌을 했다. 학문과 서예를 제주지방 유생들에게 가르쳤기 때문이다. 제주도의 유생들이 그를 만난 것은 큰 행운이 아닐 수 없다.

그는 제주도 유배생활 중 생애 최고의 명작으로 손꼽히는 〈세한도(歲寒圖)〉를 비롯하여 많은 서화를 남겼다. 몇 년 전 나는 서울 성북동 간송미술관 전시장에서 〈세한도〉 진품 복사본을 샀다. 그림을 볼 줄 몰라서 그런지 아무리 봐도 그렇게 명작처럼 보이지 않는다. 순수한 어린 학생이 그린 그림 같다. 명성 높았던 추사 김정희가 그리지 않았다면

국립중앙박물관에 소장된 국보 제180호 〈세한도〉이다.

명작으로 인정받지는 않았을 것 같다는 생각마저 들게 한다. 예술작품은 예술가의 몸값에 비례하지 않던가.

〈세한도〉에는 진한 우정이 담겨있다. 책을 벗 삼으면서 살아가는 그에게 연경에 통역관으로 갈 때마다 구해오기 어려운 귀한 책을 보내준 제자 이상적(1804~1865)이 있었다.

이상적은 권력가에게 귀한 책을 건네면 출세가 보장되고도 남을 텐데 변함없이 힘도 없어진 추사 김정희에게 책을 보내주었다. 이에 추사 김정희는 고마움에 눈물지었을 것이다. 그가 이상적을 생각하면서 가슴 뭉클한 감정을 그림으로 표현해 보낸 것이 〈세한도〉다. 이 그림이 현재 국보 제180호로 지정되어 있다. 그의 그림보다 그 속에 담긴 따뜻한 사연이 국보급이라 생각된다.

현재 제주도에는 고증을 통해 '추사적거지'를 복원해놓았다. 2010년에는 '추사관'을 건립하여 그와 관련된 역사 자료가 전시되어 있다.

지난해 가족들과 제주도 여행 겸 광해군 적거지와 함께 우암 송시열·추사 김정희의 적거지 등을 답사하였다.

추사 김정희의 적거지에는 위리안치된 흔적을 살리기 위해선지 초가와 탱자나무 울타리를 재현해 놓았다. 이처럼 제주도의 적거지와 〈추사관〉을 비롯하여 충남 예산에는 1984년 복원한 생가와 추사기념관이, 경기 과천에는 2013년 4년여 동안 말년을 보낸 과지초당(瓜地草堂)과 추사박물관이 건립되어 그의 귀중한 자료들을 전시하고 있다. 추

추사 김정희가 4년여 동안 말년을 보낸 과천의 과지초당이다.

사 김정희처럼 이렇게 융숭히 대접받는 인물도 드물다.

과천에서 생의 마지막을 보내다

과지초당(瓜地草堂)은 추사 김정희의 생부 김노경(1766~1837)이 1824년(순조 24년) 과천에 별서로 마련하여 13년 동안 지냈던 곳이다. 추사 김정희 가문의 전성기를 상징하는 장소로서 정원과 숲, 연못 등 자연경관이 아름다웠다고 한다. 지금의 과지초당은 몇 해 전 복원한 것이다. 주변 환경이 옛날과 너무 달라 낯설고, 경관 또한 아름답게 보이지 않는다. 초당 주변은 오이밭은커녕 아파트와 빌딩이 하루가 다르게 들어차 오히려 그곳에 자리한 초당이 어색할 정도다. 과지(瓜地)는 오이밭을 뜻하는데 아마 초당이 세워질 무렵에는 주변에 오이밭이 많았던 모양이다.

다행인 것은 이곳에 자리한 추사박물관의 전시물이 귀한 게 많다. 추사 김정희의 친필을 비롯하여 1만여 점이나 되는 유물을 2006년, 일본 사람이 과천문화원에 기증한 것이다.

후지츠카 치카시(1879~1948)는 우리나라 경성제국대학교 교수로 재직할 당시부터 추사 김정희에 대해 연구하면서 그의 작품들을 수집하기 시작했다. 중국까지 가서 수집할 정도로 추사 김정희에 푹 빠졌던 사람이다. 무엇보다 〈세한도〉가 그의 손에 들어가 있었는데 다행히 기증을 받았다. 그의 아들 아카나오(1914~2006)가 아버지 후지츠카 치카시에게서 물려받은 많은 유물을 우리나라에 기증하였다. 그의 아들 아키나오는 추사 관련 논문과 책을 발간하였고, 추사 김정희 관련 유물과 사료, 책, 그림 등을 과천문화원에 기증한 뒤, 그해에 세상을 떠났다. 이에 우리나라는 기증자인 일본의 아키나오에게 문화훈장 목련장을 수여하였다. 고맙지 않을 수 없다.

과천의 추사박물관과 과지초당을 찾기 전 제주도의 추사적거지를 먼저 다녀왔다. 제주도의 적거지에서 추사관을 관람하면서 유배는 아무나 가는 게 아님을 새삼 깨달았다고나 할까. 추사 김정희뿐 아니라 방촌 황희 정승도, 우암 송시열도, 다산 정약용도, 정약용의 이복형 정약전도, 고산 윤선도도, 송강 정철도, 서포 김만중도, 그들이 너무나 뛰어난 학식과 재주를 가지고 있어 아픔도 그만큼 큰 게 아닌가 싶은 생각이 들었다. 이곳 추사박물관에서도 '행복 총량의 법칙'이 또다시 떠오르는 것을 도저히 막을 길이 없다. 위인은 고통 없이 탄생하는 게 아님은 분명하다.

요즘 예술가들에게 창작실을 신청받아 단기간 대여해 주는 곳이 많다. 그런데 조선시대 유배지는 하나같이 천혜의 창작실이 되고도 남았다. 그래서인지 유배 경력이 있는 문신들 대부분 큰 업적을 남겼다.

추사 김정희의 흔적을 찾아 이곳저곳 다니면서 고통 없이 창작이 될 수 없음을 더 깊이 깨달았다. 추사 김정희의 생부 김노경은 1837년(헌종 3년) 세상을 떠났다. 그는 아버지의 묘소를 과천의 과지초당 인근 청계산 옥녀봉 중턱에 마련하였다. 그리고 과지초당에서 3년 상을 치렀고, 그 후 이곳에서 보내는 시간이 늘었다.

봉은사 판전, 죽기 3일 전에 쓰다

추사 김정희는 1848년(헌종 14년), 63세가 되어 제주도 유배에서 풀려났지만 1851년(철종 2년), 함경도 북청으로 또다시 유배를 가게 되었다. 다행히 1년 뒤 1852년(철종 3년), 8월에 유배에서 풀려났다.

추사 김정희가 죽기 3일 전에 쓴 서울 강남의 봉은사 판전 현판이다.

그 후 그는 1856년(철종 7년) 10월 10일, 사망하기까지 말년 4년여 동안 과천의 과지초당에서 지내면서 마지막 예술혼을 불태웠다. 그가 마지막으로 남긴 작품이 강남의 봉은사 판전(板殿) 현판이다. 봉은사를 처음 찾았을 때 판전 글씨가 예사롭지 않아 안내 표지판을 읽어보니 아니나 다를까, 추사 김정희의 글씨였다. 그가 죽기 3일 전 1856년 10월 7일(철종 7년)에 과천의 과지초당에서 쓴 것이란다.

김정희의 추사체는 그냥 탄생한 게 아니다. 그는 친구에게 쓴 편지에서 "나는 평생 열 개의 벼루를 밑창 내고, 천 자루의 붓을 몽당붓으로 만들었다"고 했다. 가슴 뭉클한 증언이다. 그만큼 글씨를 많이 연습하여 추사체를 완성하였다는 것이다. 추사체가 쉽게 만들어진 게 아님을 가슴 깊이 깨닫는다.

그는 제주도 유배 중에 자신처럼 글씨를 쓰고, 난을 치고 싶어 했던 아들 상우에게 보낸 편지에서 '문자향 서권기(文字香 書卷氣)'라는 글귀를 써서 보냈다. '문자의 향기와 서책의 기운, 즉 책을 많이 읽고 교양을 쌓으면 그림과 글씨에서 책의 기운이 풍기고 문자의 향기가 난다'는 뜻이다. '적어도 가슴속에 만 권의 책이 들어있어야 그것이 흘러넘쳐서

과천 초장지에서 예산 선산으로 이장되어 2명의 부인과 함께 잠들어있는 추사 김정희의 묘소이다.

그림과 글씨가 된다'는 말이다.

그를 존경하지 않을 수 없다. 이만한 노력 없이 그동안 내가 써낸 책들과 앞으로 써낼 책들이 인정받기를 원한다면 큰 죄를 짓는 것이된다. 재주도 부족하거니와 글 쓰는 데만 정진하기도 쉽지 않으니 하는 말이다. 하지만 글을 쓸 때가 가장 행복하니 욕심을 부리지 말고 열심히 노력하는 일밖에는 없다.

과지초당의 연못가에 세워진 추사 김정희의 동상은 오른손엔 부채를 들고 아주 편안한 자세로 여전히 대문 밖을 내다보고 있다. 그가 나를 향해 "욕심내지 말고 열심히 책을 읽고, 열심히 글을 쓰면 되느니라." 하고 말을 건네는 것만 같다. 피나는 노력으로 오늘을 만들어낸 추사 김정희가 존경스럽다.

그의 묘소는 처음에는 과천에 있었다. 그 후 결혼 5년 만에 세상을 떠나 고향 예산의 선산에 홀로 잠들어있는 한산 이씨 곁으로 옮겨졌다. 자신이 유배를 떠난 뒤 세상을 떠난 예안 이씨와 함께 1937년 이장되어 셋이 합장되었다. 추사 김정희는 충남 예산 고택이 자리한 선산에 두 명의 부인을 곁에 두고 잠들어있다.

3장

아픔이 배어
역사가 되다

조선 최초의 폐왕 단종,
애달픈 유배길을 더듬다

단종 유배길 쉼터에 세워져 있는 단종의 동상

금부도사 왕방연 단종을 호송하다

청령포가 바라다보이는 강 언덕에 올랐다. 소나무들이 솔숲을 만들어놓고 길손들에게 잠시 쉬어가란다. 그곳에 왕방연(?~?)의 시조비가 허무하게 서 있다. 왕방연은 조선 최초로 폐왕이 되어 유배를 떠나는 단종(1441~1457)을 한양에서 청령포까지 호송한 인물이다. 직책은 금부도사로 단종의 유배 길에 동행하였고 사약까지 들고 가 전달한 인물이기도 하다. 단종의 비참하고 처참한 마지막 길을 지켜본 인물이라 할 수 있다.

왕방연은 단종을 호송하고 사약을 전달한 게 죄스러웠을까? 단종에게 사약을 바치고 한양으로 돌아와 관직에서 물러났다. 그리고는 선산이 있는 봉화산 아래 먹골(지금의 중랑구 묵동)에 자리를 잡고 필묵과 벗하며 배나무를 키우기 시작했다.

그는 유배지로 떠나는 단종이 갈증으로 인해 물을 마시고 싶어 했으나 물 한 그릇도 국법에 어긋난다 하여 맘대로 올리지 못했다. 단종은 한여름 창덕궁에서 1457년(세조 3년) 6월 22일(양력 7월 13일), 출발하여 7일째 되던 6월 28일(양력 7월 19일), 강원도 영월의 청령포에 도착하였다.

왕방연은 단종이 승하한 날이 되면 속죄하는 마음으로 수확한 배를 바구니에 가득 담아 영월을 향해 절을 올렸다고 한다. 목숨을 부지하기 위해 어명에 따랐겠지만 신하로서 단종의 마지막 가는 길을 지켜보았으니 두고, 두고 가슴 아픈 것은 당연한 일이다. 그가 배 농사를 지었던 먹골은 배 과수원으로 유명해졌다. 그러나 먹골 선산에 있던 그의 묘는 후손에 의해 다른 곳으로 이장되었다. 그는 언제 태어나 언제 죽었는지 기록에도 남아있지 않다.

단종 자살인가, 사사인가

단종은 청령포로 유배간 지 2개월 정도 지났을 때 홍수가 나는 바람에 영월의 관풍헌(觀風軒)으로 옮겨졌다. 관풍헌에서도 2개월 정도밖에 살지 못했다. 그의 숙부 세조가 내린 사약을 받고 사사되었기 때문이다.

그런데 그동안 전해온 이야기와 달리 단종이 사사된 게 아니라 17

단종이 죽음을 맞이한 관풍헌과 시를 읊었던 자규루가 있다.

세의 어린 나이로 자살하였다고 《조선왕조실록》에 기록되어 있다. 한편에서는 교살당했다고도 한다. 사약을 받고 사사된 게 아니라는 것이다. 1457년(세조 3년), 《세조실록》 9권을 보면 〈송현수는 교형에 처하고 화의군 등을 금방에 처하다. 노산군이 자살하자 예로써 장사지내다〉란 제목의 기사 말미에 실린 글이다.

(전략) 임금이 명하여 이유(李瑜)는 사사(賜死)하고, 영(瓔) 이어(李珣)·전(琁)·송현수(宋玹壽)는 논하지 말도록 하였다. 정인지 등이 다시 아뢰기를, "영(瓔)·이어(李珣)·전(琁)·정종(鄭悰)·송현수(宋玹壽)도 죄가 같으니, 또한 법대로 처치하는 것이 마땅합니다."
하니, 임금이 이르기를, "불가하다. 옛사람의 말에 '저들 괴수들은 섬멸할 것으로되, 협박에 못 이겨 따른 자는 다스리지 않는다.' 하였고, 또 성인(聖人)은 너무 심한 것은 하지 않았으니, 이제 만약 아울러서 법대로 처치한다면 이는 너무 심하다."
하고, 명하여 송현수(宋玹壽)는 교형(絞刑)에 처하고, 나머지는 아울러 논하지 말도록 하였다. 다시 영(瓔) 등의 금방(禁防)을 청하니, 이를 윤허하였다. 노산군(魯山君)이 이를 듣고 또한 스스로 목매어서 졸(卒)하니, 예(禮)로써 장사지냈다.

《세조실록》 9권, 세조 3년 10월 21일 신해 2번째 그동안 세조가 내린 사약을 금부도사 왕방연이 들고 와 단종이 그 사약을 받아 마시고 사사된 것으로 알고 있었다. 그러나 《조선왕조실록》에는 그와 다르게 기록되어 있다. 어쩌면 단종은 삼촌인 안평대군 이용(李瑢)에 이어 금성대군 이유(李瑜), 화의군 이영(李瓔), 한남군 이어(李㻛), 영풍군 이전(李瑔), 매형 정종(鄭悰), 장인 송현수(宋玹壽) 등이 처형되었다는 소식을 듣고 왕방연이 도착하기 전 자살했을지도 모른다. 이들은 모두 단종 복위에 앞장서다가 목숨을 잃었다.

현재 영월 읍내에는 조선시대 관아건물인 관풍헌이 복원되어 있고, 그 마당 오른쪽에 자규루(子規樓)가 자리해 있다. 단종은 이 자규루에 자주 올라 시를 읊었다. 자규루의 원래 이름은 매죽루(梅竹樓)였다. 그래선지 누각 앞쪽에는 자규루, 뒤쪽에는 매죽루라고 쓴 현판이 걸려있다. 매죽루는 신사임당의 할아버지 신숙권이 영월군수로 재직할 때 창건한 누각이다.

관풍헌의 마당은 꽤 넓다. 그곳에서 단종이 17세의 어린 나이에 자살했다고 생각하니 무더운 여름 날씨가 더 후덥지근하게 느껴진다. 단종의 너무나 짧았던 생을 생각하며 그가 자규루에 올라 읊었던 〈자규시〉 두 편을 나즈막히 읊조려 본다.

自冤禽出帝宮 (한 마리 원한 맺힌 새가 궁중을 떠난 뒤로)

孤身隻影碧山中 (외로운 몸 짝 없는 그림자가 푸른 산속을 헤맨다)

假面夜夜眠無假 (밤이 가고 밤이 와도 잠을 못 이루고)

窮恨年年恨不窮 (해가 가고 해가 와도 한은 끝이 없구나)

聲斷曉岑殘月白 (두견 소리 끊어진 새벽 멧부리에 지새는 달빛만 희고)

血流春谷洛花紅 (피를 뿌린 듯한 봄 골짜기에 지는 꽃만 붉구나)

天聾尙未聞哀訴 (하늘은 귀머거린가? 애달픈 하소연 어이 듣지 못하는지)

何奈愁人耳獨聽 (어찌하여 수심 많은 이 사람의 귀만 홀로 밝은고)

月白夜蜀魂啾 (달 밝은 밤에 두견새 울제)

含愁情依樓頭 (시름 못 잊어 누대 머리에 기대 앉았더라)

爾啼悲我聞苦 (네 울음 소리 하도 슬퍼 내 듣기 괴롭구나)

無爾聲無我愁 (네 소리 없었던들 내 시름 잊으련만)

寄語世上苦榮人 (세상에 근심 많은 분들에게 이르노니)

愼莫登春三月子規樓 (부디 춘삼월에는 자규루에 오르지 마오)

　　무더운 여름날, 〈자규시〉 두 편을 읊조리며 관풍헌 마당을 빙빙 돌다가 나왔다. 그리고 단종이 잠들어있는 장릉으로 발길을 옮겼다. 놀랍게도 외국인들이 많이 보인다. 하긴 조선의 제6대 왕 단종의 삶을 들여다보면 누구든 청령포와 관풍헌, 장릉에 꼭 와 보고 싶을 것이다. 조선의 왕들 중 단종보다 더 슬픈 왕은 없지 않나 싶다.

장릉에 홀로 잠들다

장릉(莊陵)은 다른 왕릉보다 규모는 작지만 전각은 많다. ①관광안내소 ②배견정 ③방치되어 있던 묘를 잘 다스리고 제를 올린 충신 박충원의 낙촌비각 ④단종 역사관 ⑤재실 ⑥단종의 시신을 거둔 충신 엄흥도를 기리는 정려각 ⑦그밖의 충신들의 신주를 모셔놓은 장판옥 ⑧배식단 ⑨수복실 ⑩홍살문 ⑪비각 ⑫영천 ⑬정자각 등이 자리하고 있다.

엄흥도(?~?)와 같은 충신이 없었다면 단종의 능이 없어 조선 왕릉의 이빨이 빠질 뻔했다. 삼족을 멸한다고 했는데도 영월의 하급 관리 엄흥도는 동강에 버려진 단종의 시신을 거두어 현재의 장릉에 묻었다. 어느 시대이건 충신은 꼭 있게 마련이다.

단종에게 사약을 전한 왕방연은 세조에게는 충신이 되었을지언정 단종에게는 충신이 되지 못했다. 그래서였을까. 그는 차마 발길을 떼기 어려웠는지 한양으로 돌아가는 길에 청령포를 바라보며 그의 심정을 담아 시조를 지어 읊었다. 가슴 뭉클해지는 그의 시 〈천만 리 머나먼 길에〉를 옮겨본다. 그의 진심이 담긴 시조라 볼 수밖에 없다.

단종의 장릉 홍살문 앞에서 바라본 모습과 능침에서 바라본 전각들의 모습이다.

千里遠遠道 (천만리 머나 먼 길)

美人難別秋 (고운 님 가을에 이별하고)

此心無所着 (이 마음 둘 데 없어)

下馬臨川流 (말에서 내려 냇가에 앉았네)

流川亦如我 (저 물도 내안 같아서)

嗚咽去不休 (울어 밤길 예놋다)

어찌 되었거나 영월 땅은 단종으로 인해 충절의 땅이기도 하지만 아프고, 슬픈 땅이 되어버렸다. 영월의 청령포 곳곳에 단종의 억울함이 가득 배어있다.

단종은 태어나 왕세손에서 왕세자로, 왕으로, 상왕으로, 노산군으로, 서인으로, 노산대군으로, 그리고 다시 왕으로, 참으로 많은 호칭을 가졌다. 무엇보다 그가 조선 최초의 폐왕이 되어 죽은 지 241년이 되던 1681년(숙종 7년)에 서인에서 노산대군으로, 1698년(숙종 24년)에 왕으로 복위되었다. 이 얼마나 다행인가. 제19대 왕 숙종과 함께한 충신들의 덕이 아닐 수 없다. 고마운 일이다.

청령포가 건너다보이는 솔숲에 세워져 있는 왕방연의 시조 비이다. 시조 비마저 슬퍼 보인다.

장릉을 오르다 보면 정령송(精靈松) 앞에서 마음이 더욱 애달파진다. 단종의 비 정순왕후 송씨가 생각나서다. 송씨는 15세 되던 해에 14세인 단종을 만나 혼례를 치렀다. 그녀는 단종과 신혼의 꿈도 제대로 꾸어보지 못하고 결혼 3년여 만에 헤어져 영영 만나지 못하고 있다. 청상과부가 된 그녀는 82세까지 모진 인생을 살다가 세상을 떠났다. 한을 풀지 못해 그다지도 기나긴 인생을 살 수밖에 없었던 게 아닌가 싶다.

장릉 능침으로 오르는 길에 가냘픈 소나무 한 그루가 심어져 있다. 그녀가 잠들어있는 남양주의 사릉에서 소나무를 가져다 이곳 영월의 장릉에 심어놓은 것이다. 1999년 4월 9일, 남양주문화원에서 정순왕후 송씨와 단종의 애절하고 슬픈 사연이 안타까워 두 영혼을 위로하고 합치자는 뜻으로 심었다고 한다. 살아서 헤어졌지만 죽어서도 함께 잠들지 못한 단종과 정순왕후 송씨가 얼마나 가슴 아플까. 그들이 헤어진 지 542년 만에 지아비 단종이 홀로 잠들어있는 장릉 올라가는 길에 사릉의 소나무나마 옮겨 심었단다. 그 사연 또한 눈물짓게 한다.

언제나 장릉을 찾을 때면 '죽어서나마 두 분을 한 곳에 합장해주면 얼마나 좋을까'하고 생각한다. 단종이나 정순왕후 송씨는 이미 그 기대

단종의 장릉으로 올라가는 길에 정령송이 심어져 있어 찾는 이들의 마음을 애잔하게 한다.

단종의 장릉과 정순왕후 송씨의 사릉 능침 공간이다.

를 포기했을지도 모른다. 정령송(精靈松)이나마 서로에게 위로가 되길
바랄 뿐이다. 그래도 합장의 소망이 이루어지길 바라고 또 바라본다.

영월에도 낙화암이 있다

영월에도 낙화암(落花巖)이 있다. 강원도 영월 동강에도 '떨어질 때
의 모습이 마치 꽃이 떨어지는 것과 같다' 하여 낙화암이란 이름이 붙
여진 바위가 있다. 그동안 충남 부여의 백마강에만 낙화암이 있는 줄
알았다. 영월의 낙화암은 부여의 낙화암보다 절벽이 덜 높다.

1457년 10월 24일 단종이 영월 읍내의 관풍헌(觀風軒)에서 죽은
뒤 그 동강에 내던져졌다. 관풍헌은 1392년(태조 1년)에 건립된 영월

영월의 낙화암이다. 낙화암 위로 금강정이 자리하고, 아래로 동강의 푸른 물이 출렁이고 있다.

청령포의 궁노와 궁녀들이 살았던 초가다. 단종은 유배되었던 청령포가 폭우에 잠기자 영월의 동헌 관풍헌으로 옮겨져 머물다가 끝내 죽음을 맞았다.

객사의 동헌 건물로 지방 수령들이 공사(公事)를 처리하던 건물이다.

단종이 죽은 후 3일째 되던 날, 단종을 모시던 궁노 1명, 궁녀 10명 등 11명이 동강의 낙화암에서 몸을 던졌다. 그날이 바로 1457년 10월 27일이다. 단종이 죽자 그들은 동강에 투신하고 말았다. 그때 그들이 동강으로 떨어지는 모습이 꽃과 같이 아름다웠다고 하여 그곳을 낙화암이라 부르기 시작했다. 아마도 단종을 그리워하는 그들의 마음이 꽃과 같았을 것이다. 현재 그 낙화암 위에는 금강정(錦江亭)이 자리하고 있다.

낙화암(落花巖)이라는 글씨는 1742년(영조 18년) 영월부사 홍성보가 절벽에 새겼다고 한다. 낙화암에 몸을 던진 궁노와 궁녀는 청령포에

금강정에서는 푸른 동강을 굽어보며 아름다운 경치를 감상할 수 있다. 1428년 건립된 조선시대의 정자로 낙화암 위쪽에 자리하고 있다. 퇴계 이황과 우암 송시열이 이곳에 들러 쓴 시가 남아있다.

서 단종을 모시던 사람들이었다. 단종이 비참하게 세상을 떠났으니 그들 또한 그대로 살아남기 어려웠을 것이고 죽음을 함께 하기로 마음먹었을 것이다. 단종의 비통한 삶을 지켜보면서 그들의 마음도 아팠을 것이다. 사육신뿐 아니라 단종으로 인해 이래저래 목숨을 내놓은 사람들이 너무 많다. 아니 단종의 왕위를 빼앗고 죽음에 이르게 한 세조 때문이라 해야 맞겠다.

숙부인 세조가 왕위를 찬탈하면서 단종의 또 다른 숙부 안평대군과 금성대군이 사사되었고, 단종의 편에 섰던 세종의 후궁 혜빈 양씨의 소생들도 화를 당했으며, 집현전 학자들도 대부분 목숨을 잃었다. 그뿐인가? 그의 하나밖에 없었던 누이 경혜공주도 관비가 되는 수모를 겪었고, 경혜공주의 남편이자 단종의 매형인 정종도 능지처참을 당했다.

단종은 태어난 다음 날, 어머니 현덕왕후 권씨를 산후통으로 잃었다. 어찌 보면 태어나면서부터 단종의 인생은 비극의 연속이었다. 자신으로 인해 목숨을 잃은 사람들이 너무 많아 죽기 전까지 매일매일 죄책감에 시달렸을지도 모른다. 그러니 항상 두려움 속에서 하루하루를 보낼 수밖에 없었을 것이다. 그렇다고 생으로 목숨을 끊을 수도 없고, 어

서울의 사육신공원 내에는 사육신 신도비각과 신도비, 사육신 묘, 신주를 봉안한 의절사 등이 있다. 이곳에 박팽년, 성삼문, 유응부, 이개, 하위지, 류성원, 김문기의 허묘가 자리하고 있다. 현재 사육신묘에서 김문기가 추가되어 사칠신 묘가되었다.

단종의 유일한 누나 경혜공주의 묘와 능지처참되어 시신도 못거둔 매형 영양위 정종의 제단이다.

쩌면 태어난 것 자체를 원망했을지도 모른다. 왕의 적장자이자 왕의 장
손으로 축복과 희망을 가득 품은 채 태어났으련만 무슨 팔자가 이런가
싶을 정도다. 성군이었던 세종의 손자로 태어난 것만 해도 영광이었을
단종이 아닌가.

　　금수저를 물고 태어났어도 피해갈 수 없는 게 운명이다. 내 의지대
로 인생이 펼쳐지지 않을 때가 있으니 피한다고 될 일이 아니다. 우선
가족을 잘 만나야 하고, 친구도, 이웃도 잘 만나야 함은 예나 지금이나
마찬가지다. 누구보다 가족 중에 욕심이 많은 사람이 있으면 안 된다.
단종은 제대로 인생을 펼치기도 전에 욕심 많은 숙부에 의해 죽어가야
만 했다.

　　《조선왕조실록》에는 앞에서도 밝혔듯이 단종이 사약을 받고 죽은
게 아니고 자신으로 인해 여러 숙부들과 신하들이 살해되었다는 소식
을 접하고 자살하였다고 기록되어 있다. 금부도사 왕방연이 들고 온 세
조가 내린 사약을 받고 사사된 게 아니라는 것이다. 《조선왕조실록》을

낙화암을 동강 건너편에서, 옆에서 바라보았다.

어디까지 믿어야 할지 모르겠지만 그래도 믿어야 하지 않을까. 세계기록유산에 등재까지된 《조선왕조실록》이 아닌가. 어찌되었건 단종은 살해된 게 아니고 자살한 것으로 알고 있어야 할 것 같다.

영월의 낙화암 위에 서서 동강을 내려다보니 단종의 인생이 참 가없다는 생각이 든다. 그로 인해 행복한 사람들이 많았어야 하는데 오히려 불행하고 슬픈 사람들만 많았던 것 같아 안타깝다. 자신으로 인해 너무 많은 사람들이 목숨을 내놓아야 했으니 가슴을 칠 일이다. 단종의 짧은 인생을 돌아보면 팔자가 너무나 기구하다. 낙화암 밑으로 흘러가는 동강마저도 한 없이 슬퍼보인다.

낙화암은 백제시대와 마찬가지로 조선시대에도 왕으로 인해 무고

단종이 1457년 승하하자, 그 비보를 접한 궁인과 시녀들이 강물에 투신하여 순절하였다. 그들 11명의 넋을 위로하기 위해 이곳에 사당을 지었으니 민충사다.

한 사람들이 아까운 목숨을 바친 상징적인 바위 절벽의 이름으로 쓰였다. 그들의 충절에 박수를 보내기에는 마음이 많이 아프다. 단종을 따라 죽어간 11명의 꽃들을 생각하면 더 애달프다. 그들의 충절을 기리기 위해 세운 민충사(愍忠祠)에 올라 그들의 넋을 위로하고 발길을 돌렸다. 유유히 흘러간 세월도, 유유히 흐르는 동강도 속절없어 보이기는 마찬가지다. 순절비(殉節碑)와 그 옆에 낙화암(落花巖)이라 새겨진 비석의 글씨가 이토록 슬퍼 보일 줄이야.

부인 정순왕후 송씨와 영영 이별하다

단종은 1457년 6월 22일(음력), 창덕궁의 대조전(大造殿)에서 폐왕이 되어 유배 교서를 받고 돈화문(敦化門)을 나와 동대문구에 자리한 정업원(淨業院)의 우화루(雨花樓)에서 정순왕후 송씨와 하루를 묵고, 청계천의 영도교(永渡橋)에서 영영 이별했다. 그래서 붙여진 이름이 영도교다. 현재 정업원 터에는 비구니들이 생활하는 청룡사가 자리하고 있다. 경내에 들어가면 우화루가 대웅전과 마주하고 있다. 우화루 현판

단종이 유배 교서를 받은 창덕궁의 대조전(좌)과 창덕궁의 정문 돈화문(우)이다.

정업원 터에는 청룡사가 자리하고 있다. 대웅전과 심검당(좌) 그리고 우회루(우)의 모습이다.

이 하도 낡아 그때의 아픈 역사를 담고 있는 것처럼 느껴진다.

　단종의 비 정순왕후 송씨가 폐비가 되면서 그녀의 친정 또한 멸문지화(滅門之禍) 당하고 말았다. 그녀의 고모는 세종의 8남인 영응대군의 부인으로 시댁에서는 그녀의 숙모가 되었다. 그녀의 어머니와 한명회의 부인은 사촌 간이다. 그런데 한명회는 그녀와 단종에게 몹쓸 짓을 참 많이도 했다. 남도 아닌 한명회가 그녀의 남편을 왕위에서 몰아내는 데 앞장섰다. 그녀와 6촌 간이 되는 한명회의 두 딸은 각각 세조의 며느리, 세조의 손자며느리가 되어 그녀에게 사촌동서, 조카며느리가 되었지만 아무런 도움이 되지 못했다. 그녀는 폐비가 된 뒤 동대문 밖 숭인동 청룡사 근처에 초막을 짓고 시녀들과 함께 살았다. 시녀들이 동냥해온 것으로 겨우 끼니를 잇고 염색업을 하며 어렵게 살았다.

　이를 전해 들은 세조가 집과 식량 등을 하사했으나 그녀는 끝내 받

정순왕후 송씨가 비단을 빨면 자주색 물감이 들었다는 슬픈 전설이 어려있는 자주동샘이다. 염색업을 할 때 이곳의 물을 길어 사용했다. 돌 틈의 제비꽃도 슬프게 보인다.

지 않았다. 꼿꼿한 그녀의 성품을 알 수 있다. 아니, 세조에 대한 분노 때문에 받지 않았을 것이다.

그녀를 가엾게 여긴 동네 아녀자들이 조정의 눈을 피해 집으로 먹을 것을 건네주고자 시장을 형성하는 일이 있었다. 그녀를 위한 금남의 시장은 동대문 밖 동묘 근처 남쪽 싸전골에 있었다고 한다. 왕가보다 민가의 인심이 훨씬 더 후했음을 알 수 있다.

그 여인시장이 있던 근처에 영도교가 있다. 청계천에 놓여있는 이 영도교는 강원도 영월의 청령포로 유배를 떠나 단종과 정순왕후 송씨가 마지막으로 헤어진 곳이다. 결국 두 사람은 이곳에서 헤어진 이래 이승에서는 영영 만날 수 없었다. 단종이 유배를 떠난 해 영월에서 생을 마감했기에 그럴 수밖에 없었다.

단종의 비참한 죽음을 전해들은 정순왕후 송씨는 매일 아침, 저녁으로 산봉우리 거북바위에 올라 단종의 유배지인 동쪽을 향해 통곡했는데 그 곡소리가 산 아랫마을까지 들렸다고 한다. 그러면 온 마을 여인네들이 땅 한번 치고, 가슴 한번을 치는 동정곡(同情哭)을 했다고 전해진다. 18세에 단종과 헤어져 82세가 되어 세상을 뜰 때까지 64년 동안이나 지아비가 잠들어 있는 동쪽을 향해 곡을 하면서 그리움의 눈

단종과 정순왕후 송씨가 영영 이별한 청계천 영도교의 애잔한 풍경이다. 한 마리 물새가 마치 따라갈 수 없던 정순왕후 송씨처럼 여겨진다.

물을 흘렸다고 하니 정순왕후 송씨의 절개에 머리가 숙여질 뿐이다. 그녀의 인생 또한 단종 못지않게 참으로 애달프다.

현재 청룡사가 자리하고 있는 정업원 터에 조선 제21대 왕 영조가 '정업원구기(淨業院舊基)'라고 친필로 쓴 비석이 비각 안에 세워져있다. 영조는 '정업원 옛터 신묘년(영조 47년) 9월 6일에 눈물을 머금고 쓰다(淨業院舊基歲辛卯九月六日飮涕書)'라는 뜻의 글씨를 한자로 써놓았다. 비각 현판에는 '앞산 뒤 바위 천만 년을 가오리(前峯後巖於千萬年)'라는 뜻의 글씨를 써 놓았다. 정말 영조 뿐 아니라 누구라도 그녀의 일생을 안다면 눈물을 흘릴 것이다. 팔작지붕을 한 비각의 현판과 정면 1칸 측면 1칸의 비각 안 비석에는 폐비가 되었던 정순왕후 송씨의 애달픈 삶의 흔적이 배어있다.

정순왕후 송씨가 올라가 통곡했던 그 산봉우리는 동망봉(東望峰)이란 이름이 붙여졌고, 그녀가 걸어간 길은 동망산길이란 이름이 붙여졌다. 동망봉이라는 이름은 조선 제21대 왕 영조가 지어 비석까지 내렸다고 한다. 그 후 일제강점기 때 그 일대가 채석장으로 사용되면서 그 흔적은 남아있지 않고, 바위 또한 모두 떨어져 나가 흉물스런 절벽만 남아있었다. 그런데 지금은 그 동망봉에 동망정(東望亭)이 세워져 있

영조가 눈물을 머금고 친필로 '정업원구기'라고 쓴 비석이 비각(좌) 안에 세워져 있다. 비각의 현판에 '앞산 뒤 바위 천만 년을 가오리'라는 뜻의 글씨(우)도 영조의 친필이다.

고, 주변이 공원으로 탈바꿈하여 많은 사람들이 찾는다.

　동망정으로 가는 길에 동망각(東望閣)과 정자가 두 개나 들어 서 있다. 전에는 동망봉에서 앞으로는 청계천의 영도교가 내려다보이고, 뒤로는 청룡사(옛 정업원 자리)가 내려다보였는데 지금은 아주 먼 옛날이야기가 되어버렸다. 초고층 아파트가 몇 년 새 가득 들어 찾기 때문이다. 누구든 이곳에 올라보면 단종이 생각나고 정순왕후 송씨가 생각나 눈가에 이슬이 맺힐 것이다. 둘의 짧았던 사랑을 생각하면 참으로 애달프다.

　영도교에서 단종은 부인 정순왕후 송씨와 헤어져 유배지로 향했다. 한강의 광나루에서 배를 타기 위해 중랑천과 청계천이 만나는 곳에 놓인 살곶이다리를 건넜다. 이 다리는 조선시대의 다리로 가장 길고, 가장 오래된 다리다. 한강을 약 2km 앞둔 현재의 서울 성동구 행당동과 성수동의 경계에 있는 다리로 현존하는 조선시대의 석교 중 가장 오래된 다리다. 1420년(세종 3년) 세종의 명에 따라 축조를 시작하여 1483년(성종 14년) 완공한 다리로 알려져 있다. 워낙 강의 너비가 넓어 홍수를 이겨내지 못해 교기(橋基)만 세우고 중지하였다가 63년 후에야 완성하였다. 길이가 78m(258척), 너비가 6m(20척)나 된다. 1.2m인 기둥

동망봉에 세워진 동망정, 새로 들어선 동망각이다.

을 다리 아래에 네 줄로 세운 위에 받침돌을 올리고 대청마루를 깔듯 세 줄의 판석을 빈틈없이 깔았다. 가운데 두 줄의 교각을 낮게 하여 다리의 중량을 안으로 모았으며, 돌기둥에 무수한 흠집을 새겨놓아 물살의 흐름을 자연스럽게 하였다.

살곶이다리는 조선시대에 도성에서 동남쪽으로 경상북도 봉화(奉化)에 이르는 간선로(幹線路) 위에 놓여있었다. 동대문인 흥인지문(興仁之門)이나 남소문인 광희문(光熙門)을 통해 도성을 벗어난 후 만나는 큰 다리가 바로 살곶이다리다. 국왕이 군사훈련 참관 등을 위해 뚝섬으로 행차할 때도 이 다리를 이용하였다.

그런데 흥선대원군이 경복궁을 지을 때 다리 절반의 석재를 가져다 쓰는 바람에 불구가 되었다. 그 후 100년가량 지난 1972년 가서야 서울시에서 복원하였지만 원형 그대로 복구하지는 못하였다. 현재 살곶이다리는 1967년 12월 15일 사적 제160호로 지정되었다가, 2011년 12월 23일 보물 제1738호로 승격되었다.

'살곶이'라는 지명은 상왕인 태조가 아들 태종과 갈등을 겪을 때, 태종에게 태조가 겨눈 화살이 그늘막의 기둥에 꽂혔다는 일화에서 유래됐다고 한다. 부자 간에 이런 앙숙도 없다. 다리의 유래가 살벌해서 그

서울 성동구 성수동 중랑천의 보물 제1738호로 지정된 살곶이다리의 표지석과 다리의 전경이다.

화양정과 광나루 안내 표지석, 그리고 광나루 풍경이다. 단종은 화양정에서 잠시 머물다가 살곶이다리를 건너 광나루에 도착하여 배를 타고 유배지로 향했다. 현재 화양정은 남아있지 않고 광나루 터에는 천호대교의 교각만 가득히 들어 차있다.

런지, 단종의 애사가 생각나서 그런지, 다리를 건너는데 영 마음이 안 좋았다. 그래도 서울 한복판이라 할 수 있는 이곳에 조선시대 다리가 자리를 지키고 있다는 게 신기했다. 이 다리는 한양대학교 바로 아래 중랑천에 위치해 있는데 화려한 난간석이 없어서인지 눈에 잘 띄지 않는다.

내가 이곳을 찾았을 때가 마침 단종이 유배 가던 그즈음이었다. 한여름 땡볕이 쨍쨍 내리쬐어 다리의 열기가 그대로 느껴졌다. 개망초 꽃들이 지천으로 피어 그 아픈 역사를 아는지 모르는지, 땡볕 아래 열기가 더해가는 살곶이 다리를 수호하고 있다.

단종은 살곶이다리를 건너기 전에 광진구의 화양정(華陽亭)에 잠시 머물렀다. 세조의 명에 의해 환관 안노가 화양정에 나와 단종을 전송하였다. 현재 화양정은 흔적도 없고, 머나먼 곳으로 유배를 떠나는 단종을 바라보았을 느티나무만이 그 자리를 지키고 있다. 그 곁에는 1432년(세종 14년)에 세웠다는 화양정의 안내표지석이 정자 대신 자리하고 있다. 안타깝게도 1911년, 낙뢰로 정자가 소실되었다고 한다.

단종은 이곳에서 멀지 않은 한강의 광나루에서 배를 타고 청령포로 향하기 위해 살곶이다리를 건넜다. 그리고 광나루에서 배에 올라 정순 왕후 송씨를 한양에 남겨놓은 채 여주의 이포나루로 향했다.

단종이 탄 배는 서울 광나루에서 남한강 물길을 거슬러 내려가 여 주의 이포나루에 닿았다. 단종은 이곳 이포나루에 도착하여 배에서 내 린 후 말을 타고 남한강을 따라 이동 중에 여주의 어수정(御水井)에서 잠시 목을 축인 다음 영월로 향했다.

현재 어수정은 골프장 안에 깊숙이 자리하고 있어 카트를 타고도 한참을 들어가야 하므로 일반인의 출입이 어렵다. 그래서 어수정을 찾 아가기 전에 미리 허락을 받고 찾아갔다. 단종으로 인하여 골퍼들이 타 는 카트를 평생 처음 타보는 색다른 경험을 했다.

이 어수정은 사계절 내내 물의 양이 많고, 가뭄에도 물이 줄지 않아 먹는 물로도 쓰였고, 농업용수로도 쓰였다고 한다. 지금까지도 우물에 샘물이 보글보글 솟아오르고 있어 신기했다. 단종은 이곳 어수정에서 원주의 싸리치를 거쳐 영월의 청령포로 향했다. 그가 지나간 고개마다 단종의 피눈물이 스며들었을 것이다.

서울 광나루에서 배를 타고 도착한 여주 이포나루터의 모습(좌)과 남한강을 따라 영월을 향해 이동하면서 단종이 목을 축였다는 어수정의 전경(중)과 샘물(우)의 모습이다.

유배길 그대로 따라가보다

강원도 영월군은 몇 해 전 원주시 신림면 황둔리 솔치재 입구에서 청령포에 이르는 43km 구간을 '단종대왕 유배길'로 조성했다. 솔치재는 단종의 유배지가 있는 영월군이 시작되는 곳이기도 하다.

그동안 나는 잘 닦인 도로를 따라 단종의 유배지인 청령포를 여러 번 다녀왔다. 그런데 이번에는 원주의 싸리치부터 조성된 단종의 유배길을 따라갔다. 구불구불 단종이 거쳐 간 유배 길을 따라가노라니 의미는 훨씬 더 컸다. 녹화방송이 아닌 생방송의 느낌이랄까? 지금이야 유배 길 주변에 자동차 길이 잘 닦여 있지만, 그 옛날 단종이 유배에 올랐을 때는 그야말로 강을 건너고, 산을 넘고, 물을 건너는 험준한 길이었을 것이다. 짐승들도 출몰했지 않나 싶다. 지금부터 564년 전인 1457년(세조 3년)의 일이었으니 강산이 변해도 너무나 많이 변한 게 사실이다.

단종의 유배 길은 강원도 원주에서 영월군이 시작되는 솔치재부터 조성을 아주 잘해 놓았다. 단종이 피눈물을 흘리며 지나간 싸리치를 잠시 둘러보고, 솔치재를 향해 자동차를 타고 달려갔다. '비운의 왕 단종,

단종이 거쳐 간 강원도 원주시 신림면 황둔리에 자리한 싸리치의 친절한 유배길 안내 모습이다.

영월 땅에 그 첫걸음을 내딛다'라는 솔치재의 표지판이 보인다. 표지판부터 단종의 슬픔이 배어 나온다. 솔치재는 단종의 유배 행렬이 옛 영월부로 진입하는 첫 고갯마루이다. 소나무가 무성하여 솔치재라고 불려졌다 한다. 그 이름답게 소나무가 우거져 있다.

솔치재에서 단종의 눈물과 첫 대면을 하였다. 이곳이 단종의 유배길이 시작되는 시점(始點)이다. 종점(終點)은 당연히 청령포다. 지난번에 찾아왔을 때와 달리 새롭게 단장을 하고 깨끗한 모습으로 옛 역사를 말해주고 있다.

이곳 솔치재부터 청령포까지 제1구간(10.5km)은 '통곡의 길', 제2구간(17km)은 '충절의 길', 제3구간은 '인륜의 길'등 3구간으로 단종의 유배길이 조성되어 있음을 안내표지판이 친절하게 소개하고 있다.

제1구간(10.5km) '통곡의 길'로 접어드는 이곳 솔치재에서 솔바람을 잠시 쐬며 단종과 옛이야기를 나누다가 자동차를 타고 다시 4km를 달려 단종이 목을 축였다는 어음정(御飮井)에 도착했다. 이곳에서 단종의 진한 눈물을 만났다. 우물 안의 물은 마실 수 없었다. 물이 충분히 있어야 우물인데 물이 별로 없으니, 우뚝 서있는 표지판을 위해 존재하는 우물 같았다.

단종 유배길의 시작점을 알려주고 있는 솔치재의 표지판이다. '비운의 왕 단종, 영월 땅에 그 첫걸음을 내딛다'라는 솔치재의 표지판에도 단종의 슬픔이 배어있다. 이곳 솔치재부터 영월군이 시작된다.

단종이 여주 어수정에서 물을 마신 뒤, 두 번째로 물을 마신 첩첩산중 영월에 자리한 어음정이다.

어음정은 단종이 삼복더위에 떠난 유배 도중 물을 마셨던 우물이다. 이 우물이 있는 마을은 강원도 영월군 주천면 신일리에서 원주시 신림면 황둔리로 넘어가는 솔치재 왼쪽에 위치해 있다. 단종은 원주의 신림역을 지나 이곳 우물에 들러서 물을 마시고 갔다고 한다. 나도 목이 말라 기대를 좀 했는데 현재는 어음정에 마실 물은 없다. 어음정을 떠나 또다시 자동차를 타고 3.5km를 달려 역골에 닿았다.

당시 단종의 유배 행렬은 땅거미가 내리는 저녁 무렵에 주천의 신흥역 근처에 있는 공순원(公順院)에 도착하였다. 공순원은 관리들이 머무는 숙소이다. 단종은 죄인의 신분으로서 공순원에서 묵을 수가 없었다. 밤이 되자 단종은 어쩔 수 없이 인근의 주막에서 나그네들 틈에 끼어 밤을 보냈다고 한다. 단종의 초라한 행차를 맞이하며 주막집 길손들이 함께 눈물을 흘렸다고 한다. 단종 역시 눈물로 그날 밤을 지새웠을

단종이 땅거미가 내리는 저녁 무렵에 도착한 관리들이 머물던 숙소, 공순원이 있던 역골의 풍경이다. 말에 탄 사람은 단종일 테고, 뒤에 호송하는 사람은 금부도사 왕방연일 것으로 보인다.

것이다. 공순원이 있었던 이곳의 지명이 역골이다.

　역골에서 3km를 자동차로 달려가니 주천 3층 석탑이 주천을 내려다보며 우두커니 서있다. 단종도 이곳에 서서 3층 석탑처럼 우두커니 흐르는 주천을 내려다보지 않았을까.

단종이 쉰 곳에서 나도 쉬다

　주천 3층 석탑 앞에 서서 강바람을 쐬었다. 그리고 제2구간(17km) '충절의 길'로 접어들기 위해 2.5km를 쉬엄쉬엄 달려 쉼터에 도착했다. 단종이 이곳에서 잠시 쉬어갔다고 한다. 이곳에는 커다란 쉼터 표지석이 있고, 그 뒤로 단종이 어딘가를 멍하니 바라보고 서있다. 한양에 두고 온 정순왕후 송씨를 그리워하고 있지 않을까. 그 뒷모습이 마냥 또 슬프다. 나도 그곳에 멍하니 서 있다가 단종 옆에 잠시나마 앉아 쉬었다.

　단종의 유배 길을 따라가노라니 곳곳에 안내표지판이 친절하게 세워져 있다. 쉼터에서 일어나 4.5km를 쉬엄쉬엄 차로 다시 달려갔다. 갈수록 점점 길의 경사가 심하다. 군등치(君登峙)란 곳에 다다르니

단종의 유배길 주천 옆에 우두커니 서있는 주천 3층 석탑이다.

단종의 유배길 쉼터다. 쉼터에서 단종이 어딘가를 멍하니 바라보고 서있다. 부인 송씨가 그리워 한양을 바라보는 모양이다.

전망대에 올라온 것 같다.

어디를 보나 첩첩산중이다. 이곳에는 단종의 〈자규시〉가 새겨져 있는 넓적한 시비가 누워있다. 그 시를 천천히 읊조려보았다. 언제 읊조려도 구슬프다. 외로움이 잔뜩 묻어난다. 단종은 강과 절벽 사이로 난 험악한 고갯길을 넘어가며 차올라오는 자신의 고통보다 부인 정순왕후 송씨에 대한 걱정과 그리움에 심적 고통이 더욱 컸을 것이다. 깎아지른 듯한 절벽을 굽이굽이 올라가야 하는 이 고개를 오르며 단종은 "이 고개는 무슨 고개인데 이다지도 험한가?"하고 물었다고 한다.

그러자 수행하던 사람이 "노산군(魯山君)께서 오르니 군등치라고 하옵지요."라고 대답했다는 말이 전해온다. 그리하여 이 험한 고갯길 이름이 '군등치'라 붙여졌다고 한다. 한편에서는 군등치를, 비록 왕에서 노산군으로 강등 당했지만 왕인 단종이 올랐다고 하여 군등치(君登峙)

군등치의 모습이다. 군등치 안내표지판 옆에 〈자규시〉가 새겨져 있다.

단종 유배 길에서 만날 수 있는 아름다운 한반도 지형과 방울재의 모습이다. 방울재 인근에 한반도 지형이 그냥 지나치지 말라고 언제나 손짓한다.

라 부르기도 한다.

전망 좋은 군등치에서 좀 머물다가 다시 6km 정도를 달려 한반도 지형으로 유명한 선암마을 근처의 방울재에 도착했다. 이곳은 휴게소처럼 조성해 놓아 그리 낯설지는 않다. 들꽃들도 방글거리며 반갑게 맞는다. 단종이 타고 가던 말에서 방울이 떨어져 이 고개 이름이 방울재가 되었다고 한다. 예쁜 이름과 달리 이곳 역시 단종의 눈물이 배어있는 곳이다. 고갯마루에 아기자기한 예쁜 조형물들이 많았다. 방울재를 한 바퀴 돌아보고 다시 4km를 달려 배일치 마을에 도착하였다.

배일치재에서 한양을 향해 절하다

배일치 마을에 도착하여 한적한 마을길을 따라 들어갔다. 마지막 제3구간인 '인륜의 길'로 접어들었다. 배일치 마을에서 3km를 더 가야 배일치재에 도착한다. 이곳에 도착하면서 단종의 마음은 점점 더 착잡해졌을 것이다. 유배지는 가까워져 오고, 유배생활에 대한 불안한 마음을 가눌 길 없었을 것이다. 이 고개에서 단종은 서산에 지는 해를 향하여 절을 하면서 장차 자신의 운명을 기원하였다고 한다.

단종이 이 고갯마루에 도착했을 때 어느덧 하늘에는 붉은 노을이 퍼지고 있었다. 단종은 서산으로 넘어가는 석양빛이 내려앉은 이 고갯마루에 서서 승하하실 때까지 아들인 자신을 걱정하던 아버지 문종과 자신을 낳고 이튿날 세상을 떠난 어머니 현덕왕후 권씨, 그리고 자신으로 인해 목숨을 바친 사육신들을 생각했다고 전한다. 특히 아버지 문종으로부터 "단종을 잘 보필해 달라."는 부탁을 받고 단종을 위해 죽음으로 충절을 지켰던 성삼문을 떠올렸다고 한다.

단종은 이 고갯마루에서 한동안 고개를 들지 못하고 눈물을 삼키며 서산에 기우는 해를 보고 큰절을 올렸다고 한다. 그리하여 이 고개 이름이 '배일치(排日峙)'가 되었다. 청령포와 가까워지고 있는 배일치재에 단종이 절하는 조각상을 만들어놓아 눈물이 앞을 가린다. 단종이 얼마나 슬펐을까는 물어볼 필요조차 없어 보였다.

이제 배일치재에서 청령포까지 남은 거리는 12.5km다. 옥녀봉은

배일치 마을과 배일치재 안내표지판, 그리고 단종이 기우는 해를 바라보며 눈물을 삼키며 큰절을 하는 조각상이다. 그 모습이 살아있는 단종인 양 따라서 눈물이 난다.

단종의 유배길 종점(終點)인 청령포 나루터에 세워져 있는 강 건너 청령포를 소개한 표지판이다.

길이 험해 오르지 못하고, 자동차를 타고 안내하는 길을 따라 청령포까지 달려갔다. 옥녀봉을 못 가 본 게 영 아쉽다. 하지만 아쉬워야 다시 그곳을 찾아갈 수 있으니 그것으로 위안을 삼기로 했다. 머지않아 찾아갈 예정이다.

단종의 유배길 종점(終點)인 청령포다. 마중 나온 솔바람과 함께 단종이 마지막으로 남기고 간 슬픈 흔적들을 어루만지며 한 바퀴 돌았다. 그리고 어소의 마루에 걸터앉아 방에 앉아 있는 단종을 바라보았다. 밀랍인형으로 그럴듯하게 재현해 놓았다. 이곳에 유배되어 하루하루 무슨 생각을 하고 있었을지 궁금하기만 하다. 청령포에서 단종의 흔적을 천천히 돌아보고 타고 들어갔던 나룻배를 다시 타고 강 건너로 나왔다.

왕방연이 그랬듯이 나도 시조 비 앞에 다시 섰다. 단종에게 사약을 전하러 왔던 왕방연이 돌아가는 길에 올랐던 청령포가 마주 건너다보이는 그 언덕이다. 왕방연이 지은 〈천만리 머나먼 길에〉 시조를 조용히 감상한 뒤 한참 동안 청령포를 건너다보다가 쓸쓸히 걸음을 옮겼다.

폭군이 된 연산군,
절망을 삼키다

연산군의 유배지 교동도에 재현해 놓은 연산군의 모습

교동도에 유배되어 2개월 만에 죽다

교동도는 왕을 비롯한 왕족이 유배 갔다가 죽음을 맞이했던 섬이다. 왕과 왕족은 대부분 강화도, 아니면 교동도로 유배를 보냈다. 그곳에 유배되어 살아나온 왕과 왕족은 거의 없다. 제6대 왕 단종에 이어 두 번째로 폐왕이 된 제10대 왕 연산군도 교동도에 유배되었다. 유배 후 교동도에서 2개월여 만에 죽음을 맞았다.

교동도에는 제10대 왕 연산군과 제15대 왕 광해군 외에 고려의 제21대 왕 희종부터 조선의 제4대 왕 세종의 3남이자 제7대 왕 세조의 동생 안평대군, 광해군의 형 임해군, 제16대 왕 인조의 동생 능창대군, 인조의 5남 숭선군, 철종의 사촌 익평군 등이 이곳에 유배되었다가 죽음을 맞이하였다. 연산군은 10년 이상 왕위에 올라 있었지만 끝내 왕으로 복위되지 못했다. 그리하여 신주가 종묘에도 봉안되지 못한 채 폐왕의 신분을 벗지 못하고, 왕자의 신분으로 영원히 남게 되

강화도에서 교동도로 들어가는 교동대교는 2014년 7월 1일 개통하였다.

었다.

구름 한 점 없는 파란 가을 하늘이 눈이 부시다. 2014년 7월 1일, 강화도와 교동도를 잇는 다리가 놓여 지금은 쉽게 드나들 수 있지만, 연산군이 이곳으로 유배될 때는 배를 타고 들어왔을 것이다. 나도 그곳을 두 번째 찾았을 때까지도 배에 차를 싣고 들어와 교동도를 답사하였다.

갈매기를 호위삼아 교동도에 가다

연산군이 유배를 떠나 온 날이 1506년(중종 원년) 음력 9월 2일이었다. 내가 처음으로 교동도를 찾았을 때가 마침 연산군이 유배를 왔을 때쯤이었다. 내가 탄 배의 갑판 위로 갈매기들이 떼를 지어 호위병 노릇을 해주었다. 연산군이 유배를 왔을 때도 갈매기가 호위를 해주었을 것이다. 강화도에서 교동도까지 함께 따라 왔을지도 모른다. 배가 출발한 지 20분도 채 안 되어 교동도 월선포구에 도착하였다. '웃음과 희망 그리고 사랑이 넘치는 교동'이란 슬로건이 포구 앞에서 기다리고 있었지만, 교동이라는 말만 들어도 마음이 무거웠다.

수많은 왕족들의 유배지였던 교동도의 여름과 가을 풍경이다. 손닿을 것 같은 거리에 북녘땅이 자리한 교동도의 평화로운 마을 모습이다.

조선시대 교동도는 아픔과 상처투성이 섬이었다. 교동도 입구에 내걸린 현재의 슬로건과 달리 유배자들에게는 '슬픔과 절망, 그리고 증오가 넘치는 교동'이었을 것이다. 생각보다 섬이 넓었고, 아름답고 평화로웠다. 추수를 기다리고 있는 황금벌판이 끝도 없이 펼쳐졌다. 교동도는 섬 전체가 남방한계선으로 북한과 아주 가까이 위치한 섬이다.

그러나 언제 찾아가도 교동도는 그 풍경이 한가롭기만 하다. 추수철이 되었지만 여름 내내 비가 많이 내린 탓인지 아직도 곡식들이 햇볕을 쬐느라 분주해 보인다. 주민들의 순수한 표정이 고향의 어른들을 생각나게 한다. 내 고향에 온 듯 점점 마음이 편안해진다.

이곳은 왕족들의 유배지였지만 사랑의 섬임에 틀림없다. 죄인의 몸이 되어 들어오는 왕족들을 마다하지 않고 받아준 섬이 아닌가. 왕족들은 궁궐과 달라도 너무 다른 자연환경을 접하면서 조금이나마 자유를 만끽하다 죽어갔을지도 모른다. 평화로운 자연환경으로 인하여 억울한 마음이 어느 정도 누그러들었을지도 모른다.

교동도는 가시나무(탱자나무)로 위리안치시킬 필요가 없는 천혜의 감옥이다. 사방이 바다로 이어져 배가 없으면 빠져나갈 수 없는 곳이다. 이렇게 평화로운 마을이 100여 년 전까지만 해도 왕족의 단골 유배지였다는 게 낯설기만 하다. 왕이나 왕족들이 유배되어 왔다가 죽어 나간 섬이라는 게 믿어지지 않는다. 이곳에 살고 있던 사람들은 괜히 긴장이 되고 무서웠겠다 싶다. 오래전부터 이 교동도를 찾아오고 싶었다. 그러다 10년 전에 처음으로 이곳을 찾았다. 강화도는 셀 수 없을 만큼 자주 왔으나 교동도까지는 들르지 못해 늘 아쉬워 했는데 어느새 세 번째 찾아왔다. 누구보다 연산군 때문에 자꾸 오게 된다.

유배 터, 두 군데나 남아있다

처음 이곳을 찾았을 때는 연산군의 유배터를 찾지 못하고 그대로 발길을 돌려야만 했다. 그때 교동 읍성에서 유일하게 남아있는 남문 앞을 지나는 어르신께 연산군의 유배지를 여쭈어보았다. 그랬더니 표정도 안 좋게 변하시면서 알쏭달쏭하게 일러주셨다. 유배지라는 말에 기분이 나쁘셨던 모양이었다. 어떻든 자신들의 터전에 죄인의 몸으로 들어와 살다 죽어 나갔으니 기분이 좋을 리 없으셨을 것이다. 표지판도 없고, 휴일이라 관공서도 문을 닫아 물어볼 곳이 마땅히 없어 한참을 헤매다가 아쉬움만 가득 안고 그대로 돌아가야만 했다.

그 아쉬움에 다시 두 번째 찾아갔다. 궁금하면 꼭 해결을 보아야 하는 성격이 그때도 한몫했다. 아침 일찍 서둘러 강화도 포구에 도착하여

교동읍성에 유일하게 남아있는 남문이다.

교동도행 배에 차도 싣고, 몸도 싣고 바다를 건너 또다시 교동도에 도착했다. 그때는 처음 보다 마음의 여유가 생겼다.

먼저 연산군의 흔적을 찾기 전에 교동 향교를 들러보고, 교동 읍성 쪽으로 발길을 옮겼다. 그러다 대문이 열려있는 집 안의 어르신과 눈이 마주쳐 용기를 내어 연산군이 유배생활을 했던 곳이 어디인지 아시냐며 조심스럽게 여쭈어보았다. 하긴 교동도에 대문이 잠겨있는 집은 없었다. 감사하게도 집안에 계시던 어르신이 밖으로까지 나와서 친절히 가르쳐주셨다. 그런데 길을 잘못 들었는지 또 찾기가 어려웠다. 이번에는 포기할 수 없었다. 그래서 또 다른 마을 어르신을 만나 다시 조심스럽게 여쭈어보았다. 다행히 그 어르신도 친절하게 가르쳐주셨다. 80세가 넘어 보이는 그 어르신은 자신의 아버지가 옛날 어렸을 적에 연산군의 유배터에서 술래잡기도 하고, 숨바꼭질도 하며 놀았다는 이야기를 들었단다. 하지만 그분은 그곳에 가 본 적은 없다고 하셨다.

어르신들의 도움으로 다행히 그곳을 찾았다. 찾아가는 길에 조선 제3대 왕 태종 때 황룡이 나왔다는 우물도 만났다. 교동도호부가 있었던 관청 터에도 올라가 보았다. 축대만 남아있었지만 왠지 내가 그 옛날 과거로 들어가 있는 것만 같았다. 그 관청 터 위로 올라가 한참을 두

조선 제3대 왕 태종 때 황룡이 나왔다는 우물과 교동도호부 터다.

리번대다가 겨우 연산군의 흔적이 배어있는 역사의 현장을 만났다. 사실 전에 왔을 때도 그곳 언저리에서 뱅뱅 돌다가 그냥 돌아갔다.

밭둑에 '연산군잠저지(燕山君潛邸址)'란 화강암 표지석이 있다. 잠저(潛邸)는 세자가 아닌 왕자가 왕이 되기 전에 살았던 집을 말하는데 잘못 표기되어 있었다. 표지석에 새겨진 글씨가 잘못된 것이다. 연산군이 이곳에 살다가 왕이 되지 않았기 때문이다. '연산군적거지(燕山君謫居址)'라고 써야 맞는데 아쉬움이 남았다.

그래도 그 표지석을 보는 순간 반가웠다. 한편으로는 마음이 아프고, 우울해졌다. 문제는 간신히 연산군의 유배 터를 찾았는데 이곳이 확실치 않다고 했다. 문헌에 기록되어 있지 않아 교동도의 세 곳이 연산군의 유배 터로 물망에 올라있다는 것이다.

가족 모두 비극을 맞다

연산군은 부인 신씨(거창군부인 신씨)와 자녀들과 함께 유배를 떠나오지 않았다. 부인 신씨는 폐비가 되어 인왕산 아래 사가로 들어가 연

연산군의 첫 유배 터로 알려져 있는 곳에 몇 년 전까지 세워져 있던 잘못 표기된 '연산군잠저지(좌)'란 안내 표지석과 표지판(중)이다. 다행히 안내 표지석은 근래에 '연산군적거지(우)'로 바뀌었다.

산군보다 31년을 더 살다가 62세가 되어 세상을 떠났다. 연산군의 4남 2녀 중 네 아들은 각각 강원도, 충청도, 황해도 등으로 나누어 유배된 뒤 연산군이 폐왕이 된 지 22일 만에 모두 사사되었다. 두 딸은 다행히 혼인하여 목숨을 건질 수 있었다. 연산군 역시 유배지에서 죽음을 맞았다. 그는 묘호도 능호도 받지 못해 왕릉이 아닌 그냥 묘에 잠들었다. 《조선왕조실록》의 〈연산군일기〉1권 총서에 연산군이 유배지 교동에서 두어 달 살다가 병으로 죽었다는 기사가 실려 있어 전문을 싣는다.

연산군(燕山君), 휘(諱) 융(㦕)은 성종 강정 대왕(成宗康靖大王)의 맏아들이며, 어머니 폐비(廢妃) 윤씨(尹氏), 판봉상시사(判奉常寺事) 윤기견(尹起畎)의 딸이 성화(成化) 병신년 11월 7일(정미)에 낳았다. 계묘년 2월 6일(기사)에 세자(世子)로 책봉(冊封)하고, 영중추부사(領中樞府事) 한명회(韓明澮) 등을 북경(北京)에 보내어 고명(誥命)을 청하니, 5월 6일(정유)에 황제가 태감(太監) 정동(鄭同) 등을 보내어 칙봉(勅封)을 내렸다. 소시(少時)에, 학문을 좋아하지 않아서 동궁(東宮)에 딸린 벼슬아치로서 공부하기를 권계(勸戒)하는 이가 있으매, 매우 못마땅하게 여겼다. 즉위하여서는, 궁안에서의 행실이 흔히 좋지 못했으나, 외정(外庭)에서는 오히려 몰랐다. 만년(晚年)에는, 주색에 빠지고 도리에 어긋나며, 포학한 정치를 극도로 하여, 대신(大臣)·대간(臺諫)·시종(侍從)을 거의 다 주살(誅殺)하되 불로 지지고 가슴을 쪼개고 마디마디 끊고 백골을 부수어 바람에 날리는 형벌까지도 있었다. 드디어 폐위하고 교동(喬桐)에 옮기고 연산군으로 봉하였는데, 두어 달 살다가 병으로 죽으니, 나이 31세이며, 재위 12년이었다.

《연산군일기》1권, 총서

연산군은 1506년(연산군 12년) 9월, 중종반정으로 왕위에서 쫓겨나 강화의 교동으로 유배를 갔다. 그런데 유배생활 두어 달 만인 11월에 사망하여 교동의 부군당(符君堂) 근처에 장사를 지냈다. 그 후 연산군부인 신씨가 중종에게 간청하여 1513년(중종 8년), 현재의 묘로 천장하였다. 연산군이 잠든 곳은 연산군부인의 외할아버지 임영대군이 왕으로부터 하사받은 땅이었다. 연산군부인 신씨는 세종의 4남인 임영대군의 외손녀로 성종과 6촌 간, 연산군과는 7촌 간이다. 7촌 조카랑 혼인한 셈이다. 연산군은 부인 신씨와 나란히 잠들었다. 그래도 연산군을 챙기는 사람은 함께 폐위된 그의 부인 신씨였다.

연산군도 죽어가면서 별말은 없었고, 부인 신씨가 보고 싶다고 하였다. 그 사실이 《조선왕조실록》에 〈연산군이 사망하니 대신들과 상사 문제를 논의하다〉란 제목으로 실린 기사에 나와 있어 앞부분만 옮겨

연산군의 부인 신씨(거창군부인)와 나란히 잠들어있는 연산군 묘이다. 왼쪽이 연산군, 오른쪽이 부인 신씨의 묘이다.

신는다. 중종은 연산군의 장례를 후하게 왕자군의 예로 강화에 장사지
내라 했다.

교동 수직장 김양필 · 군관 구세장(具世璋)이 와서 아뢰기를,
"초6일에 연산군이 역질로 인하여 죽었습니다. 죽을 때 다른 말은 없었고
다만 신씨를 보고 싶다 하였습니다."
하였다. "신씨는 곧 폐비다." 상이 애도하고 중사(中使) 박종생(朴從生)을
보내, 수의를 내리고 그대로 머물러 장례를 감독하도록 하고, "연산군을 후
한 예로 장사 지내라." 전교하였다.

《중종실록》1권, 중종 1년 11월 8일 계미 2번째 기사 1506년 명 정덕(正德) 1년

　　궁금함을 어찌할 수 없어 두 번이나 찾아갔지만 잘했다는 생각이
들었다. 교동도에 배를 타고 두 번이나 찾아가서야 연산군의 유배지를
만날 수 있었으니 그랬다. 유배 터를 돌아보고 마을길을 터덜터덜 걸었
다. 연산군의 흔적이 남아있는 화개산에 안개가 자욱이 내려앉기 시작
하였다. 그 안개가 뒤덮인 숲속에서는 산비둘기가 구슬피 울었다. 덩달
아 슬퍼졌다. 궁금했던 역사의 현장을 어렵게 찾았건만 몸과 마음은 오
히려 더 무거웠다.
　　연산군의 흔적과 만나느라 오후 늦게야 '슬픔과 절망, 그리고 증오
가 넘치는 교동'에서 '웃음과 희망, 그리고 사랑이 넘치는 교동'으로 탈

바꿈한 교동도를 묵묵히 떠나왔다. 빨간 등대를 뒤로하고 갈매기와 함께 교동도를 떠나 강화도로 향했다.

연산군의 유배지가 새롭게 단장되다

그렇게 고생하면서 찾아갔던 교동도가 이제는 배를 탈 필요 없이 자동차로 쉽게 찾아갈 수 있게 되었다. 강화도와 교동도를 잇는 연륙교가 완공되었기 때문이다. 그러니 다시 또 찾아갈 수밖에 없다. 전에 찾아갔던 곳이 아닌 반대쪽에 연산군 유배지를 조성해 놓았다는 소식까지 들었으니 안 갈 수가 없다. 동행하고 싶어 하는 후배들이 있어 함께 다녀오기로 하고 이른 아침에 출발하였다. 교동도를 세 번째 찾아 나선 것이다.

교동대교를 건너기 전에 군인들에게 신분증을 제시하고 교동도를 방문하는 목적을 쓰고 통과했다. 아들보다 어린 군인들인데도 참 많이도 긴장이 되었다. 시원하게 놓인 교동대교를 건너 교동도에 발을 들여놓았다. 교동도 초입에는 전에 보지 못한 새로운 표지판이 눈에 확 띄

교동 읍성 반대쪽에 조성된 연산군의 유배지인 위리안치소로 올라가는 길, 그리고 안내표지석이다.

었다. '연산군 유배지 150m'라고 쓴 표지판이다. 여간 반가운 게 아니다. 그동안 연산군의 유배지가 이쪽이니, 저쪽이니 하더니 이곳에 연산군의 유적을 복원해놓은 모양이다. 연산군은 전에 두 번이나 찾았던 곳에서 잠시 머물다가 이곳으로 옮겨 위리안치되었다가 세상을 떠났다고 한다. 어떻게 복원해 놓았는지 흥분이 되고 궁금했다. 서둘러 그곳을 향해 산길을 따라 올라갔다.

언덕배기에 초가 건물 두 동이 보인다. 앞의 큰 건물은 교동도 유배문화관이고, 그 옆의 아주 작은 초가 건물이 연산군이 위리안치된 곳이다. 그 초가 주변으로 당시 위리안치소를 재현해 놓느라 탱자나무를 빙둘러 심어놓았다. 아직은 작고 엉성하여 누구든 밖으로 나오기 쉬워 보인다. 그 주변에 나인과 내시, 당상관 등이 그곳을 지키고 서있다.

연산군은 1506년(중종 원년) 음력 9월 2일, 중종반정 때 폐왕이 되었다. 그는 평교자를 타고 창덕궁에서 창경궁의 동쪽 선인문을 나와 창덕궁의 정문 돈의문을 지나 현재 연세대학교 부근에 있었던 서쪽의 이궁(離宮)인 연희궁에서 하룻밤을 잤다. 그리고 김포에서 하룻밤, 통진에서 하룻밤, 강화에서 하룻밤을 자고 교동도에 5일째 되는 9월 6일에 도착하였다. 나인 4명, 내시 2명, 반감 1명, 당상관 1명 등이 군사를 거

연산군이 죽음을 맞이한 위리안치소로 오르는 길(좌)과 유배문화관(우)이다.

연산군이 잡혀 오는 모습(좌), 위리안치소(우)이다. 유배 길에 동행했던 나인 4명, 내시 2명, 반감 1명, 당상관 1명 등도 재현해 놓았다.

느리고 그를 호위하였다.

　연산군은 처음 내가 두 번이나 찾아갔던 교동도의 읍내 도호부 근처에 머물렀다. 그러다 이번에 재현해 놓은 교동의 고구리 저수지 근처 화개산 중턱에 마련된 위리안치소로 안치되었던 모양이다. 하지만 옮겨온 이곳에서도 2개월 정도 살다가 생을 마감하였다. 대궐에서 살다가 좁아도 너무 좁은 공간에 갇혀 홀로 살게 되었으니 그 성격에 생을 지탱하기는 어려웠을 것이다.

　새로 재현해 놓은 위리안치소가 조금은 어색했지만, 이곳에서 죽어간 연산군을 생각하니 마음이 무거웠다. 31세의 젊은 나이에 폐왕이 되고, 아들들마저 모두 사사된 소식을 접했을 터이니 다혈질 성격에 살맛이 안 났을 것이다. 그러니 겨우 2개월 유배생활 끝에 생을 마감한 게 아닌가 싶다. 어느새 오늘 떠오른 해가 서산을 향해 지고 있다.

연산군은 비좁은 방에 반찬도 없는 밥상과 마주하고 앉아 있다. 한 시녀는 좁은 부엌에서 무쇠솥만 매만지고 있다.

강화 나들길 9코스와 10코스를 돌아보면 교동도를 다 굽어볼 수 있다. 교동도의 표지판이 친절히 안내를 해주고 있어 누구나 쉽게 걸어볼 수 있다.

연산군의 위리안치소를 실제로 재현해놓아 그나마 실감이 좀 났다. 연산군이 더 살았으면 아름다운 자연과 함께 하면서 참회를 하고 개과천선(改過遷善)했을지도 모르는데 유배되어 금방 세상을 떠났으니 그럴만한 여유가 없었을 것이다. 산새들이 쉼 없이 노래하고 산들바람이 살랑살랑 불어오는 청청지역인 이곳이 연산군의 유배지라니 아이러니다. 누구든 찾아가면 휴양지로 괜찮겠다는 생각을 한 번쯤은 할 수 있는 곳이다.

연산군은 물론 조선왕조가 수많은 이야기를 남겨놓아 내가 테마별 조선왕조 이야기를 흥미롭게 쓰고 있다. 그 이야기 속에는 강화도는 물론 교동도도 여러 번 등장한다. 그러니 교동도 역시 내가 사랑해야 할 섬이다. 앞으로 교동도는 포구에 내 걸린 슬로건처럼 '웃음과 희망, 사랑이 넘치는 교동'이 되고도 남을 섬이다. 《바람과 함께 사라지다》란 소설에서 '내일은 또 내일의 태양이 떠오른다'라는 마거릿 미첼이 쓴 대사처럼 교동도에도 내일의 태양이 뜰 것이다. 아니, 이미 떴다.

폐왕 광해군,
제주에서 부활을 꿈꾸다

광해군의 묘에 세워져 있는 슬픈 표정의 문석인

광해군의 잠저에서 은행나무를 만나다

만추가 어떤 모습인지 단풍이 말해주고 있다. 그 모습을 시샘이라도 하듯 아침부터 비가 내리고 있다. 병원에서 진료가 끝나자 곧바로 빨간 우산을 쓰고 창경궁 쪽으로 걸어 내려왔다. 병원 진료가 있는 날이면 언제나 기분전환 겸 5대 궁궐 중 한 곳은 들렀다가 집으로 향한다. 어느 때는 성균관에 들러 명륜당을 마주 바라보고 서 있는 은행나무를 만나볼 때도 있다.

오늘은 창경궁 후원의 단풍들을 만나보고 싶어 입궐하였다. 곱게 물든 단풍잎들이 비바람에 우수수 떨어지고 있다. 그들을 밟으며 걷자니 많이 미안하다. 다행히 바람이 잠잠해지고 빗줄기도 점점 약해지고 있어 궁궐 산책에는 불편함이 덜했다. 만추에 춘당지의 주인 노릇을 충분히 했다. 연못가 나무들의 단풍은 찬란하다 못해 눈이 부시다. 그들은 춘당지에 서로 얼굴을 들이밀고 자신의 모습을 들여다보느라 분주하다. 이미 연못과 한 몸이 된 낙엽들 사이로 비치는 그들의 모습 또한 한 폭의 수채화다.

창경궁의 만추 전경이다.

창경궁의 춘당지에 가을이 얼굴을 들여다보고 있다.

    만추에 창경궁의 춘당지를 한 바퀴 돌고, 홍화문(弘化門)을 나와 종로 4가 방향으로 걸어 내려왔다. 가을옷으로 노랗게 갈아입은 커다란 은행나무가 나를 부른다. 그 큰 은행나무가 사연이 없을 리 없다. 조선 제15대 왕 광해군의 잠저(潛邸) 이현궁(梨峴宮) 터에 남아있는 은행나무다. 그곳에서 광해군은 왕이 되기 전까지 살았다. 반가워 얼른 다가가 우산을 바닥에 팽개치듯 내려놓고 사진을 찍었다. 마치 그 은행나무가 광해군인 양 찍고 또 찍었다. 그사이 내가 팽개치듯 내려놓은 빨간 우산은 노란 은행잎 우산으로 변신을 마무리하고 있다.

    이미 주변은 노란 은행잎 세상이다. 그 은행잎들이 너무나 아깝다.

광해군의 잠저 이현궁 터를 500년이 넘도록 지키고 있는 은행나무의 봄·가을 모습이다. 광해군은 이곳을 떠나 왕으로 살다가 폐위되어 유배 중에 세상을 뜬 지 2021년 현재 380년이나 되었다.

그 모습이 한 해의 삶을 무사히 보낸 은행나무의 흔적이라 생각하니 그나마 기분이 괜찮아졌다. 단풍이 골고루 노랗게 들었으니 은행나무 역시 감사할 일이란 생각도 들었다. 그렇게 똑같은 색으로 단풍 물을 들인다는 것은 쉽지 않은 일이다. 갑자기 기온이 떨어지고 비바람이 몰아치면 단풍이 들기도 전에 푸른 잎 그대로 떨어질 수 있는 나무가 바로 은행나무다. 떨켜 층이 매우 발달한 나무이기 때문이다. 다행히 가을 날씨가 좋은 편이어서 단풍이 곱다. 좀 이르긴 해도 한 해를 돌아보며 그럭저럭 삶이 무사히 지나가고 있음에 감사했다.

이현궁 터의 이 은행나무는 광해군보다 59세가량이 더 많다. 광해군이 1575년에 태어나 1641년까지 67년을 살았는데 이 은행나무는 1516년에 태어나 2021년 현재 505년째 이곳을 지키며 살아가고 있다. 광해군도 이곳에 살았을 때는 행복했을 것이다. 신혼 때였을 테니 그렇다.

덕수궁에서 즉위하고 폐왕 되다

광해군은 후궁의 몸에서 왕의 아들로 태어나 사랑을 한 몸에 받으며 결혼하기 전까지 궁궐에서 성장했다. 그 후 부인을 얻으면서 궁궐을 나와 이곳 이현궁에서 결혼생활을 시작했다. 임진왜란이 끝나고 궁궐들이 모두 불타버려 덕수궁(정릉행궁)에서 정사를 보던 선조가 1608년 (선조 41년) 사망하면서 광해군은 조선 제15대 왕으로 즉위하였다.

그는 세자생활 16년 만에 1608년 34세의 늦은 나이로 덕수궁(경운궁)의 서청(西廳)에서 즉위식을 하였다. 그런데 그는 창덕궁이 복원을 마쳤는데도 그곳으로 가기를 꺼리면서 덕수궁에 머물렀다. 단종과 연산군이 폐위되어 창덕궁에서 쫓겨났으니 당연한 일일지도 모른다.

광해군은 1611년(광해군 3년) 정릉 행궁을 경운궁으로 고쳐 부르도록 하였으며, 1615년(광해군 7년), 덕수궁(경운궁) 생활 7년이 되어서야 그가 복원한 창덕궁으로 완전히 이어하였다.

광해군은 선조의 서자 중 둘째 아들로 태어나 어렵게 왕세자로 책봉되어 왕위에 올랐다. 그의 어머니 공빈 김씨는 선조의 제1후궁이다. 불행 중 다행이랄까? 그를 탐탁하지 않게 생각하고 있던 선조였으나 임진왜란으로 어쩔 수 없이 조정을 둘로 나누는 분조(分朝)를 해야만 했다. 마지못해 그를 왕세자로 책봉할 수밖에 없었다. 친형 임해군이 있었지만 그래도 광해군이 임해군보다 나았기에 선조가 그를 왕세자로 책봉하였을 것이다. 무엇보다 왕비의 소생이 없었으니 가능한 일이었다.

덕수궁(경운궁)의 정전인 중화전의 낮과 밤이다.

광해군은 1608년 2월, 덕수궁(경운궁)에서 왕으로 즉위하고, 그곳에서 폐왕이 되어 유배를 떠났다. 덕수궁은 광해군에게 기쁨의 장소이자 슬픔의 장소였다. 그는 덕수궁의 석어당 마당에서 폐위되어 조선의 세 번째 폐왕이 되었고, 그의 왕위를 빼앗기 위해 반정세력을 이끈 조카 인조는 덕수궁의 즉조당에서 왕으로 즉위하였다. 광해군은 이복동생 정원군(추존왕 원종)의 아들이자 조카인 인조에게 왕위를 빼앗기는 신세가 되어 유배길에 올랐고, 20년 가까운 긴 유배생활 끝에 마지막 유배지, 제주에서 생을 마감하였다.

조선 27명의 왕 중 단종, 연산군, 광해군 등 3명의 왕이 폐왕이 되었다. 그중 제6대 왕 단종은 숙부인 세조에게 왕위를 빼앗기고 노산군으로 강등되었다가 다시 서인으로 강등되어 목매어 자살한 지 241년 만인 1698년(숙종 24년) 왕으로 복위되었다. 그러나 제10대 왕 연산군과 제15대 왕 광해군은 조선왕조가 막을 내릴 때까지 복위가 되지 못해 왕이 아닌 군(서 왕자)의 대접을 받고 있다.

그들의 묘를 답사할 때마다 왠지 모르게 안 되어 보인다. 물론 실책이 많아 폐왕이 된 그들이지만 둘 다 재위기간이 10년이 넘는다. 묘호도, 능호도 받지 못한 연산군과 광해군은 왕의 아들로 태어난 것으로

광해군이 덕수궁의 석어당(좌) 뜰에서 폐위되었고, 그날 인조가 덕수궁의 즉조당(우) 뜰에서 왕으로 즉위하였다. 석어당 왼쪽 옆에 즉조당이 붙어있다.

만족할 수밖에 없다. 그들은 왕과 왕비의 신주를 모신 종묘에도 입주하지 못했고, 묘도 왕릉에 비하면 초라하기 그지없다. 왕비들이 낳은 왕자(대군)들의 묘와 비교해도 형편없다. 다른 후궁들이 낳은 서 왕자(군)나 당상관(堂上官)들의 묘보다도 훨씬 못하다.

어머니 발치에 잠들다

제주도에 이배되어 세상을 떠난 광해군은 제주목관아(濟州牧官衙) 관덕정(觀德亭) 앞에서 장례가 치러진 후, 그의 시신이 담긴 관은 섬을 한 바퀴 돌았다. 그리고 배를 타고 육지로 돌아와 그의 소원대로 어머니 공빈 김씨와 자신이 살해한 형 임해군의 발치에 부인과 나란히 잠들게 되었다. 광해군이 죽은 1641년(인조 19년) 음력 7월 1일, 그동안 가물었던 제주에 비가 내려 비 이름을 광해우(光海雨)라 불렀다고 한다. 아직도 제주 사람들은 지독한 가뭄 끝에 내린 비를 광해우라고 부른다.

광해군은 15년 1개월의 재위기간이 물거품이 되어버렸다. 그의 묘(남양주시 진건읍 송능리)는 햇볕도 잘 스며들지 않는 숲속 언덕 아래 문

광해군이 그토록 그리워한 어머니 공빈 김씨의 성묘(成墓) 전경과 후경이다. 그는 성묘와 좀 떨어져 있긴 해도 같은 골짜기 어머니의 발치에 그의 소원대로 잠들었다.

성균부인 류씨와 나란히 잠들어있다. 석물도 초라하다. 망주석 머리도 떨어져 나갔고, 작은 문석인 한 쌍만이 슬픈 표정으로 묘를 수호하고 있다. 폭우라도 쏟아져 내리면 금세 허물어져 내릴 것 같은 비탈이다. 그곳을 찾아가기도 쉽지 않다. 한 교회의 양지바른 공원묘지 뒤편 응달진 곳에 자리하고 있어 눈에 띄지도 않는다. 공개하고 있지도 않아 단종의 비 정순왕후 송씨가 잠들어있는 사릉관리소의 안내를 받아야만 한다. 다행히 관리인으로부터 머지않아 광해군의 묘역을 새롭게 단장한다는 소식을 들었다.

광해군이 폐왕이 되면서 가족들의 삶도 엉망이 되었다. 그가 유배를 떠난 그해 6월에 아들과 며느리를 잃었고, 10월엔 부인마저 잃는 큰 아픔을 겪었다. 그 후 강화에서 교동으로 이배를 가 홀로 살다가 이괄의 난이 일어나자 충남 태안으로 유배지가 옮겨졌다가 다시 강화로 돌아왔다. 그 후 청나라가 광해군의 원수를 갚아주겠다면서 1637년(인조 15년) 쳐내려오자 또다시 강화에서 교동으로 이배되었다.

청나라를 피해 남한산성으로 피난간 인조는 그곳에서 47일 동안 저항하다가 청나라 태종 앞에서 '삼배구고두(三拜九叩頭)'로 굴욕적인

광해군 묘의 전경이다. 초라하기 짝이 없다. 금방이라도 눈물이 쏟아져 내릴 것 같은 문석인과
6 · 25 때 머리가 날아가 버린 망주석이 초라하게 서있다.

문성군부인 류씨와 나란히 잠들어있는 광해군 묘는 초라하기 짝이 없다. 몇 년 전 찾아갔을 때 토사가 흘러내려 망으로 덮어놓았는데 다시 찾았지만 더 형편없었다.

항복례를 하는 수모를 겪게 되었다. 인조의 항복례로 병자호란은 끝이 났지만 소현세자를 비롯한 봉림대군 등 왕자들이 청나라에 인질로 끌려갔다. 인조는 또다시 자신의 왕위가 위협을 당할까 두려워한 나머지 광해군을 강화의 교동에서 멀고 먼 제주도로 이배시켰다. 그해가 광해군의 유배생활 15년째 되는 해였다.

멀고 먼 제주로 이배되다

그는 제주도로 이배되는지도 몰랐다. 그가 탄 배의 사방을 천으로 가리고 왔기 때문이다. 가도 가도 끝없는 항해를 계속하였을 테니 이대로 바다에 수장되는 것은 아닌지 불안했을지도 모른다. 광해군은 제주도 어등포(지금의 구좌읍 행원리)란 항구에 닿아서야 그곳이 제주도임을 알고 눈물을 주룩주룩 흘렸다고 한다.

광해군이 강화의 교동에서 제주도로 이배되면서 첫발을 내디딘 어등포 항구에 있는 표지석이다. 앞면(좌)에는 광해군의 유배부터 사망하여 상경하기까지의 약사가 새겨져 있고, 뒷면(우)에는 광해군이 배 안에서 써서 읊은 율시(律詩)가 새겨져 있다.

　3년 전에 가족들과 제주도 여행을 하면서 그의 유적을 처음으로 찾아보았다. 그가 강화의 교동에서 병자호란이 일어난 1637년(인조 15년) 5월에 제주도로 이배되면서 입항했던 제주시 구좌읍 행원리의 어등포 항구를 먼저 찾아가 보았다. 항구가 깨끗하게 정비되어 있고, 곳곳에 예쁜 카페도 있으며, 바닷길을 산책하기에도 좋았다.

　올해 또다시 가족 여행을 제주도로 오면서 다시 그곳을 찾았다. 어등포 항구 바로 앞의 '걷다'라는 카페에서 차도 마시고, 족욕도 하면서 가족과 모처럼 행복한 시간을 보냈다.《조선을 걷다》라는 테마로, 조선의 흔적을 찾아 걷고 있는 나는 일단 카페 이름이 썩 마음에 들었다. 시원한 바닷바람 맞으며 해녀들의 쉼터가 있는 곳까지 걸었다. 비취빛 바닷물이 출렁출렁 반갑게 맞았다. 항구 주변에 거대한 풍력기가 전보다 더 많아진 것을 빼고는 달라진 게 별로 없었다.

　광해군이 4년 4개월 동안 위리안치되었던 유배 터도 지나는 길에 잠시 만나보았다. 유배 터는 현재 국민은행 제주지점이 자리하고 있다.

광해군이 이배되어 첫 발을 내딛은 어등포 항구에 있는 해녀들의 쉼터, 그리고 해녀 조각상과 노래비 사이로 제주의 푸른 바다가 출렁거린다. 어등포 항구는 제주 올레길 20코스로 예쁜 카페도 많다.

조그만 초가에 탱자나무 울타리만이 쳐져 있었을 그곳이 지금은 제주도의 중심지로 많은 사람이 오가고, 빌딩과 자동차로 복잡하다. 자신이 유배 온 제주가 이렇게 인기 최고의 관광지가 될 줄 광해군 역시 짐작했을 리 없다.

그곳에는 표지석만이 "광해군의 적소 터로, 1623년(광해군 15년) 인조반정으로 왕위에서 쫓겨난 광해군이 강화의 교동에 안치되었다가 1637년(인조 15년) 제주에 이배되어 귀양살이를 하였으며 1641년(인조 19년) 이곳에서 병사했다."는 내용을 소개하고 있다.

유배생활 중 제주에서 사망한 광해군의 장례식은 왕실의 허가에 따라 제주목관아(濟州牧官衙) 관덕정(觀德亭) 앞에서 왕자에 준해 거행되

광해군의 유배 터는 현재 국민은행 제주지점이 들어서 있다. 표지석만이 열심히 옛 이야기를 소개하고 있다.

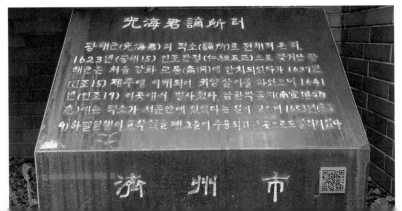

제주목관아 전경과 외대문의 진해루이다.

었다. 당시 제주목사(濟州牧使) 이시방이 광해군의 죽음 소식을 듣고 열쇠를 부수고 들어가 예로 염을 하였다. 제주목사 뿐 아니라 대부분의 제주도민들이 광해군의 장례에 참석해 예를 표한 것으로 알려져 있다.

〈광해군이 죽다〉라는 제목의 기사가 《조선왕조실록》에 있어 그 기사의 일부만 옮겨본다. 광해군이 강화의 교동도에서 제주도로 옮겨갈 때 배 안에서 지은 시도 함께 기록되어 있다. 한글로만 해석되어 있는 시에 원본의 시를 뒤에 붙여보았다.

광해군(光海君)이 이달 1일 을해(乙亥)에 제주(濟州)에서 위리안치(圍籬安置)된 가운데 죽었는데 나이 67세였다. 부음을 듣고 상이 사흘 동안 철조(輟朝)하였다. 이때에 이시방(李時昉)이 제주 목사로 있으면서 즉시 열쇠를 부수고 문을 열고 들어가 예(禮)로 염빈(斂殯)하였는데, 조정의 의논이 모두 그르다고 하였으나 식자는 옳게 여겼다. 광해가 교동(喬桐)에서 제주로 옮겨 갈 때에 시를 짓기를,

風吹飛雨過城頭 / 부는 바람 뿌리는 비 성문 옆 지나는 길

瘴氣薰陰百尺樓 / 후텁지근 장독 기운 백 척으로 솟은 누각

滄海怒濤來薄暮 / 창해의 파도 속에 날은 이미 어스름

碧山愁色帶淸秋 / 푸른 산의 슬픈 빛은 싸늘한 가을 기운

歸心厭見王孫草 / 가고 싶어 왕손 초를 신물 나게 보았고

客夢頻驚帝子洲 / 나그네 꿈 자주도 제자 주에 깨이네

故國存亡消息斷 / 고국의 존망은 소식조차 끊어지고

烟波江上臥孤舟 / 연기 깔린 강 물결 외딴 배에 누웠구나

하였는데, 듣는 자들이 비감에 젖었다.

《인조실록》42권, 인조 19년 7월 10일 갑신 1번째 기사 1641년 명 숭정(崇禎) 14년

　요즘 제주에서는 '빛의 바다'라는 뜻의 광해(光海)를 스토리텔링의 킬러라고까지 하면서 제주시 원 도심의 재생에 빛의 바다가 될 것임을 확신하고 광해군을 재조명하고 있다. 그의 파란만장한 삶은 바다와 뗄 수 없는, 척박한 땅에서 생명을 이어온 제주와 닮았다며 관덕정(觀德亭) 주변 활성화 추진협의체 공동위원장을 맡고 있는 제주대학교 교수가 자신감을 드러내고 있다는 기사를 읽은 적이 있다. 광해군 역시 영

제주목관아 앞 관덕정의 전경과 안에 걸려있는 탐라형승, 호남제일정의 현판 글씨다. 제주의 노을빛 또한 찬란하다. 관덕정의 현판 글씨는 안평대군의 글씨다.

월에 유배되었다가 죽어간 단종처럼, 제주에서 스토리텔링의 킬러가 되는 것은 시간문제가 아닌가 싶다. 단종은 영월에서 4개월 정도 유배생활을 했는데도 매년 '단종문화재'를 열고 있다. 그런데 제주에서 4년 4개월이나 유배생활을 한 광해군을 스토리텔링 킬러로 만들지 못한다면 말이 안 된다. '광해문화재'에 기대 만발이다.

광해군의 스토리가 대세다

광해군이 왕이 되기 전 살았던 잠저(潛邸) 이현궁(梨峴宮) 터에 남아있는 은행나무를 만날 때면 언제나 광해군의 행적이 주마등처럼 떠오른다. 영화 〈광해, 왕이 된 남자〉에서 1인 2역을 한 배우의 얼굴도 떠오른다. 이 영화에서 광해군이 하룻밤 궁궐을 비운 사이에 그의 대역을 할 사람을 도승지 허균이 데려온다. 그는 걸쭉한 만담으로 인기를 끌던 광해군을 닮은 천민이었다. 궁궐로 끌려온 그는 조마조마하게 광해군의 역할을 한다. 그때 내가 얼마나 긴장을 했는지 정말 손에 땀이 났다. 영화를 보는 내내 배우들의 연기력에 내 마음을 모두 빼앗겼다.

영화에서 따뜻한 인간미를 가진 광해군의 대역이 아닌 예민하고 난폭했던 실제 광해군은 이곳 이현궁에 살 때만 해도 앞날의 비극을 상상도 못한 채 신혼의 꿈만 달콤하게 꾸었을 것이다.

왠지 이현궁 터를 지키고 있는 은행나무가 광해군을 대신해 행인들의 마음을 보듬어주고 있는 듯싶었다. 해마다 새로운 모습으로 태어나 그늘을 만들어주고, 곱게 단풍으로 갈아입으면서 그곳을 지나는 행인들의 마음을 밝게 해주니 그렇다. 500년이 넘도록 후손들의 곁을 지키고 서 있는 이 품 넓은 은행나무가 오늘도 나의 마음을 많이도 보듬어준다. 언제나 풍요로움이 뭔지, 따듯함이 뭔지, 아름다움이 뭔지, 행복이 뭔지를 가르쳐주고 있다.

요즘 광해군이 대세다. 그가 등장하는 드라마 〈보쌈, 운명을 훔치다〉가 시청률을 올리면서 인기리에 방영되었다. 생계형 보쌈꾼이 실수로 옹주를 보쌈하며 벌어지는 파란만장 인생 역전을 그린 로맨스 퓨전 사극이었다. 그런데 이 드라마의 주인공 옹주는 바로 광해군과 그의 후궁 숙의 윤씨 사이에 태어난 화인옹주였다. 그녀 역시 아버지 광해군으로 인해 폐 옹주가 되어 가시밭길을 걸었다. 그동안 화인옹주는 이름도 알려지지 않았다. 나도 이 옹주에 대해 몰랐다.

화인옹주는 4세 때 아버지 광해군이 폐위되면서 외삼촌의 손에 자라났다. 그 후 광해군이 죽은 지 2년이 지난 24세가 되어서야 혼인을 하게 된 불쌍한 옹주다. 그녀는 아버지 광해군의 3년 상이 끝나고 늦은 혼례를 치렀다. 그녀의 어머니 숙의 윤씨는 광해군이 폐위되면서 죽임을 당했다.

예상 밖의 황당한 이야기로 펼쳐지는 드라마였지만 광해군의 흔적을 여기저기 찾아다닌 나를 TV 앞에 앉게 만들었다. 드라마 작가들의 상상력이 어처구니가 없을 때도 많지만 신선한 발상에 기가 딱 막힐 때가 더 많다. 그럴 때마다 나는 또다시 그의 흔적을 찾아다니기에 바쁘다. 그래서 제주의 어등포를 3년 만에 다시 다녀왔고, 그의 유배 터와 제주목관아와 관덕정도 다녀왔다. 끝으로《조선왕조실록》에〈광해군의 딸에게 혼수를 주라고 명령하다〉라는 광해군의 딸 이야기기 실린 기사를 싣는다.

해조(해당 조)에 명하여 광해군의 딸에게 혼수(婚需)를 주게 하였는데 바로 폐 숙의(廢 淑儀) 윤씨(尹氏)의 소생이다. 광해가 쫓겨난 뒤 그의 딸이 외삼촌 집에 의지해 있으면서 나이가 20세가 되어도 감히 혼사를 의논하지 못하였었다. 광해가 죽은 뒤에 상이 광해의 본궁(本宮)에 살게 하고 전택(田宅)과 노비를 넉넉히 주어 광해의 제사를 받들게 하다가 이때에 이르러 상기(喪期)가 끝났으므로 이 명을 내린 것이다.

《인조실록》44권, 인조 21년 4월 18일 신사 1번째 기사 1643년 명 숭정(崇禎) 16년

비극의 명성황후,
나는 조선의 국모다

8세에 아버지를 여의고 16세에 고종비가 되어
일본 낭인에 의해 살해된 여걸 명성황후의 동상

파란만장한 인생을 살다

몇 년 전 뮤지컬 〈명성황후〉를 보았다. 출연 배우들도 호화롭고, 무대는 물론 음향 역시 장중해 뮤지컬 속으로 빨려들었다. 명성황후 민씨(1851~1895)의 일대기를 그린 뮤지컬로 1995년, 그녀가 일본의 자객들에 의해 시해된 지 100주년 기념 창작뮤지컬이다. 그동안 영국, 중국, 캐나다, 미국, 유럽 등의 무대에도 올랐던 뮤지컬이다.

그녀의 인생은 그야말로 파란만장했다. 그녀는 경기도 여주에서 태어났는데 8세에 아버지가 세상을 뜨는 바람에 어머니와 함께 한양(서울)의 감고당(感古堂)으로 올라와 살았다. 감고당은 그녀의 5대조 작은할머니인 인현왕후 민씨(1667~1701)가 살았던 집이다. 조선 제19대 왕 숙종(1661~1720)이 계비 인현왕후 민씨의 친정집으로 지어주었다. 이곳은 인현왕후 민씨가 왕비에서 쫓겨나 5년 동안 머물렀던 집이기도 하다.

세월이 흘러 이 감고당에 인현왕후 민씨의 후손인 명성황후 민씨가 왕비로 책봉되기 전까지 어머니와 함께 살았다. 감고당에서 두 명의 왕비가 탄생한 셈이다. 현재 감고당 자리엔 덕성여고가 들어서 있고, 여

여주에 복원된 명성황후 민씨의 생가와 별당 자리에 세워져있는 '탄강구리비'이다.

인현왕후 민씨와 명성황후 민씨가 살았던 서울 안국동의 옛 감고당 터에 서 있는 표지석(좌)과 감고당 터에 들어선 덕성여고(중), 여주 명성황후 민씨의 생가와 함께 복원된 감고당(우)이다.

주에 명성황후 민씨의 생가를 복원하면서 그 곁에 아쉬우나마 감고당을 복원해 놓았다.

　1866년(고종 3년), 명성황후 민씨가 어머니와 함께 감고당에 살고 있을 때 그녀의 운명을 바꾸는 간택령이 내려졌다. 그해 3월 6일, 삼간택에서 명성황후 민씨가 최종 선발되었다. 그 후 그녀는 흥선대원군(1820~1898)의 사저이자, 시댁인 운현궁(雲峴宮)의 노락당(老樂堂)에서 왕비 수업을 받고 조선의 제26대 왕 고종(1852~1919)의 비가 되었다.

흥선대원군과 갈등이 시작되다

　그녀는 원자로 첫아들을 낳고, 딸을 낳았지만 모두 조기 사망하였다. 그런데 영보당 귀인 이씨(1849~1928)가 먼저 고종의 첫아들로 완

명성황후 민씨의 생가로 가는 길 입구에 세워진 동상(좌)과 생가 앞에 세워져 있는 명성황후추모비(중)와 명성황후순국숭모비(우)이다.

고종의 잠저인 운현궁의 정문과 전경이다.

화군(1868~1880)을 낳아 그녀의 스트레스는 극에 달했다. 그로 인하여 시아버지 흥선대원군과도 갈등과 긴장 관계가 시작되었다. 남편인 고종의 나이가 어려서 나라의 통치권을 흥선대원군이 맡고 있었기에 그녀의 초조함은 더했을 것이다.

　그 섭정 기간이 10년이 넘어가면서 며느리 명성황후 민씨와 시아버지 흥선대원군의 대립은 극도로 나빠졌다. 1873년(고종 10년) 흥선대원군은 어쩔 수 없이 22세가 된 아들 고종에게 양위할 수밖에 없었다. 사실 고종이 20세가 되는 해에 대리청정을 거두어야 하는데 대원군은 그러질 않았다. 하다 보니 욕심이 생겼던 모양이다.

　대비들의 수렴청정도 왕이 20세가 되면 거두었는데 흥선대원군은 대리청정을 2년이나 더하며 왕권을 행사하였다. 여기에 명성황후 민씨가 강하게 반기를 들면서 둘의 관계는 더욱 악화되었다. "며느리 사랑은 시아버지"라는 옛말이 무색할 정도로 대립 양상을 띠었다.

명성황후는 왕비로 간택된 후 운현궁의 노락당에서 왕비 수업을 받았다. 노락당과 정문이다.

마침내 흥선대원군이 하야하고, 1874년(고종 11년) 그렇게 바라던 아들 순종(1874~1926)도 태어났다. 명성황후 민씨의 위상은 순종을 낳으면서 점점 올라갔다.

자신의 친정 사람들을 요직에 등용하면서 고종보다 더 큰 권력을 행사하기 시작했다. 그녀와 그녀의 외척은 흥선대원군의 대외 폐쇄정책과 달리 개화와 개방정책을 추진해나갔다. 이러한 정책은 보수 세력의 반발을 가져왔고, 1882년(고종 19년) 임오군란이 발발하여 급기야 명성황후 민씨가 피난을 떠나는 지경에 이르렀다. 그녀는 궁궐을 탈출하여 경기도 광주와 여주 그리고 충주 등지에서 51일 동안 피신해 있었다.

피난 생활 일기가 남아 있다

2006년 당시 그녀의 생활상이 그대로 나타나 있는 피난일기가 발견되어 그때의 상황을 잘 알려주고 있다. 그 일기에 그녀의 동정이 8쪽 분량으로 아주 상세히 기록되어 있다. 《임오유월일기》의 내용을 보면

충주 국망산 아래 자리한 '명성황후피난유허비'에 민씨의 피난 과정이 자세히 기록되어 있다. 그곳에 있던 이시영의 집은 사라지고, 행궁을 지으려 했던 커다란 주춧돌만 남아있다.

"1882년 6월 13일, 중궁전하가 서울 벽동에 있는 익찬 민응식의 집으로 옮겨왔다. 이때 인후증을 앓아 박하유를 올렸다." 이렇게 시작된 일기는 "50일 뒤인 8월 1일 임금이 머무는 어군막에 있다가 오후 4시쯤인 신시에 환궁하셨다."로 끝이 난다. 목구멍에 병이 생기고, 부스럼 증을 앓는 등 건강이 상당히 좋지 않았다고 기록은 밝히고 있다. 또 임오군란이 끝나기 전 청나라 군대가 입성했을 때 그녀가 청군이 붙인 방문을 벗겨오도록 했다는 기록도 있지만, 통신이 발달하지 않았던 산골에서 청나라에 군사 요청을 하기는 상황이 어려웠지 않았나 싶다. 어찌 되었거나 《임오유월일기》는 그녀의 일가 중 한 사람이 쓴 것으로 추정하고 있다.

명성황후 민씨는 궁궐을 빠져나와 7~8군데로 피난 다녔음을 알 수 있다. 그녀는 궁궐을 몰래 빠져나와 충북 음성 감곡에서 3일간 머물다 피난지를 충주로 옮겼다. 그곳은 그녀의 6촌 오빠 민응식의 집이었다. 그곳에서 다시 충주의 국망산 두메산골에 자리한 이시영의 집으로 피난처를 옮겼다.

현재 충청북도 충주시 노은면 가신3리 558번지에 있었던 이시영의 집터에는 그곳을 행궁으로 지으려다 말았다는 이야기를 증명하려

충북 음성의 감곡성당(좌)과 명성황후 민씨가 3일간 피난생활을 했던 6촌 오빠 민응식의 집터에 세워진 매괴고등학교(중), 그리고 명성황후 민씨가 피난 한 곳임을 알려주는 표지석(우)이 있다.

는 듯 커다란 주춧돌 몇 개가 남아 그녀의 흔적을 더듬게 하고 있다. 그녀는 그곳에서 50일 정도 머물면서 국망산에 올라 한양을 바라보면서 무사히 돌아가기를 기원했다.

현재 우리나라의 기록물 중 세계기록유산에 등재된 것이《조선왕조실록》을 비롯하여《훈민정음해례본》, 이순신 장군의《난중일기》등 16건으로, 아시아에서 가장 많이 보유하고 있다.

이것만 보아도 우리 민족은 기록의 귀재임에 틀림없다. 우리의 소중한 역사를 알 수 있는 것은 바로 그 당시의 기록이 남아있기 때문이다. 선조들이 기록을 꼼꼼히 남겨놓아 지난 역사를 후세에 전하고 있음은 큰 감동이다.

《임오유월일기》는 임오군란 당시 51일간 쓴 명성황후 민씨의 동정에 관한 가장 상세한 기록으로 그때의 시대상과 정국을 이해하는 귀중한 사료로 평가받고 있다.

흥선대원군은 그녀가 얼마나 미웠으면 그녀가 피난을 가자마자 다시 권력을 잡은 뒤, 그녀의 장례식을 선포하면서 며느리의 존재를 아예 없애버리려고 했다. 흥선대원군은 10년의 대리청정이 못내 아쉬웠는지 또다시 그녀가 환궁하기 전까지 왕권을 휘둘렀다. 흥선대원군이 그 당시 명성황후 민씨가 죽었다고 믿었다는 게 의문이다. 또 아들 고종이 얼마나 무능해 보였으면 아들에게 넘겨준 왕권을 다시 잡고 좌지우지했는지 또한 의문이다.

흥선대원군의 통제에 불안을 느낀 청나라가 가만 있을 리 없었다. 마침내 흥선대원군은 중국의 톈진으로 납치되어 4년간이나 갇혀 지내다가 돌아왔다. 그 결과 명성황후 민씨는 충주 산골짜기에서 한양의 궁궐로 무사히 돌아올 수 있었다. 조선 왕비들이 폐비 3명을 포함 41명이 있지만, 그녀처럼 50일이 넘도록 피난까지 가서 목숨을 지킨 왕비는 없었다. 그녀의 일생은 그야말로 우여곡절이 많았다. 그녀는 임오군란 때 극적으로 목숨을 지켰으나 2년이 지난 1884년(고종 21년) 개화파가 주도한 갑신정변 때도 고종과 함께 경우궁(景祐宮)에 감금되는 곤욕을 치렀다. 경우궁은 정조의 후궁으로 순조를 낳은 수빈 박씨의 사당이다.

갑신정변 이후 일본에 의한 경제적 침투는 더욱 심해졌고, 1894년(고종 31년)에는 농민군이 주도한 동학농민운동이 발발했다. 농민군 반란 진압을 명분으로 청나라와 일본 군대가 조선에 들어와 충돌한 전쟁이 청일전쟁이다. 청일전쟁으로 일본이 승리하며 조선에 대한 일본의 정치적·경제적 영향력은 압도적으로 커졌다.

명성황후 민씨는 이때 일본을 견제할 수 있는 유일한 세력이 러시아임을 인식하고 친일 세력을 축출한 후 러시아와의 관계를 강화했다. 그 결과 일본의 눈엣가시가 되어 1895년 을미사변을 초래하여 국모인 자신이 살해되는 끔찍한 일을 당하고 만다.

을미사변으로 살해되다

그녀는 을미사변 이후, 그녀의 왕릉 조성부터 어려움을 겪었다. 고종은 1895년 12월, 현재의 동구릉에 소재한 현종의 숭릉(崇陵) 오른쪽에 민비의 묘 숙릉(肅陵)을 조성하려 했다.

그러나 1896년(고종 33년) 2월 11일, 고종이 신변을 보호받기 위해 러시아공사관으로 피신하게 되면서 그녀의 장례식은 연기됐다. 고종은 왕세자와 궁녀의 복장으로 변신한 뒤 궁녀들이 타고 다니는 가마에 몸을 숨겼다. 어두운 밤을 이용해 경복궁의 영추문(迎秋門)을 황급히 빠져나와 러시아공사관으로 몸을 피했다. 이름하여 '아관파천'이다.

그 비극이 《조선왕조실록》에 〈러시아공사관으로 주필을 이어하다〉란 제목으로 기사가 실려 있다.

임금과 왕태자(王太子)는 대정동(大貞洞)의 러시아공사관〔俄國公使館〕으로 주필(駐蹕)을 이어(移御)하였고, 왕태후(王太后)와 왕태자비(王太子妃)

명성황후 민씨의 옛 홍릉터임을 알리는 표지석과 현재의 홍릉이다. 그녀는 살해된 지 2년 만에 장례가 치러져 처음 홍릉에 잠들었다. 그 후 현재의 남양주 홍릉으로 천장되어 고종과 합장되었다.

덕수궁의 함녕전이다. 1919년 1월 21일(음력 1918년 12월 20일), 고종은 이곳에서 승하했다.

는 경운궁(慶運宮)에 이어하였다.

《고종실록》 34권, 고종 33년 2월 11일 양력 1번째 기사 1896년 대한 건양(建陽) 1년

살해 2년 뒤에야 장례가 치러지다

명성황후 민씨는 잔인하게 살해된 지 2년이 흐른 1897년(고종 34년)에 가서야 다시 장례식이 추진되었고 장지는 청량리로, 왕릉은 숙릉(肅陵)에서 홍릉(洪陵)으로 바뀌어 정해졌다. 홍릉에는 그녀가 평소에 쓰던 서책과 거울, 자기, 옷, 장식품 등이 부장품으로 매장됐다.

그러나 고종은 청량리 홍릉은 길지가 아니라며 다시 남양주의 현재 자리로 천장하였다. 그 후 고종이 덕수궁의 함녕전(咸寧殿)에서 68세의 나이로 승하하면서 부인 명성황후 민씨와 홍릉에 합장되었다.

명성황후 민씨는 일본 자객들에 의해 살해된 후 시신이 불태워졌기 때문에 시신이 남아있지도 않았다. 시신뿐인가? 그녀의 사진과 영정조차도 남아있지 않다.

그녀는 임오군란 · 갑신정변 · 동학농민운동 등 사건이 있을 때마다 목숨을 지키느라 애쓴 왕비다. 그런데 끝내 순탄하게 죽음을 맞이하지 못했다.

　　1895년(고종 32년) 10월 8일(음력 8월 20일) 새벽, 일본 정부의 사주를 받은 일본 자객 48명이 경복궁 북쪽에 있는 건청궁(乾淸宮) 안 왕비의 침전 곤녕합(坤寧閤)의 옥호루(玉壺樓)를 습격하여 명성황후 민씨를 찾아내 잔인하게 살해하였다.

　　한 나라의 국모를 무참히 살해한 것도 모자라 시신을 근처 야산의 소나무 숲으로 옮겨 장작을 쌓고 그 위에 휘발유를 부어 시신을 불태워 버렸다. 이 무시무시한 사건이 우리나라 궁궐에서 일어난 을미사변(乙未事變)이다.

　　웬일일까? 도저히 있을 수 없는 끔찍한 을미사변이 일어난 지 110년 만인 2005년부터 해마다 명성황후 민씨가 잠들어있는 홍릉을 찾아 속죄하는 일본인들이 늘고 있다고 한다. 당연한 일 같으면서도 놀랍다. 이들은 1895년(고종 32년), 명성황후 민씨의 살해사건에 가담했던 일본인 자객 48명 중 몇 후손들과 일본의 시민단체인 '명성황후를 생각하는 모임' 회원 10명이다.

명성황후 민씨가 일본의 자객들에 의해 살해된 건청궁의 전경(좌)과 실제 잔인하게 칼에 찔려 죽음을 맞이한 건청궁의 왕비 처소인 곤녕합의 옥호루(우)이다.

110년 만에 명성황후 민씨를 살해한 할아버지를 대신해 진심으로 사죄와 용서를 구한다면서, 어렸을 때는 할아버지가 한 일이 애국이라 생각했지만, 자라면서 할아버지의 행동이 잘못됐음을 알게 되었다며 사과와 반성의 뜻을 표하고 있다는 것이다. 그렇다고 용서가 되는 것은 아니지만 그나마 다행한 일이 아닌가 싶다. 더 놀라운 사실은 당시 주한 일본공사 미우라 고로와 함께 국모 시해에 가담한 자객들이 낭인(건달)으로 알려져 있는데 사실은 학자, 교수, 정치가, 군인, 경찰 등 일본 사회 지식인들이었다고 한다.

그럼에도 일본은 반성은커녕 1948년 이후, 개정된 일본의 역사교과서에 이런 사실을 왜곡하고 누락해 진실을 은폐하고 있다. 후손들이 이 사실을 알게 될까봐 겁은 나는 모양이다.

일본의 자라나는 청소년들이 과연 이 사실을 알게 된다면 자신들이 태어나 살고 있는 일본에 대해, 그들의 선조들에 대해, 어떤 생각을 할지 궁금할 뿐이다. 우리나라 국민 모두가 용서할 수 없는 나라가 바로 일본이다.

해마다 우리나라를 찾아 속죄하는 일본인과 시민단체 회원들은 경기도 남양주의 명성황후 민씨묘 홍릉, 경복궁 건청궁 옥호루의 살해 현장, 경기도 여주의 생가터를 찾고, 마지막으로 서울 남산의 안중근의사 기념관을 찾은 뒤 속죄의 일정을 마친다고 한다.

흥선대원군과 대립 속에 일생이 끝나다

명성황후 민씨는 흥선대원군의 부인이자, 시어머니 여흥부대부인 민씨와 12촌 간으로 먼 친척뻘이 된다. 그런 인연으로 그녀의 시어머니가 며느리로 그녀를 추천하여 고종의 비가 되었다. 그녀가 시어머니와 갈등이 있었다는 기록은 어디에도 만나보지 못했다. 오직 시아버지 흥선대원군과 끝없는 갈등과 대립 속에 그녀의 일생이 끝이 나고 말았다. 그녀의 죽음에 시아버지 흥선대원군도 개입이 되었다고 하니 이 또한 이해하기 어렵다. 도무지 가화만사성(家和萬事成)이 전혀 안 되는 또한 왕가였다.

명성황후 민씨는 성품이 현모양처로 머물 여인은 아니었다. 자기주장이 강한 편이었기 때문이다. 지금과 달리 당시만 해도 남자의 권리가 강한 남성 중심사회로, 남존여비(男尊女卑)가 몸에 배여 살아가던 시대였다. 그런데 며느리가 사사건건 시아버지와 맞짱을 뜨려 했으니 흥선대원군 성격에 화가 머리끝까지 치밀어 올랐을 것은 분명하다. 아마 흥선대원군은 며느리인 그녀를 바라보면서 "암탉이 울면 집안 뿐 아니라 나라까지 망한다"는 말을 몇 번이고 했을 것만 같다. 잘잘못을 떠나 45세에 그것도 일본인들에 의해 잔인하게 살해된 명성황후 민씨의 일생을 돌아보면 마음이 참 많이 아프다.

명성황후 민씨의 시해 100주년을 기념하기 위해 만든 초대형 한국 뮤지컬 〈명성황후〉를 볼 때는 물론이고, 배경음악만 들어도 애달프다. 〈명성황후〉 뮤지컬의 배경음악도 그렇지만 오래전 TV 드라마 주제곡이었던 〈나 가거든〉은 정말 들을 때마다 가슴이 아프고 눈물이 핑 돈다. 노랫말 하나하나가 명성황후 민씨의 마음을 그대로 대변하는 것 같아 노래를 듣는 내내 마음이 참 많이 아프다.

조선을 걷다

ⓒ 홍미숙, 2021

초판 1쇄 발행 2021년 11월 25일

지은이 홍미숙
펴낸이 이경희

발행 글로세움
출판등록 제318-2003-00064호(2003.7.2)

주소 서울시 구로구 경인로 445(고척동)
전화 02-323-3694
팩스 070-8620-0740
메일 editor@gloseum.com
홈페이지 www.gloseum.com

ISBN 979-11-86578-96-4 03910